요한복음 1

나를 향해 열린 하늘

요한복음 1
나를 향해 열린 하늘

- 초판 1쇄 인쇄 2024년 11월 22일
- 초판 1쇄 발행 2024년 11월 29일

- 지은이 이득영
- 펴낸이 조유선
- 펴낸곳 누가출판사
- 등록번호 제315-2013-000030호
- 등록일자 2013. 5. 7
- 주소 서울시 강서구 공항대로 59다길 276(염창동)
- Tel 02-826-8802, Fax 02-6455-8805
- 정가 18,000원
- ISBN 979-11-85677- 86-6 03230

요한복음
1

나를 향해
열린 하늘

이득영 지음

출판사

누가

목차

1992년 침례교 원주지방회 전략개척자로 선택받아 그 해 11월 9일 원주 상지대 입구에 교회를 개척하였다. 교회만 개척하면 모든 것이 다 될 줄 알았지만 현실은 그렇지 않았다. 교회를 개척한 뒤 1년 8개월 동안 한 사람도 교회의 문을 열고 들어오는 사람이 없었다. 한 명이라도 교회로 인도하기 위해 온갖 방법을 다 동원하였지만 상황은 나아지지 않았고, 궁여지책으로 교회 주변 상가 사람들을 인도하려는 마음으로 8개월 동안 밤마다 교회에서 고스톱을 쳤다. 그렇게 상가 사람들과 친해지면 그들이 교회에 나올 것 같았지만, 그들은 그저 고스톱을 치기 위해서 교회에 왔을 뿐, 예배를 드리거나 복음을 전하려고 하면 모두 도망갔다. 절망스러웠다. 목회를 포기하려고 몸부림 칠 때 하나님께서 몇 명의 성도들을 보내주셨다. 보내주신 성도들에게 최선을 다하여 말씀을 먹였지만 그들은 전혀 변화가 없었고, 말씀을 선포하는 나 자신도 너무 초라했다.

그 즈음 미국 아틀란타 성산교회에서 목회하시던 최천국 목사님께서 교회를 방문하셔서 저녁 예배를 인도하시며 말씀을 전하셨다. 그분을 통해 풀어주시는 하나님의 말씀이 얼마나 놀랍고 신비했던지… 그런데 아무도 제자를 삼지 않으시던 최 목사님께서 미국으로 돌아가시면서 나를 제자 삼겠다고 말씀하셨다. 그 후 최 목사님은 1년에 두 번씩 우리 교회를 방문하여 집회를 해주셨고, 나는 시간을 내어 미국에 혼자 방문해 목사님을 독대하여 말씀을 배웠다. 다섯 번째 미국을 방문하여 기도원에서 목사님과 마주 앉아 말씀을 배울 때였다. 시차가 적응되지 않아 졸음 때문에 비몽사몽 할 때 갑자기 번쩍하며 무엇인가가 나를 덮었고, 곧 이어 무엇인가가 나의 온 몸에 채워지는 것을 느꼈다. 그리고 아무 일 없었던 것처럼 시간이 흘렀고, 나는 한국으로 돌아오는 비행기 안에서 에스겔 마른 골짜기의 뼈들이 서로 들어맞는 것처럼 그동안 스스로 몸부림치며 공부했던 구약과 신약의 말씀들이 서로 들어맞아 짝을 이루는 것을 경험하였다. 그 일이 있은 뒤 한국에 돌아와 목회 현장에서 말씀을 보면 이전과 다르게 놀랍고 신비하게 말씀들이 들어맞아서 짝을 찾아가고 서로의 영적인 원리들을 드러내는 신비한 것을 계속 경험하였다. 엘리야의 능력을 갑절이나 사모하였던 엘리사에게 그가 사모한 대로 하나님의 능력이 갑절로 부어진 것처럼, 나의 스승 최천국 목사님에게 부어졌던 말씀의 신비한 능력이 나를 덮었다는 것을 깨닫게 되었다.

그 후부터 말씀이 너무 신비하게 풀어졌다. 그런데 그렇게 신비하게 풀어진 말씀을 그대로 선포하면 모두 좋아야 하는데 너무 멋지게 풀어진 말씀을 전하는 나도, 그 말씀을 받는 성도들도 힘들었다. 왜 그럴까하고 고민할 때 하나님은 에스겔 37장을 계속 묵상하게 하셨다. 마른 뼈들이 서로 들어맞아 온전한 사람의 모습은

갖추었지만 '그 안에 생기가 없었다'라는 것을 깊이 보게 하셨다. 말씀의 영적인 흐름은 잡았지만 그 안에 생기를 담지 못했다는 것을 깨닫게 하셨다. 생기가 들어간 말씀을 먹을 때에야 비로소 하나님께서 쓰기 원하시는 십자가 군사로 세워지는 것을 깨달았다 (겔 37:10). 그 후부터 성령의 도우심으로 말씀의 흐름을 잡으면 그 말씀을 붙잡고 생명을 다하여 기도하여 그 말씀 안에 생기를 심는 기도를 한 주간하였다. 그리고 그 위에 하나님 아버지의 마음을 담아서 강단에서 선포하였다. 말씀을 전하는 나와 말씀을 받는 모두가 감격이었고 하나님의 은혜로 녹아지는 엄청난 변화들이 있었다. 선포하는 말씀에 최선을 다한 기도를 통하여 하나님의 생기를 입히고 하나님 아버지의 마음을 담는다. 그런데 이렇게 책으로 옮겨지는 설교집에는 하나님의 생기와 하나님 아버지의 마음을 담지 못하여 너무 아쉽다.

그동안은 말씀을 보면서 영적인 흐름을 찾아 주제설교와 성막의 비밀을 풀어내는 설교를 했었다. 하나님께서 주신 감동 안에서 성경을 책별로 설교하려고 했고, 그에 따라 구약에서 창세기와 여호수아를 마치고 신약에서 제일 쉽다고 생각한 요한복음을 설교하려고 하였다. 하지만 요한복음은 결코 쉬운 책이 아니었다. 하늘의 모든 비밀을 푸는 가장 어려운 책이라는 것을 뒤늦게 알고 몇 번이나 포기하려 했었는데 하나님께서 끝까지 풀어주셔서 요한복음 전체를 설교하게 되었다. 지식으로 하나님을 알려하지 않고 마음으로 하나님을 받고 경험하려는 사모함이 있다면 요한복음 말씀은 결코 어려운 말씀이 아닐 것이다. 오늘날 이단들은 (비록 잘못된 방법으로일지라도) 너무 많이, 그리고 깊이 하나님의 말씀을 연구하고 공부하고 외우는데 정작 하나님의 자녀들은 하나님의 말씀을 깊이 알려고 하지 않는다. 그러다 보니 이단에게 쉽게 넘어가고, 사단에게 늘 짓눌리는 삶을 살 수밖에 없다. 하나님께서는 사랑하는 자녀들에게 결코 어려운 말씀을 주시지 않았다. 어렵다고 생각하면 하나님의 말씀처럼 어려운 것이 없지만 사단에게 속았던 마음을 풀어버리고 하나님의 말씀을 사모하는 마음으로 다가서면 너무 쉽고 은혜로운 말씀일 것이다.

첫 설교집 『캄캄할 때 하늘이 열린다』로 얼마나 많은 사람들이 위로받고 실패의 자리에서, 특별히 가장 낮은 자리(감옥)에서 변화되고 힘을 얻어 일어났는지 모른다. 이번 설교집을 통하여서도 은혜를 사모하고 갈급해 하는 성도들이 더욱 많이 일어나기를 기대한다. 이번 설교집이 나올 수 있도록 최선을 다해 기도하고 축복해주신 원주 중부침례교회 성도님들께 감사를 드린다. 또한 설교집이 나올 수 있도록 드러나지 않는 섬김으로 재정의 도움을 주신 분들에게 깊은 감사를 드리며 마음 깊이 품고 최선을 다하여 축복하며 기도드린다. 모든 설교마다 교정을 도와준 이병묵 전도사님께 감사드리고, 마지막까지 교정을 위해 수고를 아끼지 않은 전지혜 자매에게도 감사드리며, 한 편의 설교 완성을 위해 몸부림칠 때마다 옆에서 묵묵히 기도로 도와준 사랑하는 아내 강성경 사모에게 무한한 감사를 드린다.

하나님께서 들어오실 장막(요 1:14)

[14] 말씀이 육신이 되어 우리 가운데 거하시매 우리가 그의 영광을 보니 아버지의 독생자의 영광이요 은혜와 진리가 충만하더라

요 1:14　예수 그리스도를 영접하여 구원받아 하나님을 아버지로 섬기는 성도들이(12절) 이 세상에서 어떠한 삶을 살아야 하는지를 설명하는 부분이다. 구원받은 성도들은 말씀으로 계셨던 예수님께서 육신을 입고 이 세상에 오신 것을 지식으로 아는 것으로 끝내지 말고 그리스도가 되셔서 모든 문제를 해결하시고 살아계시는 예수님을 우리의 마음 안에 주인으로 모시고 살아야 한다.

　말씀이셨던 하나님께서 우리와 똑같은 육신을 입고 우리 가운데 오셨다. 그 이유는 마귀에게 사로잡혀 있는 모든 사람을 하나님의 자녀로 회복하시기 위해서다(히 2:14-15). 하지만 우리와 똑같은 육체를 입고 사람으로 오셨을지라도 하나님이라는 실체가 바뀐 것은 아니다. 예수님께서 이 땅에 오실 때 입고 오신 육체는 우리와 똑같은 육체였지만, 예수님의 육체는 '죄'가 없었다고 바울은 말한다(롬 8:3). 예수님은 '죄' 있는 사람과 똑같은 모습으로 오셨지만 '죄' 있는 사람의 모양만 있었지 '죄'의 실체는 없으셨다. 초대교회 당시 하나님께서 '죄' 있는 육체를 입고 오실 수 없다고 강력하게 부정하는 '영지주의'라는 이단이 있었다. 그들의 주장은 '육체'는 죄로 완전하게 오염되어 악하기 때문에 죄가 없이 순수하신

11

하나님께서는 절대로 '죄'가 가득한 육체와 연결될 수 없다고 하였다. 이러한 주장에 대하여 요한은 '영지주의자들'의 주장이 성경을 벗어난 거짓이라고 하였다.

사랑하는 자들아 영을 다 믿지 말고 오직 영들이 하나님께 속하였나 분별하라 많은 거짓 선지자가 세상에 나왔음이라 이로써 너희가 하나님의 영을 알지니 곧 예수 그리스도께서 육체로 오신 것을 시인하는 영마다 하나님께 속한 것이요 예수를 시인하지 아니하는 영마다 하나님께 속한 것이 아니니 이것이 곧 적그리스도의 영이니라 요일 4:1-3

하나님의 계획은 '죄'가 전혀 없으신 예수님에게 사람과 똑같은 육체를 입혀 이 땅에 보내어 '죄' 있는 사람으로서는 스스로 해결하지 못할 '죄'의 문제를 담당시켜서(사 53:6) 십자가에 못 박혀 모든 '죄'를 해결하게 하시고, 모든 '죄'를 해결하신 예수님의 보혈을 의지하여 죄를 벗고 은혜를 부어주시는 하나님 앞에 당당하게 나오게 하는 것이다. 하나님의 이러한 계획으로 이 세상에 오신 예수 그리스도를 마음을 열고 받아들이는 사람은 예수님께서 나의 '죄'를 담당하여 흘려주신 피로 '죄'의 문제를 해결 받고, '죄' 때문에 사단에게 사로잡혔던 모든 것에서 벗어나 해방되며, 예수님 안에 감추어져 있는 하나님의 영원한 생명을 먹고 하나님 안에서 새롭게 태어나는 하나님의 자녀가 된다.

영접하는 자 곧 그 이름을 믿는 자들에게는 하나님의 자녀가 되는 권세를 주셨으니 요 1:12

말씀이셨던 하나님께서 '임마누엘' 하시려고 우리 마음 안에 장막을 치셨다(말씀이 육신이 되어 우리 가운데 거하시매(장막을 치시매)). 우리 마음 안에 하나님께서 들어오실 장막이 예수님 때문에 제대로 쳐지는 순간 하나님께서 성도들의 마음 장막 안으로 들어오시고, 하나님께서 들어와 주인이 되시는 그곳에 하늘의 은혜와 영광이 충만하게 덮여진다. 이 말씀의 비밀을 알기 위해서는 하나님께서 이스라엘 백성들을 애굽에서 건져내시고 시내산 밑으로 초청하신 장소로 가보아야 한다. 이스라엘 백성들을 시내산 밑으로 부르신 하나님께서 이스라엘 백성들과 하나님이 하나로 연합하여 살 수 있는 비밀이 되는 언약의 말씀을 모세를 통하여 주셨고, 그다음에 하나님의 영광이 이스라엘 백성 안으로 들어오는 비밀이 되는 성막(장막)을 세우게 하신다. 이스라엘 백성들이 하나님을 위하여 성소를 만들게 하였다.

내가 그들 중에 거할 성소를 그들이 나를 위하여 짓되 출 25:8

전능하신 하나님께서 이스라엘 백성들을 애굽에서 건져내신 이유는 이스라엘 안에 들어와 이스라엘 백성들과 함께 살고 싶어서이다. 예수 그리스도를 십자가에 못 박으시며 죄인들을 구원하여 하나님의 자녀 삼으신 목적은 '임마누엘'(하나님께서 우리와 함께 사는 것) 하시려는 것이다. 하나님께서 모세에게 말씀하신 대로 성막을 만들 때 성막의 가장 안쪽 은밀한 곳에 지성소를 만들고 그 안에 하나님께서 모세를 통하여 주실 언약의 말씀을 담아 보관하는 '언약궤'를 만들라고 하셨다. 지성소를 만들어 하나님께서 주신 언약의 말씀을 보관하는 언약궤를 만드는 이유를 명확하게 "너는 그 속죄(죄를 용서하는 장소) 덮개를 궤(상자) 위에 덮고, 궤 안에는 내가 너에게 줄 증거판(언약의 말씀, 십계명)을 넣어 두라. 내가 거기서 너(이스라엘)와 만나고 속죄 덮개 위에서 곧 증거궤 위에 있는 두 그룹(천사) 사이에서 이스라엘 자손에게 명령할 모든 것에 관하여 너와 이야기할 것이다"(출 25:21-22)라고 하나님은 말씀하셨다.

언약궤를 만들어 언약의 돌 비석을 넣은 다음에 언약궤를 덮는 뚜껑의 이름이 '속죄소'(죄를 용서하는 장소)다. 죄인들이 거룩하신 하나님 앞에 나가 하나님을 만나려면 먼저 모든 죄를 씻고 용서받아야 한다. 이스라엘 백성들이 번제 희생의 피를 '속죄소' 위에 뿌리면 하나님은 그들의 죄를 용서하고 만나주신다. 예수 그리스도를 영접하여 구원받은 성도들이 하나님 앞에 나아갈 때 예수 그리스도께서 나의 죄를 담당하시고, 나의 '죗값'으로 십자가에 못 박혀 흘려주신 피를 하나님 앞에 드림으로 우리들의 죄가 용서되고 나를 사랑하시는 하나님을 만날 수 있다(히 9:21-22). '속죄소'에서 피의 능력으로 영원히 죽어야 하는 죄를 용서받은 이후에 이 땅에 내려오신 하나님의 영광을 만나게 된다. 언약궤 안에 담겨 있는 말씀을 새긴 비석은 '말씀이 육신을 입고 내려오신 하나님'(말씀이 육신을 입고 이 땅에 오신 예수 그리스도)이시기 때문이다. 이스라엘 백성들이 하나님께서 모세에게 주신 말씀대로 언약의 장막을 세우고 지성소 안에 언약궤를 모시는 작업이 끝났을 때 '언약궤가 모셔져 있는 장막 위'에 하나님의 영광이 충만하게 덮여졌다(출 40:34-38).

예수 그리스도께서는 구원받은 성도들의 마음 안에 이스라엘 백성들이 만들었던 장막(이것이 임마누엘의 비밀이다)의 실체를 세우려고 오셨다. 왜냐하면 구약에 모세를 통하여 지으라 하셨던 장막은 예수 그리스도에 대한 그림자였는데 그 실체가 되시는 예수 그리스도께서 이 땅에 오신 것이다. 이스라엘 백성들에게 하나님께서 말씀하신 장막이 온전히 세워지고 '말씀 비석'(십계명)을 담은 언약궤가 그 장막 안으로 들어가는 순간 하늘의 영광이 장막을 덮었고 이스라엘 전체에 충만하였다. 이 말씀은 예수 그리스도를 영접하여 구원받은 성도들이 교회를 다니며 죽으면 천국에 간다는 공허한 소리만 하는 것이 아니라 우리 마음 안에 하나님께서 들어와 함께 삶을 나누고 승리의 말씀을 주실 하나님의 장막을 온전히 세우고, 언약궤의 실체가 되시는 예수 그리스도가 성도들의 삶의 완전한 주인이 되는 순간, 그 믿음 위에 하늘의 영광이 임하고 그러한 믿음으로 하나님 앞에 서 있는 성도들의 모든 삶은 하늘 영광이 가득한 열매들로 풍성하게 된다는 약속이다.

에덴 동산에서 첫째 아담은 하나님과 함께 하늘의 비밀을 나눌 완전한 장막을 소유하고 있었다. 그런데 사단에게 속아 하나님께서 아담 안에 들어와 하늘의 비밀과 삶을 함께 나누었던 하나님의 장막이 찢어지고 무너져버렸다. 장막이 무너진 아담 안에는 하나님께서 영광으로 함께하시지 못하고 대신 사단의 어둠이 가득 들어왔다. 그 때문에 아담은 하나님께서 부어주시는 모든 것을 잃어버리고 가난한 자(마음 안에 하나님의 생명과 은혜가 없는 영적으로 가난한 상태)가 되어 하나님의 동산 에덴에서 쫓겨난다. 하지만 마지막 아담이 되시는 예수 그리스도는 사단으로 인하여 찢어지고 무너진 하나님의 장막을 다시 회복하려고 오셨다. 예수님께서 십자가에 못 박혀 돌아가시는 마지막 순간 "다 이루었다"(요 19:30)라고 하시며 소리치신 것은 "사람으로서는 도저히 할 수 없는 일, 하나님께서 너희 마음 안에 들어와 삶을 나눌 하늘의 장막을 내가 다시 회복하였다. 너희들이 나를 받아들이기만 하면(영접하면) 너희 안에 하나님께서 들어와 하늘의 비밀을 함께 나눌 수 있는 하늘의 장막이 완성된다." 하시는 완전한 승리의 선포이다. 이렇게 예수님께서 완성하신 하늘 장막을 마음 안에 회복하여 세우고 그 안에 하나님께서 들어와 함께하는 순간부터 우리들의 신분이 바뀌게 된다.

 너희들은 신이며 다 지존자의 아들들이라 시 82:6

예수님을 믿는 것은 이 신분(하나님의 아들, 하나님과 같은 능력으로 마귀를 이기고 하나님의 영광을 모두에게 드러낼 승리를 누려야 할 하늘의 신분)을 완전하게 회복하여 마귀를 발아래 밟고 당당하게 하나님께서 예수님을 통하여 주시는 하늘의 신비한 것들을 모두 받아 누리는 삶을 사는 것이다. 이스라엘 백성들이 말씀에 순종하여 성막(장막)을 만들고 지성소에 '언약궤'(하나님의 말씀, 말씀이 육신을 입고 이 땅에 오신 예수 그리스도)를 그 안에 들여놓는 순간 하늘에서 부어지는 하나님의 영광이 충만했던 것처럼 예수 그리스도를 영접한 성도들이 사단에게 속았던 마음을 보혈의 능력으로 깨끗하게 씻고 하나님께서 들어오셔서 함께하실 하늘의 장막을 마음 안에 제대로 회복하면 하나님께서 들어오셔서 주인이 되시고 이 세상의 말로 표현하지 못할 하나님의 영광으로 강력하게 덮어주신다.

예수님께서 가이사랴 빌립보 지역에서 제자들에게 "너희들은 나를 어떠한 존재로 믿느냐"(마 16:15) 질문하였다. 이때 베드로가 예수님을 향하여 "주님은 그리스도이시며 살아계신 하나님이십니다"(마 16:16)라는 엄청난 믿음 고백을 하였다. 이 말을 들으신 예수님께서 "사람으로서는 이러한 비밀을 알 수 없는데 하늘에 계신 하나님 아버지께서 이러한 비밀을 너에게 알려주셨구나. 네가 이 비밀을 거부하지 않고 정확하게 믿어서 당당하게 고백하였구나." 하시면서 믿음의 고백을 한 베드로에게 엄청난 축복을 허락하셨다. 이 말씀의 비밀은 예수님을 믿는 성도들이 매 순간 내가 믿는 예수님을 '그리스도이시며 살아계신 하나님'으로 인정하며 마음 깊이 담고 입을 열어 "내 안에 그리스도 되시며 살아계신 하나님 되시는 예수님께서 나와 함께하시고, 내 삶의 현장에 나타나 예수님께서 그리스도라는 증거를 주십니다." 하는 믿음이 되면 예수님께서 베드로에게 주셨던 기막힌 은혜와 하늘의 능력을 부어주신다. 베드로의 고백을 받으신 예수님께서 자신이 그리스도가 되기 위해(사단이 넣어 준 '죄' 때문에 찢어지고 무너진 하나님의 장막을 다시 회복하여 하나님께서 성도들의 마음 안에 온전히 들어오시는 비밀) 십자가에 못 박혀 고난을 받고 죽었다가 3일 만에 다시 살아날 것을 말씀하시는데(마 16:21) 베드로가 인간적인 감정으로 예수님의 말씀을 훼방한다. 이때 예수님은 베드로를 책망하였다. 이 일 후에 예수님께서 3명의 제자들을 데리고 '변화산'에 오르셨다.

> 사단아 내 뒤로 물러 가라 너는 나를 넘어지게 하는 자로다 네가 하나님의 일을 생각하지 아니하고 도리어 사람의 일을 생각하도다 마 16:23

'변화산'에 오르신 예수님의 얼굴이 해같이 빛나며 예수님께서 입으신 옷이 세상 말로 표현하지 못할 빛처럼 희고 밝게 변하였다(마 17:2). 이것은 이 땅에 오시기 전에 하늘에 계실 때의 예수님 모습이면서 예수님을 믿는 성도들이 변화되어야 할 믿음의 목표이다. 예수님을 믿는 성도들이 세상 말로 표현하지 못할 하늘의 영광스러운 모습으로 변화되는 것을 얼마나 사모하며 기대하는가? 예수님께서 이렇게 변화되자 하늘이 열리며 하늘에 있던 모세와 엘리야가 나타나 예수님과 신비한 대화를 나눈다(마 17:3). 예수님을 믿는 성도들이 예수 그리스도를 마음에 담고 하늘의 신령한 모습으로 변화될 때 하늘이 열리며 하늘의 신비한 모든 은혜가 강력하게 부어지게 된다. 예수님께서 변화된 모습으로 모세와 엘리야와 더불어 하늘의 신령한 말씀을 나누고 있을 때, 하늘에서부터 빛난 구름이 그들을 덮으며 "이는 내 사랑하는 아들이요 내가 기뻐하는 자라"라고 하시는 하나님의 불같은 음성이 들렸다. 이스라엘 백성들이 성막을 완성하고 언약궤 안에 하나님께서 돌 판에 새겨주신 언약의 말씀을 넣었을 때 일어난 사건과 동일한 사건이 일어났다. 이 말씀은 예수 그리스도를 영접하여 구원받은 성도들이 마음 안에 하나님께서 함께하실 하늘의 장막을 세우고 하나님께서 삶의 완전한 주인이 되게 하고, 하나님의 말씀을 지식이 아닌 삶의 전부가 되게 하는 믿음으로 세워지면 하나님께서 모든 순간 하늘을 열고 "너는 내가 기뻐하는 아들이며, 내가 너를 진실로 사랑한다. 내가 너와 함께하는 증거를 하늘의 영광을 부어주어 모두가 보게 하리라" 하는 불같은 말씀을 들려주시고, 그에 합당한 영광과 축복을 부어주신다. 예수 그리스도를 영접하여 구원받은 성도들이 이러한 믿음으로 하나님의 영광 앞에 나가며 세상 앞에 하나님을 드러내는 축복의 통로가 되어야 한다.

침례/세례 요한과 예수님 (요 1:19-28)

[19] 〈침례/세례 요한의 증언(마 3:1-12; 막 1:7-8; 눅 3:15-17)〉 유대인들이 예루살렘에서 제사장들과 레위인들을 요한에게 보내어 네가 누구냐 물을 때에 요한의 증언이 이러하니라 [20] 요한이 드러내어 말하고 숨기지 아니하니 드러내어 하는 말이 나는 그리스도가 아니라 한대 [21] 또 묻되 그러면 누구냐 네가 엘리야냐 이르되 나는 아니라 또 묻되 네가 그 선지자냐 대답하되 아니라 [22] 또 말하되 누구냐 우리를 보낸 이들에게 대답하게 하라 너는 네게 대하여 무엇이라 하느냐 [23] 이르되 나는 선지자 이사야의 말과 같이 주의 길을 곧게 하라고 광야에서 외치는 자의 소리로라 하니라 [24] 그들은 바리새인들이 보낸 자라 [25] 또 물어 이르되 네가 만일 그리스도도 아니요 엘리야도 아니요 그 선지자도 아닐진대 어찌하여 침례/세례를 베푸느냐 [26] 요한이 대답하되 나는 물로 침례/세례를 베풀거니와 너희 가운데 너희가 알지 못하는 한 사람이 섰으니 [27] 곧 내 뒤에 오시는 그이라 나는 그의 신발끈을 풀기도 감당하지 못하겠노라 하더라 [28] 이 일은 요한이 침례/세례 베풀던 곳 요단 강 건너편 베다니에서 일어난 일이니라

요 1:19-20 요단강에서 '회개'를 외치며 침례/세례를 행하는 요한에게 예루살렘에 있던 이스라엘의 지도자들이 제사장들과 레위인들을 보내어 "당신은 누구요?"하고 물었을 때, 요한은 "나는 그리스도(메시아. 하나님께서 보내신 구원자)가 아닙니다"라고 대답하였다. 이때 이스라엘은 하나님께서 약속하신 메시아를 목말라 기다리던 때였기에 제사장들과 레위인들이 요한을 찾아와 그의 신분을 물을 때 요한은 자랑스럽게 자신의 신분을 과대 포장하여 내세울 수도 있었을 것이다. 눅 1:5,13을 보면 침례/세례 요한은 엄청난 제사장 가문의 아들이었고, 눅 1:80을 보면 광야에 들어가 세상의 모든 것을 끊고 하나님만 바라보고 의지하는 혹독한 훈련을 마치고 나온 사람이었다. 이 정도 신분을 가진 요한이 하나님 안에서 혹독한 훈련을 거쳤고 이제 많은 사람들이 요한을 따르며 침례/세례 받으려고 요한 앞에 줄 서 있는 상황이다. 이러한 상황이라면 얼마든지 어깨에 힘을 주고 "내가 바로 당신들이 찾는 메시아입니다"라고 할 수 있었을 것인데 요한은 그들이 듣기 원하는 답을 주지 않았다. "나는 당신들이 기다리는 그리스도(메시아. 구원자)가 아닙니다."

요한은 자신이 메시아가 아니라고 말하는데, 그렇다면 요한이 소개하며 사역을 예비해야 할 예수님의 신분은 어떠했는가? 예수님이 태어난 마을은 '나사렛'이었다. 빌립이 나다나엘을 찾아가서 "모세가 율법에 기록하였고 선지자들이 기록한 그분을 우리가 만났는데(메시아를 만났는데), 그분은 요셉의 아들 '나사렛 사람 예수'입니다"(요 1:45)라고 예수님을 소개하였다. 빌립의 소개를 받은 나다나엘이 "나사렛에서 무슨 선한(좋은) 것이 나올 수 있을까?"(요 1:46) 하며 무시했듯이 예수님께서 태어난 동네 '나사렛'은 유대인들이 완전히 무시하는 마을이었다. 그렇다면 예수님께서 태어난 가정 배경은 어떠했을까? 예수님께서 고향 마을 회당에 들어가 하나님의 말씀을 선포하실 때 그 상황을 바라본 고향 사람들이 "저 사람은 목수의 아들이 아닌가?"(마 13:55) 하며 무시했듯이 예수님은 가정 배경도 너무 볼품이 없다. 침례/세례 요한은 많은 사람이 자기를 인정하고 따르며 높이려 하는데, 자기를 철저하게 낮추면서 그 당시 아무런 배경이나 유명세도 없는 예수님을 높여서 하나님의 구원 사역의 길을 열고 있다.

침례/세례 요한에게 침례/세례를 받으신 예수님께서 공생애를 시작하시며 요단강에서 침례/세례를 베풀자 요한을 따르던 많은 사람이 예수님에게 몰려갔다. 그때 요한의 제자들이 요한에게 "선생님(요한)이 증언하시던 이가(스승께서 침례/세례를 주면서 소개했기 때문에 유명해지신 분. 예수) 침례/세례를 베풀매 사람들이 다 그에게로 갔습니다"(요 3:26)라고 한다. 자기를 따르던 많은 사람을 빼앗겼으니 얼마나 화가 날 상황인가? 그런데 요한은 "만일 하늘로부터 주어진 것이 아니라면 사람은 아무것도 받을 수 없다. 내가 이미 말했던 것처럼 나는 그리스도가 아니요 그분(예수) 앞에서 보내심을 받은 자라고 한 것을 증언할 자는 너희들이다. 그분은 커져야 하겠고 나는 작아져야 하리라"(요 3:27-30) 한다. 요한의 제자들이 입에 거품을 물고 요한에게 말한다. "스승님께서 침례/세례를 주셔서 사람들에게 알려져 유명해진 예수님이 스승님께서 하시던 침례/세례를 주면서 사람들을 빼앗아 갔습니다. 우리를 따르던 모든 사람이 예수님에게 갔습니다." 그 말을 들은 침례/세례 요한이 "나는 하나님에게서 보냄 받은 자가 아니고 하나님으로부터 보냄 받은 분 앞에 와서 그분의 사역을 소개하고 그분의 길을 열기 위해 파견받은 사람일 뿐이다. 나는 하나님에게서 보냄 받은 자를 세상에 소개하며 그분을 드러내는 종이지 결단코 하나님께서 보내신 자를 앞서거나 그분보다 높아져서는 안 된다. 이제 하나님께서 보내신 그분께서 높아지실 시간이 되었고, 그 일을 위해 보냄 받은 나는 낮추어야 할 시간이 되었다"라고 말한다. 침례/세례 요한은 예수님의 사역을 소개하고 높이기 위해 보냄 받은 자신의 신분을 너무 정확하게 알고 있다.

예수 그리스도를 영접하여 구원받은 우리는 지금 하나님 앞에서 우리의 신분과 사명을 정확하게 알고 있는가? 세상 말로 '주제파악'을 잘하며 살고 있는가? 사단은 자꾸만 우리를 높이라고 부추기는데 성도들은 침례/세례 요한과 같이 철저히 낮아져야 한다. 철저하게 낮아져서 십자가에 못 박히시며 우리를 구원하셨고, 구원받은 우리가 함께 살아야 할 영원한 처소를 준비하기 위해 하늘에 오르셨다가 이제는 재림주로 다시 오셔서 세상을 심판하실 예수님만을 높여야 한다. 하나님은 사단에게 속지 않고 모든 순간 '나'를 낮추며 '내 안에 함께하시는 예수님'을 주인으로 모시고 예수님만을 높이는 성도들을 찾으셔서 하늘의 영광을 강력하게 부어주신다. 예수님께서 마지막 십자가 사역을 앞에 두고 어린 나귀를 타고 예루살렘 성에 들어오신다. 예수님께서 어린 나귀를 타고 오시는 모습을 본 모든 사람이 자기의 겉옷을 벗어 길에 펴고 다른 사람들은 종려나무 가지를 길에 펴 예수님이 타신 나귀가 갈길을 열어 놓고는 예수님을 높여 찬양한다.

호산나 다윗의 자손이여 찬송하리로다 주의 이름으로 오시는 이여 가장 높은 곳에서 호산나 하더라 마 21:9

예수님을 등에 태운 어린 나귀처럼 우리가 낮아져서 예수님을 높이기만 하면, 우리의 겸손한 믿음 때문에 드러나시는 예수님을 사람들이 보면서 나를 통하여 드러나시는 예수님을 높여 찬양하게 된다. 예수님을 태운 것 때문에 아무것도 아닌 나귀가 존귀한 찬양을 받듯이, 겸손한 믿음을 통하여 드러나신 예수님께서 찬양받으시는 것 때문에 성도들까지 저절로 높아지는 영적인 축복을 누리게 된다.

요 1:22-23 "너는 너에 대하여 무엇이라 하느냐?"라고 제사장들이 다시 물었을 때 침례/세례 요한은 이사야 선지자의 예언을 꺼내면서 "나는 예수님의 길을 곧게 하라고 광야에서 외치는 '소리'일 뿐이라"고 하였다. '말씀'으로 하늘에 계시던 예수님께서 하나님께서 약속하신 때가 되어 우리를 구원하시려고 우리와 똑같은 육체를 입고 오셨다(요 1:1,14). 그런데 요한은 자신을 '소리'라고 소개한다. 예수님께서 '말씀'이시고 요한이 '소리'라면 죄인들이 '말씀이신 예수님'을 순수하게 받아들이기 위해 요한의 '소리'에 귀 기울여야 했다. '말씀 되시는 예수니께서' 이 땅에 오셔서 하나님께서 계획하신 구원 사역의 길을 완성할 수 있도록 '소리'가 말씀의 길을 열기 위해서 말씀을 앞서서 왔다. 요한은 자신의 신분과 사역의 이유를 캐묻는 제사장들에게 하나님께서 이사야 선지자를 통하여 이미 말씀하신 이사야 40장의 말씀을 상기시켰다. 자신은 하나님의 뜻 안에서 구원자로 오시는 메시아(그리스도)의 길을 열어 놓는 사역을 위해 보냄 받은 '소리'라고 한다. 요한은 하나님께서 의도하신 '소리'의 사명을 감당하기 위해 요단강에서 침례/세례를 베풀면서 또는 광야에서 자기를 찾아오는 사람들을 향하여 크게 외쳤다. 크게 외친(소리 지르는) 이유는 가까이 다가오는 사람 뿐 아니라 멀리 있는 사람들까지 듣게 하려고, 또는 하나님에 대하여 관심을 가지지 않고 들으려 하지 않는 사람들을 깨우려고 '큰 소리'로 외쳐 하나님께서 보낸 메시아가 왔으니 사단에게 속아 하나님을 등지고 살았던 길에서 돌이켜 하나님께로 발걸음을 옮기라고 한 것이다.

요한이 머무르며 소리쳤던 '광야'는 말 그대로 유대 광야이기도 하지만 '하나님의 은혜가 없는 메마른 심령으로 하나님의 도우심을 받지 못하고 힘들고 괴롭게 살아가는 성도들의 삶의 현장'을 말하기도 한다. 요한과 같이 '외치는 소리'로 부름 받은 성도들은 사단에게 속아서 '광야와 같이 괴롭고 고통스러운 삶'을 살아가는 주변 사람들에게 모든 문제를 해결하여 하나님을 만나게 하고 하나님의 은혜가 풀어지는 통로가 되는 예수 그리스도의 복음을 당당하게 소리쳐 외쳐야 한다. 침례/세례 요한은 하나님께서 이사야 선지자를 통하여 주신 말씀대로 예수 그리스도의 사역을 열기 위해 광야에 서서 외쳤다.

이 땅에 태어난 모든 사람이 아담에게 물려받은 죄를 해결하지 못하여 마귀에게 잡혀 몸부림치는 삶을 산다. 많은 사람이 율법(구약의 말씀)을 의지하여 죄와 마귀의 짓눌림에서 벗어나고자 몸부림치는데 '율법'의 능력은 더욱 처참하게 죄가 드러나게 해 죄 아래 사로잡혀 있는 자신의 모습을 발견하게 할 뿐이다. 이렇게 마귀에게 짓눌려 조종당하는 소망 없는 삶을 사는 이스라엘 백성들은 영광스러운 하나님께서 육체를 입고 오셔서 사람으로서는 도저히 해결하지 못할 죄 문제를 끊으시고, 눈에 보이지 않게 모든 사람을 짓누르던 마귀의 머리를 깨뜨려 마귀의 눌림에서 해방하여 주시고, 마귀가 주었던 모든 재앙의 문제에서 건져주시는 놀랍고 신비한 일을 완성하신 예수 그리스도를 만나야 한다. 우리와 똑같은 육체를 입고 오신 그리스도를 통하여 사람으로서는 해결하지 못할 모든 것들이 평탄하게 해결된다고 하나님은 이사야 선지자를 통하여 이미 선포하셨고, 이사야 선지자가 이미 선포했던 하나님의 약속을 이루실 분이 그들 안에 오셨다고 침례/세례 요한이 말하는데 제사장들과 레위인들은 들을 귀가 없어서 하나님께서 보낸 '소리'를 전혀 알아듣지 못하고 있다.

요 1:26-28 당신이 그리스도도 아니고 엘리야도 아니고 그 선지자도 아닌데 왜 침례/세례를 주는가? 하는 말을 들은 요한이 "나는 물로 침례/세례를 준다. 하지만 너희 가운데 너희가 알지 못하는 그분이 서 계시다. 나는 그분의 신발 끈 풀어드리기도 합당치 않은 존재다"라고 말한다. 그 당시 이스라엘의 종교지도자급에 있던 바리새인과 사두개인들이 하나님의 능력을 받으려는 욕심으로 요한에게 침례/세례를 받으려고 요단강에 들어서려는데 오히려 엄청난 책망을 들었다.

> 요한이 많은 바리새인들과 사두개인들이 침례/세례 베푸는 데로 오는 것을 보고 이르되 독사의 자식들아 누가 너희를 가르쳐 임박한 진노를 피하라 하더냐 마 3:7

그 말을 듣고 너무 창피해 그들은 네가 엘리야도 아니고 그 선지자도 아니면서 왜 침례/세례를 주느냐고 따진다. 말씀이신 예수님을 소개하려고 온 '소리' 역할을 하는 요한이 말씀되시는 예수님께서 오시면 해야 하실 말씀을 미리 하면서 '진정한 침례/세례'(스스로 죄인인 것을 인정하고 물과 피와 성령으로 오실 예수님에게〈요일 5:5-7〉 덮여져 모든 죄를 용서받고 하나님 앞에 신실하게 서자)를 받으라는 하늘의 음성을 거부하며 침례/세례 요한을 책망하고 있다. 비록 요한은 성령으로 침례/세례를 주는 것이 아니라 물로 침례/세례를 주는 역할 밖에는 하지 못하였다. 요한은 자신에게 다가오는 불쌍한 영혼들의 육신을 물로 씻어 주었을 뿐, 어둠에 눌려 아픔 가득하여 신음하고 있는 마음과 영혼은 도저히 씻을 수 없었다. 하지만 물로 베푸는 침례/세례를 통하여 성령으로 침례/세례 주실 예수님에게 나아가는 길을 연결해 주기 원하였다.

요한은 자기를 꾸짖는 제사장 무리를 향하여 "너희 가운데 너희가 알지 못하는 한 사람이 있다"라고 말하며 "그분은 내 뒤에 오시는 분"이며 "나는 그분의 신발 끈을 풀어드리기에도 합당하지 않은 존재"라고 한다. 예수께서 그리스도가 되려고 세상에 오셨지만 자신의 욕심에만 눈이 어두웠던 제사장들과 바리새인들은 자기들을 구원하려고 오신 예수님을 알지 못하고 핍박하다가 십자가에 못 박아버렸다. 예수 그리스도를 영접하여 구원받은 성도 안에 성령께서 함께하시지만 대부분 많은 성도가 자기 안에 성령이 함께하는 것을 알지도 못하고, 하나님께서 구원받은 성도들에게 성령의 기름 부으심으로 축복하시는 것도 알지 못하고 교회에만 열심히 다니면 되는 것으로 착각하며 성령에 대하여 너무 둔감한 삶을 산다. 침례/세례 요한을 찾아와서 따지는 그 당시 종교지도자들과 오늘날 교인들이 다른 점이 무엇일까?

예수님 당시 대부분의 종교지도자들은 하나님께서 주신 구약의 말씀을 지식으로만 알면서 다른 사람의 잘못을 정죄하는 데 사용할 뿐, 그 말씀을 통하여 하나님께서 약속하신 메시아(구원자. 그리스도)를 기다리지 못했다. 정말 깨어있는 믿음이었다면 요한이 말했던 "너희 가운데 알지 못하는 한 사람이 있다"라고 말하기 전에 예수님을 찾아내어 손잡고 할렐루야 하면서 승리의 찬양을 함께 불러야 했을 것이다. 그런데 하나님께서 약속하신 그분이 오셨지만 그들은 전혀 알지 못한다. 바울은 "너희 가운데 그리스도가 주인 되셔서 너를 사로잡고 도와주시는지 확인하여 보아라. 아무리 성경을 많이 알고 종교적으로 열심이 있을지라도 우리의 모든 문제를 해결하시고 살아계시는 예수 그리스도를 우리 마음에서 찾을 수 없다면 그는 하나님과 상관없는 자다"(고후 13:5)라고 한다.

예수님께서 공적인 사역을 시작하시면서 특별하게 강조하신 말씀은 '하나님 나라'였다. 예수님의 설교를 듣고 바리새인들이 예수님을 찾아와 "당신이 그렇게 강조하는 하나님의 나라(천국)는 어디에 있는가?" 물었을 때 "하나님의 나라는 육체의 눈으로 볼 수 있게 임하는 것이 아니다. 또 여기 있다 저기 있다고도 못한다. 왜냐하면 하나님의 나라는 너희 안에 있기 때문이다"(눅 17:20-21)라고 하셨다. 육체의 눈으로 보지 못하고 세상 사람들은 받을 수 없는, 오직 예수님을 통하여 회복되어 세워지는 '하나님의 나라'가 마음 안에 분명하고 확실하게 세워져 있는가? 예수 그리스도를 통하여 마음 안에 하나님의 나라가 회복된 것이 성도다. 이렇게 하나님의 나라(천국)를 마음에 소유하고 눈앞에 보이는 상황에 속지 않고 함께하시는 하나님을 기뻐하며 감사의 찬양을 할 때 그들의 삶의 현장에 하나님 나라의 축복이 강력하게 풀어진다. 하나님께서 예수 그리스도를 통하여 풀어주시는 하나님 나라의 축복을 회복하여 누리며 주변 모든 사람에게 하나님을 나타내 보이시는 승리의 성도가 되시기를 축복한다.

예수님과 성령님(요 1:29-34)

²⁹ 〈하나님의 어린 양을 보라〉 이튿날 요한이 예수께서 자기에게 나아오심을 보고 이르되 보라 세상 죄를 지고 가는 하나님의 어린 양이로다 ³⁰ 내가 전에 말하기를 내 뒤에 오는 사람이 있는데 나보다 앞선 것은 그가 나보다 먼저 계심이라 한 것이 이 사람을 가리킴이라 ³¹ 나도 그를 알지 못하였으나 내가 와서 물로 침례/세례를 베푸는 것은 그를 이스라엘에 나타내려 함이라 하니라 ³² 요한이 또 증언하여 이르되 내가 보매 성령이 비둘기같이 하늘로부터 내려와서 그의 위에 머물렀더라 ³³ 나도 그를 알지 못하였으나 나를 보내어 물로 침례/세례를 베풀라 하신 그이가 나에게 말씀하시되 성령이 내려서 누구 위에든지 머무는 것을 보거든 그가 곧 성령으로 침례/세례를 베푸는 이인 줄 알라 하셨기에 ³⁴ 내가 보고 그가 하나님의 아들이심을 증언하였노라 하니라

요 1:29-31 하나님께서 우리 모두의 죄악을 담당시켜 해결하
시려고 유월절 어린 양의 실체가 되시는 예수님을 이 땅에 보내셨
다. 하나님으로부터 하늘에서 보냄 받아 하나님께서 계획하신 온
인류의 구원 사역을 시작하시려는 예수님을 침례/세례 요한이 믿
음의 눈으로 정확하게 보았다. 레위기를 보면 하나님께 드려지는
예물이 되는 짐승은 황소, 양, 염소, 산비둘기, 집비둘기 이렇게
5가지가 있다. 이러한 제물 가운데에 예수님은 '세상의 죄를 담당
하셔서 죄를 없애시는 하나님의 어린 양'으로 오셨다. 온 인류를
구원하시려는 하나님 아버지의 뜻을 이루려고 이 땅에 육체를 입
고 오신 예수님은 모든 사람이 스스로 해결하지 못하는 '죄'를 그
의 어깨에 짊어지시고 십자가에서 '죗값'을 지불하시려 죽임을 당
하셨다(사 53:6, 롬 3:23, 6:23). 위대한 대제사장이 되셔서 우리들의
모든 죄를 해결하려고 오신 예수님(히 4:14-5:10)께서는 "아무도 나
에게서 목숨을 빼앗지 못한다. 내가 스스로 목숨을 내놓는 것이
다. 나는 목숨을 내놓을 권한도 있고 그것을 다시 얻을 권한도 있
다"고 하신다.

이를 내게서 빼앗는 자가 있는 것이 아니라 내가 스스로 버리노라 나는 버릴 권세도 있고 다시 얻을 권세도 있으니 이 계명은 내 아버지에게서 받았노라 하시니라 요 10:18

예수님은 사람들에 의하여 세워진 제사장이 아니라 하나님께서 이 땅에 보내시면서 세워주신 '영원한 대제사장'으로 사람으로서는 전혀 해결할 수 없는 모든 죄 문제를 해결하고, 예수님을 의지하는 모든 사람을 하나님 앞으로 인도하셔서 하나님의 은혜를 받게 하시는 분이시다. 예수님께서 태어나시기 700년 전에 활동했던 이사야 선지자는 하나님께 감동받아서 우리 모두의 죄를 짊어지고 해결하시려고 희생 제물로 오시는 예수님에 대하여서 "그는 우리의 죄를 메고 갔으며 우리의 고통을 짊어지셨다. 그런데 우리는 그를 벌 받은 자, 천대받은 자로 여겼다. 그가 병든 것은 우리의 악행 때문이며 우리의 평화를 위하여 그가 징벌을 받았으며 그가 채찍을 맞으며 생긴 상처 때문에 우리는 나음을 받는다. 하나님께서는 우리 모두의 죄악이 그에게 떨어지게 하셨다. 그는 죄를 짓지도 않았고 거짓을 입에 담지도 않았다"(사 53:4-9)라고 하였다. 이렇게 모든 사람의 죄 문제를 담당하려고 오신 예수님께서 침례/세례를 받으려고 요단강에 들어서시는 모습을 본 침례/세례 요한은 "보라 세상의 죄를 없애시는 하나님의 어린 양이시다"라고 당당하게 선포한다.

인류 최초로 죄 문제를 해결하고 하나님께 나가려고 제사를 드렸던 아담의 두 아들 가인과 아벨을 보자. 가인은 땅의 모든 소산을 준비하여 하나님의 이름을 부르며 나갔지만, 아담의 죄 때문에 함께 타락한 땅의 소산으로는 죄 문제를 해결하지 못하여 하나님을 기쁘시게 할 수 없었다. 하지만 아벨은 아버지 아담으로부터 들었던 하나님께서 친히 입혀주셨던 가죽옷의 비밀을 깨닫고 한 마리 어린 양의 희생을 하나님께 드렸는데 아벨이 드린 어린 양의 희생으로 아벨의 죄를 용서하시며 아벨을 기쁨으로 받아주셨다(창 3:21, 4:3-7). 이 말씀을 통하여 왜 요한이 예수님을 "세상의 죄를 없애시는 하나님의 어린 양"으로 보고 있는지, 이제 우리들의 영적인 눈이 열려서 예수 그리스도를 정확하게 바라보아야 한다.

가인이 하나님을 만나기 위해 하나님의 이름을 부르며 준비한 이 땅의 예물이 얼마나 많았던가? 하지만 이 땅에서 준비한 예물로는 자신을 짓누르는 그 어떤 죄도 해결하지 못하였다. 하나님이 받으실 수 없었던 가인의 예물이 의미하는 것은 오늘날 구원받은 성도들이 하나님을 만나 하나님의 은혜를 받으려고 이 땅에서 동원하는 모든 방법과 열심이다. 하나님은 예수 그리스도를 영접하여 구원받은 성도들이 이 땅에서 동원할 수 있는 모든 방법과 열심을 내려놓고 아벨이 어린 희생 양으로 하나님을 기쁘시게 하였던 것처럼, 예수님께서 십자가에 달려 흘려주신 보배로운 피를 의지하여 하나님의 은혜 앞에 당당하게 서라 하신다(요일 1:7-2:3).

예수님께서 침례/세례를 받으시려고 요단강에 오셔서 요한 앞에 섰을 때 요한은 예수님을 소개하면서 "이분께서 나보다 앞선 것은 나보다 먼저 계셨기 때문입니다"(31절)라고 한다. 예수님은 침례/세례 요한보다 6개월 늦게 태어나신 분이신데 왜 이러한 말을 했을까? 아직 결혼하지 않았던 마리아에게 천사가 찾아와 "마리아여 두려워하지 마십시오. 그대가 하나님께 은혜를 받았습니다. 그대가 잉태하여 아들을 낳을 것인데 이름을 예수라 부르십시오"(눅 1:30-31) 하였다. 그때 마리아는 "나는 아직 남자를 알지 못하는데 어떻게 이러한 일이 있을 수 있습니까?"(눅 1:34) 묻는다. 그때 천사가 "성령께서 그대 위에 임하시고 가장 높으신 분의 능력이 그대를 덮을 것입니다. 그러므로 당신을 통하여 태어나실 거룩하신 분은 하나님의 아들이라 불리실 것입니다." 그러면서 침례/세례 요한의 잉태에 대하여 천사가 말한다. "그대의 친척 엘리사벳을 보십시오. 임신할 수 없다던 그 여인도 노년에 아들을 가져 이미 여섯 달이 되었습니다. 하나님의 말씀은 불가능한 것이 없습니다." 천사의 이러한 말을 들은 마리아가 더 이상 하나님의 일하심을 거부하지 못하고 "나는 주님의 여종이니 그대의 말씀대로 나에게 이루어지기 원합니다"(눅 1:38)하며 "아멘"의 믿음으로 순종할 때 천사가 마리아를 떠났다.

천사가 떠난 즉시 성령으로 예수님을 잉태한 마리아는 제사장 사가랴의 집에 들어가 침례/세례 요한을 잉태한 엘리사벳을 방문하였다. 엘리사벳이 마리아의 문안 인사를 받을 때 엘리사벳 뱃속에 있는 아이가 뛰었고 엘리사벳은 성령으로 충만하여졌다(눅

1:41). 그때 엘리사벳이 소리치며 말하였다. "내 주님의 어머니가 나에게 오시다니 보십시오. 그대의 문안하는 소리가 나에게 들릴 때에 내 뱃속에 있는 아이(임신 6개월 된 침례/세례 요한)가 기뻐 뛰었습니다"(눅 1:43-44). 마리아의 자궁 안에 예수님은 이제 막 들어간 때였고, 침례/세례 요한은 임신 6개월째 일어난 사건이다. 침례/세례 요한도 예수님도 모두 어머니의 자궁 안에 들어 있는 상태인데 어머니의 자궁 안에 있던 임신 6개월 된 침례/세례 요한이 마리아의 자궁 안에 막 들어간 예수님이 자기 앞에 오시는 것을 알아채고 기뻐서 뛰고 있었고, 예수님의 방문을 받은 침례/세례 요한의 어머니 엘리사벳은 성령으로 충만한 상태가 되어 있었다. 구원받은 성도들의 마음 안에는 마리아의 자궁 안에 예수님께서 들어와 계시듯이 예수님께서 들어와 함께하신다.

> ✏️ 너희는 믿음 안에 있는가 너희 자신을 시험하고 너희 자신을 확증하라 예수 그리스도께서 너희 안에 계신 줄을 너희가 스스로 알지 못하느냐 그렇지 않으면 너희는 버림 받는 자니라 고후 13:5

성도들이 구원받았다는 말은 마리아처럼 우리의 마음과 인생 안에 예수님을 잉태하여 예수님을 품고 사는 삶이다. 그렇다면 예수님을 잉태하여 품고 사는 성도들은 어디를 가든지 엘리사벳과 침례/세례 요한이 경험했던 성령 충만함의 놀랍고 신비한 일들이 자연스럽게 일어나야 한다. 예수님을 잉태한 마리아가 엘리사벳의 집을 방문하였을 때 엘리사벳의 자궁 안에 있던 침례/세례 요한이 기뻐 뛰었듯이 우리 주변에서 눈에 보이지 않는 사단에게 눌려 신음하던 사람들이 우리가 예수님을 품고 찾아갔을 때 우리를 통하여 흘러나오는 예수님을 보고 느끼며 저들을 묶고 있던 것들이 풀어져서 기쁨의 춤을 추게 해야 한다. 성령의 은혜에 목말라 하는 사람들에게는 성도들 안에 함께하시는 예수님을 통하여 성령의 능력이 흘러 사모하는 영혼들을 하나님의 은혜와 성령의 능력으로 덮는 기막힌 일들이 풀어져야 한다.

　요 1:32-34　요한은 성령이 비둘기같이 내려와서 예수님 위에 머물러 계시는 것을 보았다. 침례/세례 요한이 요단강에서 침례/세례 사역을 시작하였을 때 하나님께서 친히 "성령이 내려와서 누구 위에든지 머무는 것을 보거든 그가 곧 성령으로 침례/세례를 베푸실 자로 알라" 하시는 음성을 들었다. 이러한 하나님의 음성을 들은 침례/세례 요한이 요단강에서 침례/세례를 주면서 '과연 어떤 사람이 하늘에서 내린 성령으로 덮여져 있을까?' 하면서 자기 앞으로 오는 모든 사람을 하나하나 예의 주시하면서 세심하게 살폈을 것이다. 그런데 자기의 친척 예수님이 가까이 다가오는데 그 위에 하나님의 성령이 덮여 있다. 요한이 예수님 앞에 자신이 엎드려 성령으로 침례/세례를 받으려 하는데, 성령으로 덮여 있는 예수님께서 "내가 너에게 침례/세례를 받아야 하는 것이 하나님의 뜻이다" 하시면서 요한에게 침례/세례를 받으신다(마 3:13-15). 그 순간 하늘이 열리며 하나님의 음성이 들렸다.

아무도 예수님 위에 성령이 머물러 있는 것을 보지 못했는데, 예수님의 사역을 열기 위해 보냄 받은 침례/세례 요한은 영적인 눈이 열려 하나님께서 성령으로 예수님을 덮고 계시는 것을 보았던 것이다. 하나님의 음성을 친히 들은 요한이 영적인 눈이 열려서 성령에 사로잡혀 있는 예수님을 보았고, 하나님의 뜻하심에 순종하여 예수님에게 침례/세례를 베풀 때 하늘이 완전하게 열리며 모든 사람에게 부어지고 흘러갈 성령이 예수님에게 내려오게 하는 사역을 감당했다. 이렇게 엄청난 예수님의 사역의 문을 열어 놓은 침례/세례 요한은 하늘을 열고 성령으로 침례/세례를 주시는 예수님 앞에 엎드려 성령 침례/세례를 받아내고 예수님을 더욱 높이는 사역 안으로 깊이 들어가야 했다. 하지만 끝까지 자신의 물 침례/세례 사역을 고집하고 끝내는 정치적인 현실에 휘말려 헤롯 왕에게 비참하게 참수당하였다. 하나님께서 약속하신 그대로 예수님을 믿는 성도들의 육체에까지 성령이 부어지는(욜 2:28-29, 행 2:16-18) 엄청난 사역의 길을 열어 놓은 침례/세례 요한이 더욱 하나님의 성령에 사로잡히지 못하고 그 당시 정치적인 일에 휘말려 비참한 죽임을 당하였다(마 14:3-12). 예수 그리스도를 영접하여 성령을 체험한 이후에 사단에게 속아서 침례/세례 요한의 길을 가는 성도들이 얼마나 많은가?(갈 3:3) 하나님께서 부어주시는 성령의 능력을 경험하였다면 더 깊고 오묘하고 완전한 성령을 부어주시는 하나님만 바라보는 신실한 믿음을 가져야 한다.

엘리사가 엘리야에게 하나님께서 부어주신 능력을 갑절이나 받을 수 있었던 비밀은 엘리사의 영적인 눈이 열려 죽음에 이르지 않고 천사들의 손에 잡혀 하늘로 들리심을 받는 엘리야를 보았기 때문이다(왕하 2:9-11). 이러한 영적인 세계를 아는 바울이었기 때문에 에베소 교인들을 하나님께 올려드리며 축복하는 기도를 할 때 "하나님 이들의 마음의 눈(영적인 눈, 믿음의 눈)이 열려서 하나님께서 행하시는 비밀들을 모두 보게 하옵소서"(엡 1:18) 하는 기도를 하였던 것이다. 영적인 세계를 조금 아는 성도들이 많은 은사와 능력을 위해 기도한다. 그러나 성경을 자세하게 보면 은사와 능력을 위한 기도보다는 예수 그리스도 때문에 열려져 있는 하늘을 바라보는 눈, 하나님의 얼굴을 바라보며 하나님께서 하늘을 열고 부어주시는 신령한 모든 것을 바라보는 영적인 눈이 열려야 한다. 이러한 영적인 눈이 열리면 그가 영적인 눈을 열어 바라본 그대로 하나님께서 부어주시기 때문이다. 침례/세례 요한처럼, 엘리사처럼 영적인 눈이 열려 하나님께서 하늘을 열고 일하시는 모든 것을 정확하게 바라보자.

04

제자들을 부르시는 예수님(요 1:35-42)

³⁵ 〈요한의 두 제자〉 또 이튿날 요한이 자기 제자 중 두 사람과 함께 섰다 ³⁶ 예수께서 거니심을 보고 말하되 보라 하나님의 어린 양이로다 ³⁷ 두 제자가 그의 말을 듣고 예수를 따르거늘 ³⁸ 예수께서 돌이켜 그 따르는 것을 보시고 물어 이르시되 무엇을 구하느냐 이르되 랍비여 어디 계시 오니이까 하니 (랍비는 번역하면 선생이라) ³⁹ 예수께서 이르시되 와서 보라 그러므로 그들이 가서 계신 데를 보고 그 날 함께 거하니 때가 열 시쯤 되었더라 ⁴⁰ 요한의 말을 듣고 예수를 따르는 두 사람 중의 하나는 시몬 베드로의 형제 안드레라 ⁴¹ 그가 먼저 자기의 형제 시몬을 찾아 말하되 우리가 메시아를 만났다 하고 (메시아는 번역하면 그리스도라) ⁴² 데리고 예수께로 오니 예수께서 보시고 이르시되 네가 요한의 아들 시몬이니 장차 게바라 하리라 하시니라 (게바는 번역하면 베드로라)

⏮

요 1:35-37 요한은 말씀이 육신을 입고 오신 예수님을 세상에 드러내 알리는 '소리'(23절)였다. 요한이 예수님에게 침례/세례를 준 다음 날 예수님께서 걸어가심을 주의 깊게 본 다음 "보라 하나님의 어린 양이로다"(세상의 죄를 스스로 담당하시고 없이하시는 분)라고 하면서 자신의 '소리 사역'을 정확하게 마감하였다. 그런데 요한 옆에 있던 두 제자가 요한이 하는 '소리'(하나님이 보내신 어린 양이 정확하구나)를 듣고는 예수님에게 간다. 요한이 예수님의 길을 예비하는 '소리의 역할'을 하였고, "성령이 내려서 머물러 있는 사람이 내가 보낸 사람이다"(33절)라고 하나님께서 말씀하신 대로 요단강에서 '물 침례/세례'를 주면서 예수님이 하나님께서 보낸 사람이 확실한 것을 확인하였다. 성령이 머물러 계시는 예수님에게 요한이 침례/세례를 주는 순간 하늘이 열리고 성령이 비둘기처럼 강력하게 부어지며 "이는 내가 사랑하는 아들이요 내가 기뻐하는 자라"(마 3:17)는 하나님의 음성을 들었고, 이로써 하나님께서 요한을 세우신 사명이(사 40:3-5. 광야에서 소리쳐 외치며 예수님의 사역의 길을 열어 놓는 것) 끝났다.

그렇다면 이제부터 요한은 예수님의 제자가 되어 성령의 침례/

세례를 받고 예수님의 그리스도 사역을 분명하고 확실하게 도와야 했다. 요한의 말을 들은 그의 제자들은 요한을 떠나 예수님의 제자가 되어 하나님께서 새롭게 시작하는 '그리스도의 사역' 안으로 들어가는데 요한은 예수님께서 성령에 사로잡혀 하나님께서 계획하신 그리스도의 사역을 풀어낼 분이라고 말하지만 정작 자신은 여전히 요단강에 머물러 회개를 외치며 '물 침례/세례' 사역을 하고 있다. 예수님께서 침례/세례 요한에게 침례/세례를 받으실 때 하늘이 열리며 성령이 강력하게 부어지는 것을 보았고, 하나님의 불같은 음성을 들었다면 침례/세례 요한은 그동안 했던 '예수님의 길을 열기 위한 물 침례/세례 사역'을 마치고 예수님의 제자가 되어 예수님을 통하여 부어주시는 강력한 '성령 침례/세례' 안으로 들어가야 하는데, 여전히 요단강에서 사람들을 불러 모아 '물 침례/세례'를 주는 것이다. 이것은 마치 여행을 안내하는 가이드가 현재 머무는 곳을 자세하게 소개하며 설명한 뒤 다음에 도착할 여행지를 소개하며 여행객들을 안내하는 것이 아니라, 다음 목적지에 이르렀음에도 뒤에 있는 곳이 너무 좋았다고 하며 이미 지나간 지역 이야기만 하는 모습이다. 이것을 깨달은 여행객들이 목적지마다 정확한 해설을 해주는 다른 가이드를 찾아가는 현상과 같은 것이다. 만약 침례/세례 요한이 하나님께서 보내신 예수님을 찾기 위해 행하던 '물 침례/세례'를 버리고 예수님 앞에 무릎 꿇고 예수님을 통하여 성령의 침례/세례를 받고 예수 그리스도의 사역을 앞서서 열어가는 새로운 사역을 했더라면 침례/세례 요한은 헤롯에게 비참하게 죽지 않고 하늘나라에서 하나님의 기쁨이 되며 더욱 큰 상급을 누리는 사람이 되었을 것이다.

침례/세례 요한을 보면서 오늘 우리는 지나간 날만 이야기하면서 지금 일하시는 하나님의 영광과는 거리가 먼 생활을 하고 있지 않은지 돌아보아야 한다. 이제 눈을 들어 하나님만을 바라보자(골 3:1-3). 나는 지금 하나님께서 나에게 원하시는 길 위에 서서 하나님께서 예비하신 은혜를 누리며 하나님의 영광을 주변 모든 사람에게 정확하게 흘려보내고 있는가?

요 1:38-42 침례/세례 요한의 제자였던 안드레와 안드레의 소개를 받고 예수님을 찾아온 그의 형제 시몬(후에 베드로가 됨)을 예수님께서 제자로 받으셨다. 침례/세례 요한의 제자였던 안드레는 스승이 마지막 '소리의 역할'을 감당하려고 "보라 하나님의 어린 양이로다"(세상의 모든 죄를 짊어지고 그 죄를 없이하시는 분이시다) 하는 말을 듣고는 요한을 버리고 즉시 예수님을 따랐다. 예수님께서 요한에게 침례/세례를 받으시려고 처음 요단강을 방문하실 때 "보라 세상 죄를 지고 가는 하나님의 어린 양이로다"(29절)라는 말씀을 들었을 때는 요한이 왜 그러한 말을 하는지 미처 몰랐다. 그런데 예수님께서 스승 요한에게 침례/세례를 받으실 때 하늘이 열리며 성령이 강력하게 부어지고 하나님의 엄청난 음성이 들려지는 것을 보고 들었다(마 3:16-17). 그리고 난 다음 날 예수님께서 그들 앞을 지나가실 때 요한이 다시 자기의 '마지막 소리 역할'을 하기 위해 "보라 하나님의 어린 양이로다"(36절)라고 하는 말을 듣고는 이분

43

이 구약의 모든 선지자가 고대하고 기다리던 '메시아'(그리스도)라는 확신을 가지고 예수님을 따르기 위해 요한을 떠났던 것이다.

그들이 요한을 떠나 예수님 앞에 섰을 때 "무엇을 구하느냐?"라고 예수님께서 물으셨다. 그때 안드레는 "랍비여"(스승님) 하고 불렀다. 이 말의 뜻은 '이제부터 예수님만을 따르며 예수님 당신을 닮기 원합니다'라는 의미다. 그리고는 "당신은 어디 사십니까?"(당신이 어디에 묵고 계시는지... 종종 당신에게 찾아와 진리를 배우며 당신을 닮기 원합니다)라고 물었다. 안드레의 이러한 질문을 받은 예수님께서 "와서 보라"(나와 친밀하며 나를 본받으라) 하시며 그들을 끌어안으셨다. 예수 그리스도를 영접하여 하나님의 자녀가 된 성도들을 향하여 예수님께서는 동일한 질문을 하신다. "너는 무엇을 얻으려고 나를 영접하였고, 나를 믿느냐?" 교회만 열심히 다니지 말고 예수님께서 하시는 이 질문을 우리 마음 깊은 곳에 전달하여 보자. 십자가에 못 박히시면서 우리를 구원하신 예수님께서 듣기 원하시는 답이 무엇일까? 예수님의 질문에 제대로 된 답을 드렸다면 이제 우리는 예수님을 향하여 질문을 해야 한다. "예수님 당신은 어디에 계십니까?" 우리들의 질문을 받으신 예수님은 가장 친밀한 모습으로 다가오셔서 가장 부드러운 음성으로 사랑하는 자녀들에게 답을 주신다. "지금 네 마음 안에서 너를 붙들고 있다. 나는 너를 절대로 떠나지 않고 버리지 않으며 네가 만난 모든 일을 도와주어서 이제부터 네가 만난 삶의 형편은 너를 바라보는 주변 모든 사람이 하나님을 인정할 수밖에 없도록 하늘 영광으로 가득 채워

줄 것이다." 이 음성을 분명히 들은 성도들만이 내 안에 함께하시는 예수님을 통하여 하나님의 은혜를 흘려 받으며 승리하게 되고, 내 안에 계신 예수님에게 자기의 모든 것을 맡기고 예수님을 닮아 내는 진정한 믿음 안으로 들어갈 수 있다.

예수님께서 태어나셨을 때 하늘에서 인도하는 별을 따라 예루살렘까지 왔던 동방 박사들이 헤롯 왕을 찾아서 "유대인의 왕으로 나신 이가 어디 계십니까? 우리가 그분께 경배하러 왔습니다"(마 2:2)라고 하였다. 동방 박사들에게 이러한 말을 들은 헤롯 왕은 대제사장과 백성의 서기관을 모아놓고 "그리스도가 어디서 나겠느냐?"(마 2:4) 하고 질문하였고 이때부터 온 이스라엘에 하나님께서 약속하신 '메시아'(그리스도)에 대한 소문이 널리 퍼져있었다. 요한의 제자 중 안드레는 침례/세례 요한이 예수님에게 침례/세례를 줄 때 '하늘에서 오신 구원자'라고 확인을 받았고, 예수님께서 그 자리를 벗어나 가시려고 할 때 요한이 마지막 사명을 감당하려고 "보라 하나님의 어린 양이로다"(36절) 하는 소리를 듣고는 예수님을 따라가서 예수님과 머물면서(함께 살면서) 예수님을 메시아로 경험하였다. 예수님께서 '메시아'라는 것을 경험한 안드레는 그 비밀을 혼자만 소유하지 않고 자기 형제에게 달려가 "우리가 메시아를 만났다"(41절)라고 당당하게 선포하며 형제를 예수님에게 데려왔다.

요 4장을 보면 예수님께서 사마리아 성에 들어가 우물에 앉아 계시다가 대낮에 물을 길러 온 여인을 만나서 그녀와 영적으로 깊은 대화를 하였다(요 4:7-26). 그 여인이 예수님과의 대화를 통하여 그가 '하나님께서 보낸 구원자'(메시아, 그리스도)라는 확신을 가졌을 때 물을 길어 가야 할 물동이를 버려두고 동네에 들어가 외쳤다.

> 내가 행한 모든 일을 내게 말한 사람을 와서 보라 이는 그리스도가 아니냐 요 4:29

이 말을 듣고 동네의 모든 사람이 예수님을 만나려고 몰려나왔다. 예수 그리스도를 영접하여 구원받은 성도들은 '구원자(십자가에 못 박혀 흘리신 피로 죄에서 구원하시고, 죽으셔서 무덤에 갇히셨다가 3일 만에 다시 살아나신 부활의 능력으로 마귀를 짓밟으시고 마귀에게 눌려 있던 것에서 완전히 구원하시고, 인생 살면서 마귀에게 눌려 신음하는 삶을 살다가 죽으면 지옥에 가야 하는 영원한 멸망에서 꺼내어 완전한 구원을 주신다) 예수 그리스도를 마음 안에 완전하게 품어 심은 자'들이다. 그렇다면 이제는 안드레처럼, 이름도 없는 사마리아 성 여인처럼 '내가 만난 구원자 예수님'을 소리쳐 증거 해야 한다.

하나님께서 쓰시는 사람들은 태어나기도 전에 하나님께서 먼저 이름을 주시든지 아니면 부모를 통하여 이미 받은 다른 이름이 있다면 하나님께서 쓰실 사명에 합당한 이름으로 바꾸어주시고 주신 이름에 합당하도록 하나님께서 변화시키셨다. 하나님께서는 이삭이 태어나기 전에 아브라함에게 나타나 아들을 주신다고 하시며 그 이름을 이삭이라고(창 17:19) 이미 정해 주셨고, 삼손도, 침례/세례 요한도, 예수님도 태어나기 전에 하나님께서 먼저 이름을 주셨고 하나님께서 주신 이름에 합당한 삶을 열어주셨다. 하지만 이미 육신의 부모에게 이름을 받았지만 하나님께서 특별하게 세워 쓰실 사람들은 하나님께서 세워서 쓰실 시간이 되면 그들의 이름을 하나님께서 특별하게 바꾸셨고, 그 이름에 합당한 믿음과 인격으로 세워주셨다. 아브라함, 사라, 눈의 아들 여호수아 등 하나님께서 특별하게 쓰신 이들은 모두 하나님 안에서 이름이 바뀌어졌다.

하나님께서 멸망당하였던 이스라엘이 회복되어 하나님의 영광을 다시 주변 모든 나라에 드러내기 위해 '새 이름'을 주시겠다고 이사야 선지자를 통하여 약속하셨다(사 62:2). 이스라엘이 이렇게 새로운 이름으로 불려질 수 있도록 하나님께서는 쉬지 않으시고 예루살렘을 위하여 일하신다(사 62:1). 예수 그리스도를 영접하여 구원받은 성도들이 주변 모든 사람에게 하나님의 영광을 드러낼 '새로운 존재'(믿음 안에서 하나님께서 주시는 새 이름을 받고 새 삶을 살아가며 하나님의 영광을 드러낼 참 성도)로 바뀌게 하려고 성령께서는 성도들의 마음을 치유하여 바꾸어주시고, 성도들의 영적인 눈이 열려지게 하여 하늘의 비밀을 바라보게 하고, 그들이 바라본 하늘의 영광을 당당하게 입을 열어 선포하는 믿음의 사람으로 바꿔 주시려고 지금 쉼 없이 성도들을 도우시며 신비한 은혜를 부어주신다.

예수님의 제자들이 가이사랴 빌립보 지역에서 예수님께 위임받아 각 동네에 들어가 예수님으로부터 배운 사역을 하고 돌아왔다. 이때 예수님이 물으셨다. "너희들이 사역을 할 때 사역을 받는 사람들이 나에 대하여 뭐라고 하더냐?" 이때 제자들이 "사람들이 예수님을 침례/세례 요한, 엘리야, 어떤 사람은 예레미야라고 합니다."라고 대답하였고 그 말을 들으신 예수님께서 다시 물으셨다. "그렇다면 너희들은 나를 누구라 생각하느냐?" 이때 시몬이 "주님은 그리스도가 되셔서 사람으로서는 해결할 수 없는 모든 문제를 해결하시는 분이십니다. 주님은 하나님이신데 육체를 입고 우리 가운데 오신 분이 맞습니다."라는 엄청난 믿음 고백을 하였다.

 주는 그리스도시요 살아계신 하나님의 아들이시니이다 마 16:16

이러한 고백을 받으신 예수님께서 감격하셔서 "시몬아 네가 복이 있구나. 이 비밀을 너에게 알게 하신 이는 사람이 아니라 하늘에 계신 나의 아버지이시다. 이제부터 너의 이름은 베드로(반석)다. 내가 너의 완전한 믿음 고백(반석과 같은 믿음) 위에 나의 교회를 세우리라"(마 16:17-18)고 하시며 시몬이 처음 예수님 앞에 섰을 때 그의 이름을 "게바"(베드로)가 될 것이라 말씀하셨는데, 예수님께서 시몬을 처음 보시면서 말씀하셨던 엄청난 축복의 이름을 시몬이 하나님의 은혜에 사로잡혀 완전한 믿음 고백을 하는 순간 시몬에게 실제로 넘겨주셨다. 만약에 시몬이 형제 안드레를 통하여 예수님 앞에 섰을 때 "너는 게바다"(베드로)라고 선포하셨다면 이 이름의 비밀과 축복의 중요성을 깨닫지 못했을 것이다. 그런데 시몬이 아무도 할 수 없는 예수님에 대한 믿음 고백을 하고 난 다음에 이 이름을 선물로 주셨다. 예수님으로부터 새 이름을 받아내는 비밀은 베드로와 같이 예수님을 향한 완전한 믿음 고백에서부터 열리게 된다.

　이제부터 상황과 형편만 말하며 불평하지 말고, 십자가에서 "다 이루었다"(너의 모든 문제는 내가 다 풀었다. 지금 네 앞에 있는 것은 문제가 아니다. 그 뒤에 숨겨져 있는 하나님의 영광을 위한 기적과 축복을 선포하여라) 하시는 예수님만 바라보고, 하나님께서 받기 원하시는 하늘의 기적과 축복을 이 땅에 풀어내는 믿음의 고백을 입을 열어 당당하게 선포하자. 예수님께서 십자가에 못 박히셔서 우리의 모든 문제를 해결하시고 부활의 능력으로 마귀를 완전히 밟아 이기시고, 대제사장이 되셔서 하늘로 승천하시면서 예수님을 믿는 우리를 향하여 하늘 문을 완전히 열어 놓으셨다. 예수님께서 그리스도의 사역을 마치고 하늘로 올라가신 이후에 예수님께서 시몬을 베드로로 바꿔주신 실제 사역이 풀어진다. 베드로의 믿음 위에 예수님께서 원하시는 교회, 마귀의 권세가 전혀 틈타지 못할 완전한 교회가 세워졌다. 예수 그리스도를 영접하여 하나님의 자녀가 된 우리에게 '성도'라는 엄청난 새 이름을 주셨다.

05

열린 하늘 아래로 초청(요 1:43-51)

[43] 〈빌립과 나다나엘을 부르시다〉 이튿날 예수께서 갈릴리로 나가려 하시다가 빌립을 만나 이르시되 나를 따르라 하시니 [44] 빌립은 안드레와 베드로와 한 동네 벳새다 사람이라 [45] 빌립이 나다나엘을 찾아 이르되 모세가 율법에 기록하였고 여러 선지자가 기록한 그이를 우리가 만났으니 요셉의 아들 나사렛 예수니라 [46] 나다나엘이 이르되 나사렛에서 무슨 선한 것이 날 수 있느냐 빌립이 이르되 와서 보라 하니라 [47] 예수께서 나다나엘이 자기에게 오는 것을 보시고 그를 가리켜 이르시되 보라 이는 참으로 이스라엘 사람이라 그 속에 간사한 것이 없도다 [48] 나다나엘이 이르되 어떻게 나를 아시나이까 예수께서 대답하여 이르시되 빌립이 너를 부르기 전에 네가 무화과나무 아래에 있을 때에 보았노라 [49] 나다나엘이 대답하되 랍비여 당신은 하나님의 아들이시요 당신은 이스라엘의 임금이로소이다 [50] 예수께서 대답하여 이르시되 내가 너를 무화과나무 아래에서 보았다 하므로 믿느냐 이보다 더 큰 일을 보리라 [51] 또 이르시되 진실로 진실로 너희에게 이르노니 하늘이 열리고 하나님의 사자들이 인자 위에 오르락 내리락 하는 것을 보리라 하시니라

요 1:43-46 안드레의 초청으로 시몬을 제자로 받으신 다음 날 예수님께서 갈릴리로 발걸음을 옮기시다가 빌립을 보시고는 "나를 따라오라"하고 부르셨다. 빌립이 예수님을 따라가 예수님과 더불어 생활해 보고는 예수님이 '하나님께서 보내신 메시아'라는 것을 깨닫게 되었다. 예수님을 직접 경험한 빌립은 그의 친구 나다나엘을 찾아가 "모세가 율법에 기록하였고, 선지자들을 통하여 하나님께서 약속하신 그분을 만났는데 그분은 요셉의 아들 나사렛 사람 예수님이시다"라고 소개하며 함께 예수님의 제자가 되자고 초청하였다. 빌립의 초청을 받은 나다나엘은 "나사렛에서 무슨 선한 것이 나올 수 있습니까?"라고 대답하였다. 왜 나다나엘이 이러한 말을 했을까? 그것은 빌립이 나다나엘에게 예수님을 소개하는데 잘못된 부분이 있기 때문이다. 예수님은 요셉의 아들이 아니라 성령으로 잉태하여 마리아를 통하여 태어났고(마 1:18-23, 눅 1:26-38), 그가 살고 있는 곳은 나사렛이었지만 태어난 장소는 베들레헴이기 때문이다(눅 2:1-7). 하나님께서 구약을 통하여 '메시아'를 약속하실 때 '여인의 후손'으로 태어날 것과(창 3:15) 메시아가 태어날 장소는 '베들레헴'이라고 분명하게 약속하셨다(미 5:1-4). 하나님의 말씀을 붙들고 메시아를 기다리던 나다나엘에게 빌립이 성경의 약속과 다르게 예수님을 소개하기 때문에 나다나엘은 "나사렛에서는 하나님께서 약속하신 메시아가 태어날 수 없다"라고 말하는 것이다. 많은 성도가 예수 그리스도의 복음을 전하며 주변에 있는 사람들을 하나님의 구원 안으로 인도하기 원한다. 그런데 성경에서 말씀하는 그대로의 복음을 제대로 증거 하지 못하기 때문에 많은 사람이 고개를 갸우뚱거리며 주저한다.

그런데 빌립은 나다나엘의 주저하는 모습을 보면서 "와 보라"(그렇다면 와서 예수님을 보십시오)라고 하였다. 성도들이 복잡하고 힘들게 그리스도의 복음을 전하려고 애쓰는 것보다 빌립이 말하는 것처럼 "나를 구원하시고 나와 함께하시며 나를 도와주시는 예수님을 보십시오." 하면서 우리를 구원하시고 함께하시며 큰 은혜를 부어주시는 예수 그리스도를 보여드리는 것이 가장 좋은 복음 증거의 모습이다. 이것 때문에 하나님은 우리의 삶의 현장에 하나님께서 함께하시며 예수님이 그리스도 되시는 놀랍고 신비한 증거들을 부어주신다. 삶의 자리에서 하나님을 경험하며 예수님이 그리스도 되시는 증거를 받았다면 주저하지 말고 우리를 구원하시고 은혜를 부어주셔서 마귀를 밟으며 승리하게 해 주신 하나님과 예수 그리스도를 당당하게 증거 하며 나타내 보여야 한다. 구원받은 성도들은 하나님께서 하늘을 열고 부어주시는 은혜 누림의 자리에 당당히 들어가야 하고, 하나님께서 부어주시는 은혜를 누리지 못하게 훼방하는 것은 모두 끊고 예수님의 보혈을 의지하여 하나님의 은혜 더 깊은 곳으로 당당하게 들어가야 한다(약 4:5-10).

침례/세례 요한의 제자였던 안드레가 예수님을 따라가 예수님의 삶을 본 순간 그는 가만히 있을 수 없어 형제 시몬(후에 베드로가 됨)에게 "우리가 메시아를 만났다."라고 하면서 시몬을 예수님 앞으로 인도하였고, 예수님에게 직접 부름 받은 빌립도 예수님과 삶을 잠시 나눈 후 즉시 나다나엘을 찾아가 "모세와 많은 선지자를 통하여 하나님께서 약속하신 메시아를 만났다." 하며 주변에 가장 친한 사람들을 예수님 앞으로 인도하였다.

요 1:47-51 나다나엘이 예수님 앞으로 나올 때 그의 모습을 본 예수님께서 "이 사람은 참으로 이스라엘 사람이다. 그대 속에는 거짓된 것이 없다"라고 말씀하셨고 예수님의 말을 들은 나다나엘이 "어떻게 나를 아십니까?"하고 질문하였다. 예수님께서 나다나엘의 질문에 "빌립이 너를 부르기 전, 네가 무화과나무 아래 있을 때에 내가 너를 보았노라"라고 하셨다. 예수님의 대답을 들은 나다나엘이 "랍비여, 선생님은 하나님의 아들이시며 이스라엘의 왕이십니다"(당신은 메시아이십니다)라고 하였다. 나다나엘의 대답을 들으신 예수님께서 "내가 무화과나무 아래에 있는 너를 보았다고 해서 믿느냐? 너는 이보다 더 큰 일을 볼 것이다" 하시면서 큰일에 대한 답까지 주셨는데 그것은 "하늘이 열리고 하나님의 천사들이 사람의 아들 위에 오르락 내리락하는 것을 보게 될 것이다"라고 하신 것이다. 그렇다면 예수님께서 나다나엘이 무화과나무 아래에 있는 것을 보았다고 하셨는데 '무화과나무 아래에 있다'라는 말의 뜻이 무엇일까?

무화과나무는 다른 나무보다 잎사귀가 크고 넓어서 햇볕을 많이 가려주었기 때문에 무화과나무 그늘 아래는 한낮의 더위를 피해서 사람들이 모임하기 좋은 장소였다. 오늘날로 말하면 사람들이 많이 모여 교제하며 대화를 나누는 카페와 같은 역할을 했던 셈이다. 이 말씀을 성경적인 의미로 좁혀 보면 "만군의 여호와가 말하노라 그 날에 너희가 각각 포도나무와 무화과나무 아래로 서로 초대하리라 하셨느니라"(슥 3:10)라는 말씀에서 복음의 비밀을 찾을 수 있다. 무화과나무 아래로 서로 초대한다는 말씀은 복음을 먼저 깨달은 자들이 복음의 비밀을 깨닫지 못한 자들에게 복음의 비밀을 전하여 복음 안에 감추어 있는 하나님의 깊은 은혜 안으로 초대한다는 뜻이다. 많은 사람은 무화과나무 아래에서 세상 돌아가는 이야기를 하고 있지만 나다나엘은 구약 말씀을 통하여 복음의 비밀을 깨닫고는 사람들을 불러 그 비밀을 나누고 있었던 것이다. 이러한 사람이었기 때문에 빌립이 메시아에 대한 잘못된 말을 할 때 "나사렛에서는 하나님께서 보낸 메시아가 나올 수 없다"라고 딱 잘라 말했던 것이다. 예수님께서는 무화과나무 아래에서 구약 말씀을 통하여 약속하신 메시아를 기다리고 있던 나다나엘의 참믿음을 보셨던 것이다. 하나님의 눈은 하나님의 은혜를 갈급함으로 사모하여 십자가를 붙들고 보혈을 먹어내며, 하나님께서 주시는 말씀을 "아멘"하며 마음 밭에 심고 하나님의 신비한 은혜와 성령을 사모하는 나다나엘과 같은 신실한 성도들을 찾으신다.

나다나엘이 빌립의 말을 듣고 "나사렛에서는 선한 것이 나올 수 없다"라고 말한 것을 두고 예수님은 나다나엘을 비판하거나 무시하지 않고 오히려 "이 사람은 참으로 이스라엘 사람이다. 마음속에 거짓된 것이 없다"라고 하시며 나다나엘을 칭찬하셨다. 나다나엘은 자기의 가장 친한 친구 빌립이 하는 말보다는 성경 말씀을 더욱 신뢰하며 존중했기 때문에 예수님으로부터 이런 칭찬을 받았다. 성경에서는 분명하게 메시아는 베들레헴에서 태어나신다고 약속하셨는데 빌립이 메시아가 나사렛에서 태어났다고 잘못 말하자 "나사렛에서는 선한 것이 나올 수 없다"라고 분명하게 말하였던 것이다. 예수님 당시에는 자기 멋대로 하나님의 말씀을 해석하는 율법 학자들이 많았는데, 나다나엘은 성경 말씀 그대로를 믿고 있었던 것이다. 예수님께서 "저 사람이야말로 거짓이 없는 이스라엘 사람이다"라고 하신 말씀은 다른 제자들에게는 전혀 사용하지 않으셨던 말씀이다.

그런데 이렇게 엄청나게 인정받은 나다나엘이 예수님께서 부르시고 세우신 12명의 제자에는 포함되지 않았다. 예수님께서 왜 그렇게 하셨을까? 예수님은 배움이 없는 자들을 택하셔서 많이 배우고 지혜 있다고 자부하며 교만한 사람들을 부끄럽게 하시려는 의도를 가지고 있었기 때문이다. 지금 우리가 가진 것 없고, 배운 것 없고, 내세울 것이 없다면 더욱 감사하자. 이러한 우리를 선택하셔서 하늘의 신비한 은혜와 세상이 감당할 수 없는 놀랍고 신비한 축복을 부어주셔서 하나님을 부정했던 모든 사람이 우리가 누리는 하늘의 영광을 보면서 우리와 함께하는 하나님의 영광 앞에 무릎을 꿇게 된다.

사복음서를 보면 예수님께서 '진실로'(아멘)라는 용어를 가끔 사용하시는데 성경을 자세하게 보면 정말로 중요한 말씀을 하실 때 '진실로'라는 단어를 한 번 또는 두 번을 사용하신다. 예수님께서 사용하신 '진실로'라는 단어는 '히브리식 어법'인데, '진실로'라는 말 뒤에 이어지는 내용을 '너에게 분명하게 약속한다'라는 뜻으로 사용하였다. 말씀을 이러한 방식으로 해석하면 '하늘이 열리고 하나님의 천사들이 사람의 아들(예수 그리스도) 위에 오르락 내리락하는 것을 너희들은 분명하게 보게 될 것이다'라는 뜻이다. 이 사건은 이미 구약에서 야곱이 경험했다. 야곱이 형 '에서'의 핍박을 피해 외삼촌 집으로 도망할 때 하나님께서 '벧엘 들판'에서 하늘을 열고 야곱을 기다리시다가 그가 잠들었을 때 열린 하늘을 통하여 하나님의 얼굴을 보이시고, 천사들이 야곱 위에서 오르락 내리락하는 것을 보여주시며 기막힌 축복의 말씀을 받게 하셨다(창 28:10-17). 야곱이 경험한 열린 하늘과 천사들의 방문은 예수 그리스도를 통하여 완성되었고, 예수 그리스도를 영접하여 구원받은 성도들이 삶의 자리에서 누려야 할 하나님의 가장 귀한 축복이다(요 14:12). 우리를 구원하시고 함께하시는 예수 그리스도 때문에 성도들을 향하여 항상 하늘이 열려있고, 성도들이 하나님의 영광을 드러내며 승리하도록 천사들을 보내셔서 성도들이 만난 모든 일을 돕게 하신다.

모든 천사들은 섬기는 영으로서 구원 받을 상속자들을 위하여 섬기라고 보내심이 아니냐 히 1:14

이러한 약속의 말씀이 믿어지는 성도들은 무수 일을 만나든지 절대로 염려하지 않고, 그들이 만난 모든 삶의 형편을 하나님의 영광을 모두에게 보여 줄 기적과 하늘 축복으로 바꾸게 된다. 이 말씀이 정말로 중요한 약속이기 때문에 예수님께서는 '진실로'(아멘)라는 단어를 두 번씩이나 사용하신 것이다. 예수님께서 나다나엘이 예수님 앞에 오기 전 그의 삶을 모두 보시고 아셨듯이 구원 받은 성도들의 삶의 형편을 돌아보셔서 모두 아신다. 하나님께서 성도들의 삶의 모든 것을 보시고 아시는 것보다 더 큰 일이 일어나야 한다. 그것은 예수님께서 이 땅에 오시면서 하늘을 열어 놓으셨고, 사람으로서는 해결하지 못할 모든 문제를 십자가에서 다 해결하시고(요 19:30. "다 이루었다" 하시고 숨을 거두신 예수님) 무덤에 갇히셨다가 마귀의 머리를 밟고 승리하시려고 3일 만에 부활하셔서, 제자들과 40일을 이 땅에 함께 계시다가 영원한 대제사장이 되셔서 믿는 모든 성도를 향하여 하늘을 완전하게 열어 놓으시기 위해 천사들의 손에 이끌려 열려진 하늘을 모두에게 보여주시며 하늘로 승천하셨다. 예수님을 믿는 성도들은 예수 그리스도께서 완전하게 열어 놓으신 하늘 아래 항상 서 있어야 한다.

열린 하늘 아래에 머물면서 하나님께 올려드리는 믿음의 기도와 경배와 찬양을 천사들을 통하여 하나님께서 가장 귀하게 받으시는 향으로 올려드리고(계 5:8, 8:3-4) 천사들을 통하여 성도들의 향기를 받으시고 하나님께서 허락하시는 하나님의 신비한 은혜와 하늘의 불이 성도들의 삶의 현장에 강력하게 쏟아지게 해야 한다(계 8:5). 예수 그리스도 때문에 열려진 하늘에서 천사들을 통하여 성도들의 믿음의 모든 행실이 하나님께서 기쁘게 받으실 향기로 '오르락'이 되면 하나님께서 다시 천사들을 통하여 하늘의 불과 하나님의 영광을 '내리락'으로 풀어주시는 것이다. 이러한 축복이 예수님을 믿는 성도들의 삶의 현장에서 열린 하늘을 통하여 언약하신 말씀대로 풀어지기를 원하신다.

06

포도주로 변한 물(요 2:1-11)

[1] 〈가나의 혼례〉 사흘째 되던 날 갈릴리 가나에 혼례가 있어 예수의 어머니도 거기 계시고 [2] 예수와 그 제자들도 혼례에 청함을 받았더니 [3] 포도주가 떨어진지라 예수의 어머니가 예수에게 이르되 저들에게 포도주가 없다 하니 [4] 예수께서 이르시되 여자여 나와 무슨 상관이 있나이까 내 때가 아직 이르지 아니하였나이다 [5] 그의 어머니가 하인들에게 이르되 너희에게 무슨 말씀을 하시든지 그대로 하라 하니라 [6] 거기에 유대인의 정결 예식을 따라 두세 통 드는 돌항아리 여섯이 놓였는지라 [7] 예수께서 그들에게 이르시되 항아리에 물을 채우라 하신즉 아귀까지 채우니 [8] 이제는 떠서 연회장에게 갖다 주라 하시매 갖다 주었더니 [9] 연회장은 물로 된 포도주를 맛보고도 어디서 났는지 알지 못하되 물 떠온 하인들은 알더라 연회장이 신랑을 불러 [10] 말하되 사람마다 먼저 좋은 포도주를 내고 취한 후에 낮은 것을 내거늘 그대는 지금까지 좋은 포도주를 두었도다 하니라 [11] 예수께서 이 첫 표적을 갈릴리 가나에서 행하여 그의 영광을 나타내시매 제자들이 그를 믿으니라

요 2:1-4 예수님께서 침례/세례를 받으시고 3일째 되는 날 갈
릴리 지역 가나 혼인 잔치에 어머니 마리아와 함께 초청받으셨
다. 그런데 예수님께서 혼인 잔칫집에 도착하셨을 때에 잔치의
중심이 되는 포도주가 떨어졌고 그러한 상황에서 예수님께서 첫
번째 기적을 행하셨다. 왜 하늘로부터 오는 첫 번째 기적을 이스라
엘의 핵심이 되는 예루살렘에서 행하지 않고 유대인들 사이에서
멸시를 받으며 이방인들이 많이 사는 갈릴리 지역(요 7:52)에서 행
하셨을까? 그 이유는 사 9:1-3의 예언의 말씀을 완성하시기 위해
서이다.

예수님은 이방인의 땅 갈릴리에서부터 하나님의 영광을 보이
시고 흑암에 눌려 신음하는 영혼들에게 구원의 큰 빛을 비추기 시
작하셨다(마 4:15-17. 예수께서 이방인인 우리를 구원하신 목적이 사단이 만든
모든 어둠을 거두어내고 하나님께서 주시는 구원의 큰 빛을 주변 모두에게 나타내
는 것인데 이러한 믿음으로 살지 못하는 성도들을 향하여 회개하고 하나님의 구원
의 빛이 드러나는 삶의 중심으로 나오라 하신다). 이처럼 예수님은 성도들이
눈에 보이지 않는 사단에게 눌려 신음하고 고통스러워할 때 찾아
오셔서 구원하시고, 하늘의 큰 빛을 비추셔서 성도들이 만난 모든

일이 하나님의 영광이 되게 하신다. 예수님은 사단이 몰래 누르고 있는 모든 어둠을 하나님의 참 빛으로 비추셔서 성도들이 만난 일들은 반드시 하나님의 영광이 되게 하신다.

　삶의 현장에서 만난 문제 때문에 괴로워하지 말고 예수님만 바라보며 당당하게 승리를 선포하자. 예수님의 일행이 혼인 잔칫집에 들어서자 곧 포도주가 떨어졌고 이 말을 들은 마리아가 예수님께 포도주가 떨어졌다고 말한다. 이때 예수님께서 "여자여 이 일이 나와 무슨 상관이 있습니까? 아직 나의 때가 이르지 않았습니다."라고 말씀하셨다. 예수님께서 이렇게 말씀하신 이유와 비밀은 무엇일까? 마리아가 예수님을 잉태한 것은 사람의 결합이 아니라 하나님께서 성령의 능력으로 마리아의 자궁 안에 하늘 생명을 심으신 것이고, 그때 마리아는 천사를 통하여 하나님의 음성을 분명하게 들었다. '예수님께서 하나님으로부터 오신 분이 분명하기 때문에 사람이 하지 못할 기적을 분명히 일으킬 것이다. 여기에서 그 기적을 행하면 많은 사람이 나의 아들 예수님이 하나님께서 보낸 것을 분명하게 알 수 있을 것이다'라 생각하며 아들 예수님에게 "지금 여기에 당신이 하나님으로부터 왔다는 비밀을 보여주세요"하고 예수님을 부추기고 있는 것이다. 어머니에게 이러한 부탁을 받은 예수님께서 "당신이 나를 바라보고 인정하는 대로 나는 하나님으로부터 파송받았습니다. 하지만 나를 드러낼 때가 아직 오지 않았습니다. 아직은 내가 누구인지 밝힐 때가 아닙니다." 하며 정중하게 거절하였다.

요 2:5-11 예수님께서 아직 자기가 드러날 때가 아니라고 말하는 것을 들은 마리아가 그 집의 하인들을 불러 "그분께서(예수께서) 너희에게 무슨 말을 하시든지 너희는 그대로 하라"고 부탁하였다. 그 집에는 유대인들이 '정결 의식'을 위해(유대 땅은 샘이나 우물이 별로 없는 건조한 지역이다. 유대인들은 하나님 앞에 가려면 항상 자신들을 정결하게 씻어야 했다. 자신의 부정함을 씻고 하나님께 가려고 물 항아리에 항상 물을 채우고 있었다) 물 두세 통을 담을 수 있는 돌 항아리 6개가 있었다. 예수님께서 그 집의 하인들을 찾아서 "항아리마다 물을 가득 채우라" 명령하셨다. 예수님의 말이 떨어지기 무섭게 그들은 "왜 그렇게 해야 하나요?"하고 묻지 않고 예수님의 말씀대로 즉시 순종하였다. 하인들이 항아리에 물을 가득 채우는 모습을 보신 예수님께서 "이제는 떠서 연회를 주관하는 자에게 가져다주어라" 하시자 하인들이 항아리에 있던 물을 떠다가 연회를 주관하는 사람에게 가져다주었다. 연회를 주관하던 사람이 하인들이 떠온 포도주로 변한 물을 맛보고는 "누구든지 좋은 포도주를 먼저 내고 손님들이 취하면 그보다 못한 포도주를 내는데, 이렇게 좋은 포도주를 남겨놓았군요." 하며 신랑을 칭찬한다. 이렇게 연회 주관자가 놀라서 신랑을 칭찬할 때 사람들은 그 포도주가 어디서 온 것인지 알지 못했지만, 그 물을 떠 왔던 하인들은 그것이 포도주가 아니었고 자신들이 예수님의 말씀에 순종하여 항아리에 채웠던 물이라는 것을 알았다. 이것이 예수님께서 공생애를 시작하시면서 행하신 첫 번째 기적이다.

하나님은 구원받은 성도들의 삶의 현장에 예수님께서 초청받아 가신 혼인 잔칫집에 포도주가 떨어진 사건처럼 힘들고 어려운 상황을 주신다. 이러한 상황을 만나면 우리를 구원하시고 함께하시는 성령께서 조용히 성도들의 마음 안에서 말씀하신다. "너는 아무것도 두려워하지 말고 하나님께서 주신 말씀대로 순종하여라." 혼인 잔칫집 하인들이 예수님께서 주신 말씀에 그대로 순종하였듯이 구원받은 성도들이 하나님께서 주시는 말씀에 기쁨으로 순종하면 물이 변하여 포도주가 된 것처럼, 주변 모두에게 하나님의 살아계심을 나타내 보일 수 있는 극상품의 기적을 경험하게 된다. 성도들을 바라보는 주변 사람들은 성도들의 삶의 현장에 이러한 기적이 왜 나타났는지 알지 못하지만, 말씀에 순종하여 하나님의 영광을 소망하는 믿음으로 반응한 성도들은 그 기적의 근원을 알고 더 깊은 순종의 자리에 들어갈 수 있다.

하인들이 마리아의 말을 듣고 예수님의 입에서 나온 말씀대로 순종하였을 때 '정결 의식'을 위해(하나님께 예배하려고 몸이나 손을 씻을 물) 돌 항아리에 채워두었던 물이 변하여 극상품 포도주가 되었다. 성도들이 삶의 현장에서 만난 문제에 마음을 빼앗기지 않고, 상황이 힘들고 어려울수록 내 마음 항아리에 사단이 가득 담아놓은 죄악과 상처와 아픔을 비우고 하나님께서 예수 그리스도를 통하여 먹여주시는 생명의 말씀만 가득 채워야 한다. 하나님의 말씀을 지식으로 머리에 담지 않고 생명의 말씀으로 마음에 채우면 그 순간부터 말씀 때문에 마음이 뜨거워진다. 이것을 경험한 성도들이 마음 안에서 뜨겁게 역사하는 말씀 그대로 순종하면, 순종하는 그 자리에 물이 변하여 포도주가 된 것처럼 하나님께서 행하시는 극상품 하늘 기적이 풀어지게 된다. 성도들이 삶의 현장에서 무엇인가 부족하거나, 사람의 힘으로는 해결하지 못할 문제들이 갑자기 찾아왔다면 예수님께서 우리에게 '내가 너의 삶의 현장에 극상품 기적을 풀어줄게' 하며 다가오시는 신호라는 것을 깨닫고 감사하며 순종할 말씀을 찾아야 한다. 이렇게 준비된 성도들에게 '지금 네 삶의 자리에서 나를 경험할 시간이다. 이제 네 마음 안에 사단이 몰래 숨겨 놓았던 것들을 비우고 하나님의 생명의 말씀을 가득 먹어내라. 네가 먹어낸 말씀에 합당한 하나님의 영광이 풀어지게 할 것이다' 하시는 예수님을 만나 예수님께서 주시는 말씀을 받아내야 한다. 이것을 경험하는 성도들이 삶의 자리에서 만나는 모든 일을 하나님께서 행하시는 극상품 기적으로 채우며 하나님께 영광을 돌리게 된다. 그렇다면 왜 예수님께서는 기적을 행하실 때 '유대인의 정결 의식을 위한 돌 항아리'를 사용하셨을까?

이날 가나 혼인 잔치에 초청받은 모든 사람은 혼인 잔치에 입장하면서 한 사람도 빠짐없이 돌 항아리에서 떠 온 물로 그들의 손과 발을 씻어야 했다. 예수님께서 이 땅에 오셔서 십자가에 못 박히시며 우리를 구원하신 궁극적인 목표는 예수님께서 거룩한 신랑의 모습으로 재림하실 때, 예수님을 통하여 구원받고 예수님을 닮은 성도들이 거룩한 신부가 되어서 예수님과 함께 천국의 혼인 잔치를 하는 것이다. 예수님께서 초청받은 가나 혼인 잔치에는 돌 항아리에 있던 물로 그들의 손과 발을 씻어야 입장 할 수 있었듯이, 구원받은 성도들이 예수님께서 십자가에서 못 박히시며 만들어 주신 포도주(하나님께서 보배로 인정하신 예수의 피)로 죄와 악과 어두움을 다 씻어야 마지막 혼인 잔치에 입장 할 수 있음을 말씀하시는 비밀스러운 사건이다. 예수님께서 물을 변화시켜 만드신 포도주를 통하여 유대인의 결례를 통과하고 혼인 잔치에 참여한 사람들이 겉에 있는 형식적인 죄만 씻는 것이 아니라 예수님의 포도주(십자가의 보혈)를 통하여 혼인 잔치에 참여한 사람들의 내면에 숨겨져 있는 죄악까지 씻어냄으로 진정한 기쁨과 풍성한 은혜가 풀어지게 하셨다. 그 이유는 물로 겉에 있는 것을 씻어내는 정도가 아니라 예수님의 보혈을 상징하는 진리의 포도주가 그들의 내면에 숨겨져 있는 죄악까지 다 씻어주었기 때문이다. 예수님께서 이 기적을 통하여 "너희는 물로 겉에 있는 죄를 씻는 흉내만 내지만, 내가 온 것은 너희들 내면에 숨겨져 있는 죄악까지 다 씻어 주어 너희들이 마지막 때 진정한 혼인 잔치에 참여할 수 있는 하늘의 비밀을 풀어내기 위하여 왔다"하고 엄청난 하늘의 비밀을 선포하셨다. 이스라엘 백성들이 하나님 앞에서 악을 행하자 하나님께서 이스라엘 백성들을 미디안의 손에 넘겨 7년 동안 고통받게 하셨는데 이 기간 동안 이스라엘 백성들은 산으로 도망하여 굴을 파고 숨어 살았다.

이스라엘 자손이 또 여호와의 목전에 악을 행하였으므로 여호와께서 칠 년 동안 그들을 미디안의 손에 넘겨 주시니 삿 6:1

이스라엘 백성들을 미디안의 손에서 건져내실 시간이 되었을 때 하나님께서 '하나님의 영광을 드러낼 큰 용사'(삿 6:12)로 세워주신 기드온이 300명의 군대를 끌고 가서 미디안 군대를 몰살시키는 기적의 현장을 보자. 기드온은 300명의 군사들에게 빈 항아리를 준비하여 그 안에 횃불을 감추게 하였다(삿 7:16). 그리고 기드온이 신호를 보낼 때 그들은 들고 있던 항아리를 깨뜨리고 그 안에 감추었던 횃불을 높이 들고 "여호와와 기드온을 위한 칼이다"라고 외쳤다(삿 7:20). 이렇게 기드온의 300 용사들이 말씀에 순종하여 빈 항아리를 준비하고 그 안에 횃불을 담았다가 하나님께서 일하시는 때가 되어 항아리를 깨뜨려 나팔을 불며 횃불을 높이 들고 하나님의 영광을 위한 승리를 외쳤을 때, 하나님은 미디안의 군인들끼리 서로 치게 하여서 미디안 군대가 완전히 망하게 해주셨다. 기드온의 300 용사들을 통하여 미디안의 군대를 완전히 깨뜨려 승리하는 말씀은 마지막 때 예수님을 믿는 성도들이 강력한 마귀의 계략을 완전히 밟고 승리하는 비밀이다.

이는 그들이 무겁게 멘 멍에와 그들의 어깨의 채찍과 그 압제자의 막대기를 주께서 꺾으시되 미디안의 날과 같이 하셨음이니이다 사 9:4

예수 그리스도를 영접하여 구원받은 성도들이 교회만 다니며 종교인의 삶을 사는 것이 아니라 기드온의 300 용사들처럼 사단에게 속아서 죄와 상처가 가득했던 마음을 빈 항아리처럼 깨끗하게 비우고, 마음 안에 하나님의 말씀을 불이 역사하는 능력으로 가득 담아야 한다. 그리고 하나님께서 '이때다'라고 감동을 주실 때 말씀을 가득 담아 뜨겁게 달궈진 마음을 깨뜨리고 마음 안에서 불로 역사하는 말씀을 쏟아내어 당당하게 승리를 선포하면(계 11:5. 마지막 때 하나님의 사람들 입에서 불이 나가 원수들을 깨뜨리며 승리하게 하신다) 눈에 보이지 않게 성도들을 속였던 마귀들이 드러나고 서로 엉켜 싸우다가 망하는 것을 보게 해 주신다.

지금은 예수 그리스도를 영접하여 구원받은 성도들이 예수님의 피로 마음 안에 사단이 몰래 숨겨 놓은 더러운 죄와 상처들을 씻어 빈 항아리를 만들어야 하는 시간이고, 마음이 깨끗하게 비워졌으면 예수님께서 피로 값을 지불하고 성령이 역사하게 만들어 주신 말씀을 마음 안에 완전하게 채워야 하는 시간이다. 마귀는 성도들이 하나님의 말씀을 지식으로 머리에 담는 것을 조금도 두려워하지 않고 성도들이 마음을 정결하게 하고 마음 안에 예수님의 피로 지불해 주신 말씀을 먹어내는 것은 모든 방법을 동원하여 훼방한다. 성도들이 사단의 훼방을 성령을 의지하여 끊어내고 마음 안에 담아져서 성령의 능력으로 뜨거워진 말씀을 입을 열어 당당하게 선포하면 그 말씀이 불이 되어 사단의 모든 것들이 드러나 소멸되는 엄청난 승리를 경험하게 된다. 혼인 잔치에 물이 변하여 포도주가 되는 기적을 위해 예수님께서는 비어있는 돌 항아리를 선택하셨고, 하나님은 기드온의 용사들이 거대한 미디안 군대를 물리치는데 빈 항아리를 준비시키셨다. 예수 그리스도를 통하여 구원받은 성도들이 삶의 현장에서 마귀를 대적하여 밟아 이기고 하나님의 영광을 위한 기적을 누리려면 죄와 어둠이 가득했던 마음을 예수님의 보혈을 의지하여 깨끗하게 비우고, 깨끗하고 정결한 마음을 준비하여 그 마음 안에 하나님의 말씀을 불로 담아야 한다(딤후 2:20-26).

　　하나님께서 이스라엘을 억압하는 미디안과의 전쟁에서 승리하게 하려고 기드온을 하나님의 큰 용사로 선택하시고(삿 6:12-16) 기드온과 더불어 싸워야 할 군사들을 모으게 하셨다. 기드온의 말을 듣고 미디안과 전쟁하려고 자원하여 모인 사람이 32000명이었는데 하나님은 전쟁에 두려움을 가진 22000명을 돌려 보내셨다(삿 7:3). 하나님은 영적인 전쟁터에서 마귀를 대적하여 이길 성도들을 찾으시는데, 기드온을 따라왔지만 두려움에 잡혀 있는 자들은 모두 보내셨듯이 두려움에 잡혀 있는 성도들은 하나님께서 쓰시지 않는다. 하나님 앞에 서서 마귀를 대적하여 이길 승리자가 되려면 사단이 주는 두려움부터 끊어야 한다. 10000명의 군사들이 남았을 때, 하나님께서는 그들의 숫자가 많다고 하시며 이들을 시험하여 하나님의 마음에 합한 사람을 선택하게 하셨다. 하나님은 기드온에게 10000명의 사람을 하룻샘 물에 내려보내어 물을 마시게 하고 '개가 물을 핥는 것처럼 혀로 물을 핥는 자' 300명을 택하게 하시고 나머지는 모두 집으로 돌려보냈다. 하나님은 교회를 다니며 "주여"를 외치는 교인들을 사용하시는 것이 아니라, 기드온을 통하여 300명을 골라 선택하신 것처럼 하나님의 말씀을 갈급한 믿음의 혀로 "아멘"하여 마음 안에 담아 먹는 성도들을 찾아서 그들 마음 안에 하나님의 불같은 말씀을 먹여주셔서 사단을 밟으며 이 세상을 이기는 승리자로 세워 쓰신다. 이제부터 하나님께만 집중하여 갈급하여 사모하는 마음으로 생명의 말씀, 성령이 역사하는 말씀만 "아멘"하며 먹는 믿음이 되자.

예수님이 세우시는 성전(요 2:12-25)

¹² 그 후에 예수께서 그 어머니와 형제들과 제자들과 함께 가버나움으로 내려가셨으나 거기에 여러 날 계시지는 아니하시니라 ¹³ 〈성전을 깨끗하게 하시다(마 21:12-13; 막 11:15-17; 눅 19:45-46)〉 유대인의 유월절이 가까운지라 예수께서 예루살렘으로 올라가셨더니 ¹⁴ 성전 안에서 소와 양과 비둘기 파는 사람들과 돈 바꾸는 사람들이 앉아 있는 것을 보시고 ¹⁵ 노끈으로 채찍을 만드사 양이나 소를 다 성전에서 내쫓으시고 돈 바꾸는 사람들의 돈을 쏟으시며 상을 엎으시고 ¹⁶ 비둘기 파는 사람들에게 이르시되 이것을 여기서 가져가라 내 아버지의 집으로 장사하는 집을 만들지 말라 하시니 ¹⁷ 제자들이 성경 말씀에 주의 전을 사모하는 열심이 나를 삼키리라 한 것을 기억하더라 ¹⁸ 이에 유대인들이 대답하여 예수께 말하기를 네가 이런 일을 행하니 무슨 표적을 우리에게 보이겠느냐 ¹⁹ 예수께서 대답하여 이르시되 너희가 이 성전을 헐라 내가 사흘 동안에 일으키리라 ²⁰ 유대인들이 이르되 이 성전은 사십육 년 동안에 지었거늘 네가 삼 일 동안에 일으키겠느냐 하더라 ²¹ 그러나 예수는 성전된 자기 육체를 가리켜 말씀하신 것이라 ²² 죽은 자 가운데서 살아나신 후에야 제자들이 이 말씀하신 것을 기억하고 성경과 예수께서 하신 말씀을 믿었더라 ²³ 〈예수는 사람의 마음속을 아신다〉 유월절에 예수께서 예루살렘에 계시니 많은 사람이 그의 행하시는 표적을 보고 그의 이름을 믿었으나 ²⁴ 예수는 그의 몸을 그들에게 의탁하지 아니하셨으니 이는 친히 모든 사람을 아심이요 ²⁵ 또 사람에 대하여 누구의 증언도 받으실 필요가 없었으니 이는 그가 친히 사람의 속에 있는 것을 아셨음이니라

요 2:12-17 가나 혼인 잔치에서 첫 표적을 행하신 예수님께서 가버나움으로 가셨다가 유월절이 다가오자 예루살렘으로 올라가신다. 그런데 요한은 왜 "여호와의 유월절"(출 12:11. 하나님께서 애굽에서 400년 동안 종살이하던 이스라엘 백성들을 해방시키시기 위해 미리 준비해 놓은 양을 잡아먹고 양의 피 안에 머물러 있으라. 이것 때문에 너희들이 해방되리라 명령하시면서 주신 말씀이 '이것이 여호와의 유월절이니라'라고 하나님께서 말씀하셨다)이라고 말하지 않고 "유대인의 유월절"이라는 단어를 사용했을까? 유월절은 다른 민족들은 지키지 않는 '유대인의 절기'이다. 그렇다면 요한은 구약에 있는 대로 "여호와의 유월절"이라 하든지 그냥 "유월절"이라고 해야 하는데 "유대인의 유월절"이라 표현한 데에는 그만한 이유가 있을 것이다. 요한이 보았을 때 성경 말씀대로 지키는 영적인 유월절과 사람들이 자기들의 유익을 위해 자기들 마음대로 이용하는 유월절이 있었다. 요한은 유대인들이 성경에서 말씀하는 그대로의 유월절을 제대로 지키지 못하고 자기들의 유익을 위해 하나님께서 정하신 절기를 이용하는 잘못된 믿음을 책망하려는 강한 의도로 "유대인의 유월절"이라는 표현을 썼다.

유대인들에게 '유월절'은 최고의 명절이다. 하나님께서 애굽 땅에 장자의 재앙을 내리실 때 모세를 통해 이스라엘 백성들에게는 장자가 죽는 재앙을 피하는 방법을 알려주셨다. 먼저 이스라엘 백성들은 어린 양을 준비하였다가 하나님께서 말씀하시는 날 양을 잡고 우슬초 묶음으로 양을 잡을 때 준비한 피를 자기들의 출입문에 뿌리고 아침까지 한 사람도 자기 집 문밖에 나가지 못하게 했다(출 12:21-24). 하나님께서 장자를 치러 오실 때 그들의 출입문을 덮고 있는 피를 보고 그들의 문을 넘으셨기에 이스라엘 백성들은 안전하였다(바울이 말하는 '그리스도 안에' 들어가는 믿음은 이스라엘 백성들이 유월절 양을 잡아먹은 후 양을 잡을 때 나온 피를 바르고 집 안에 머물러 있었듯이, 예수 그리스도를 영접하고 하나님께서 보배롭게 여기시는 예수님의 피에 덮여져 있는 상태다). 유월절 어린 양은 예수 그리스도를 상징하는데, 우리의 구원자 예수 그리스도의 피가 문 인방과 좌우 문설주에 뿌려짐으로 이스라엘 백성들은 죽음을 면하고 구원을 받는데 이 규례를 영원한 예식으로 지키라고 명령하셨다(출 12:12-14). 하나님께서는 400년 동안 애굽에서 종살이하던 이스라엘 백성들을 유월절을 지키는 믿음으로 특별히 구별하시고 건져주셨는데, 이스라엘 백성들이 40년 광야 생활을 끝내고 요단강을 건너 가나안 땅에 들어가 여리고 성을 앞에 두고 그동안 40여 년 동안 잊고 있었던 '여호와의 유월절'을 지켰다(수 5:10). 이 믿음을 보신 하나님께서 여호수아 군대가 승리할 수 있도록 '여호와의 군대장관'을 파송해 주셨다. 하나님은 출애굽 시대의 이스라엘 백성들 뿐 아니라 모든 이스라엘 후손들에게 하나님께서 어떻게 이스라엘을 구원하여 주셨느지 '유월절'을 지키면서 구원자 하나님을 날마다 기억하고 섬기는 삶을 살게 하셨다. 그런데 이렇게 중요한 '여호와의 유월절'이 어느 순간 '유대인의 유월절'이 되어서 하나님의 구원을 기뻐하며 감사하는 것이 아니라, 자기들의 유익을 챙기는 행사가 된 것이다.

예수님께서는 예루살렘 성전을 정화하는 작업을 두 번 하셨다. 예수님께서 침례/세례를 받으시며 열린 하늘 아래에서 성령의 기름 부으심으로 하나님의 강력한 능력의 옷을 입으시고(마 3:16-17) 가나 혼인 잔치에서 물을 포도주로 변화시키는 첫 기적을 행하시고(마지막 예수를 신랑으로 맞는 진정한 신부의 믿음은 예수님께서 십자가에서 흘려주신 극상품 포도주, 즉 예수의 피로 온전히 정결하게 된 자들만 예수님과의 혼인 잔치에 입장할 수 있다고 선포하신 사건) 유월절 예배를 드리려고 예루살렘을 방문하셨다. 공생애를 시작하시면서 첫 예루살렘에 올라오신 예수님께서 제일 먼저 성전을 찾아가셔서 성전에서 장사하는 자들을 친히 만드신 노끈 채찍으로 내리쳐 쫓아내시며 "아버지의 집을 장사하는 집으로 사용하지 말라"고 하셨다. 예수님의 채찍은 다른 사람이 만들었거나 거기에 있던 것이 아니라 예수님께서 노끈으로 스스로 만들어서 사용하신 것이었다. 지금 예수님께서는 말씀의 채찍으로 성도들의 잘못된 마음을 때리시고 깨뜨리셔서 하나님께서 원하시는 성결하고 온전한 마음으로 회복하신다. 말씀의 채찍이 성도들의 마음을 때릴 때 '마음이 찔려'(행 2:37, 7:54) 아프고 힘들지만 하나님께서 주시는 복을 받을 성도들은 회개하며 성령의 불을 받아낸다.

> 주께서 생명의 길을 내게 보이셨으니 주 앞에서 내게 기쁨이 충만하게 하시리로다 행 2:28

마 21장을 보면 예수님께서 3년의 갈릴리 사역을 마치시고 드디어 그리스도의 사역을 완성하시려고(세상 죄를 짊어지시고 그 죗값으로 십자가를 지시려고) 예루살렘에 오르셨다. 십자가를 지시려고 마지막 예루살렘에 올라오신 예수님은 성전을 찾으셨고 성전에서 장사하는 사람들을 쫓아내시고 한탄하시며 하나님의 성전을 다시 정결케 하는 일을 하셨다.

> 그들에게 이르시되 기록된 바 내 집은 기도하는 집이라 일컬음을 받으리라 하였거늘 너희는 강도의 소굴을 만드는도다 하시니라 마 21:13

이처럼 예수님께서 공생애를 시작하시면서, 그리고 마지막 공생애를 정리하시면서 하신 일이 예루살렘 성전을 찾아 정결하게 하신 일이다. 예수님의 관심은 처음도 마지막도 '성전을 정결하게 하는 것'이었다. 예수 그리스도를 영접하여 구원받은 성도들에게 예수님께서 원하시는 최고의 관심은 '성도들의 마음'인데, 성도들의 마음 안에 사단이 몰래 심어 놓은 더러운 죄와 상처, 어둠의 모든 것들을 예수님의 보혈로 완전하게 씻어 정결한 마음이 되게 하여 예수 그리스도가 주인이 된 '마음 성전'을 온전하게 세우는 것이다. 구원받은 성도들이 교회에 나와 하나님의 이름을 부르며 찬양하고 기도하며 예배를 올려드리는데, 이 모든 것이 하나님께서 기뻐 받으시는 찬양과 기도와 진정한 예배일까? 성도들이 찬양하며 예배드리며 기도하는데 예수님께서 "너희들이 나의 이름을 이용하여 너 자신의 목적만 이루려 하고 너희들의 이득만 계산하며, 하나님께서 받으셔야 할 영광을 도둑질하고 있구나"라고 하시며 말씀의 채찍을 휘두르신다면 사람들에게 인정받으려고 몸부림치지 말고, 마지막에 우리를 심판하시며 하나님의 나라에 받아주시고 영원한 상급을 주시는 하나님에게만 인정받는 신실한 믿음이 되어야 한다.

요 2:18-25 예수님은 사람의 손으로 만든 성전은 아무리 화려하고 거대할지라도 무너뜨리고 예수님께서 친히 만드시는 거룩한 성전을 성도들의 마음 안에 세우시고 하나님께서 주인으로 오셔서 성도들의 모든 삶을 다스리게 해주신다. 많은 사람이 예수님의 이름을 부르며 예수님을 찾았지만, 예수님께서는 그들에게 예수님 자신을 의탁하지 않으셨는데, 예수님은 지금 자신이 의탁할 '참된 믿음'의 사람을 찾으신다. 성전에서 자기들의 이익을 위해 장사하던 사람들이 장사가 막히자 예수님에게 표징을 요구한다. 말씀이신 예수님께서 오셔서 하나님의 집을 바르게 세우기 위한 열정으로(시 69:9) 아버지의 집(성전)을 장사하는 집이 아닌 하나님의 영광이 풀어지는 집으로 회복하려 할 때 이들은 하나님의 말씀 거울로(고전 10:11) 자신들을 돌아보며 회개하고 물러나야 했는데, 예수님의 말씀을 거부하고 표적을 요구하며 예수님에게 시비를 걸고 있다.

예수님은 표적을 요구하며 시비를 거는 자들에게 "너희들이 이 성전을 헐어라 그러면 내가 사흘 만에 다시 일으킬 것이다"(19절)라고 하셨다. 예수님께서 대제사장 가야바의 집 뜰에서 재판받을 때 지금 이 말씀이 십자가에 못 박히시는 빌미가 되었다(마 26:57-66). 예수님은 자신의 몸이 성전이라 말씀하신 것인데, 그들은 헤롯이 돌로 46년 동안 지은 성전에 관한 것이라 여기며 예수님께서 하신 말씀에 꼬투리를 잡아 고발했던 것이다. 예수님은 하나님께서 하늘에서 보내주신 진짜 성전(예수의 몸)을 죄의 값으로 사망에 내주었을 때 하나님께서 성령의 능력으로 다시 살리실 것을 말씀하시는데, 영적으로 무지한 자들이 전혀 알아듣지 못하고 "이 성전은 헤롯이 46년의 시간이나 걸려 지은 것인데 네가 3일 동안에 다시 일으킬 수 있다고?" 하며 놀란다. 이때 요한은 "예수님은 성전 된 자기 육체를 가리켜 말씀하신 것이라"(21절)라고 부연 설명을 해 놓았다. 예수님께서 "내 몸을 허물어라"라고 직접적인 말을 하시지 않고 "성전을 허물어라"라고 하신 것은 예수님 안에 주인으로 계신 하나님을 드러내며 높여드리기 위해서였다.

예수님께서 지금 말씀하시는 "성전"은 유대인들이 생각하는 '건물 성전'보다 훨씬 위대하고 완전한 성전이다. 이 말씀을 그대로 우리의 삶에 가져오면 하나님께서는 수많은 헌금을 사용하여 지은 화려한 건물 교회보다 예수 그리스도의 피의 능력으로 하나님께서 성도들의 마음 안에 세워주신 '거룩한 마음 성전'을 더욱 귀하게 보신다는 의미다. 이 비밀을 알았던 바울이 "예수 그리스도를 영접하여 구원받은 너희들은 성전이다. 왜냐하면 너희 마음 안에 거룩하신 성령께서 함께하시기 때문이다"라고 선포했다.

> 너희는 너희가 하나님의 성전인 것과 하나님의 성령이 너희 안에 계시는 것을 알지 못하느냐 고전 3:16

예수님 당시와 같이 오늘날도 많은 사람이 육체의 눈으로 보이는 건물 교회에 심혈을 기울이는데, 예수님의 생명 값으로 성도들의 마음 안에 하나님께서 세워주신 마음 성전에는 마음을 두지 못하는 어리석은 삶을 산다. 예수님께서는 유월절 절기 동안 예루살렘에 머무르시면서 하나님께서 계획하신 "그리스도(메시아의 구원 사역)의 비밀"을 풀어내시려고 하나님만이 행하시는 기적을 이곳저곳에서 행하셨다. 예수님께서 행하시는 기적을 보면서 많은 사람이 예수님을 따랐지만 예수님은 자기를 따른다고 말하는 사람들을 신뢰할 수 없었기 때문에 자기의 사역과 몸을 맡기지 않으셨다. 또한 예수님께서 행하신 기적 때문에 따라온 사람들을 받아들이기는 하셨지만 그들도 완전히 신뢰하지 않으셨다. 왜냐하면 예수님께서 행하시는 기적을 보면서 예수님을 따르겠다고 말하는 사람들의 마음 중심을 예수님께서 훤하게 보셨기 때문이다(시 139:1-4). 하나님께서는 성도들의 삶을 모르시는 것이 하나도 없다. 하나님 앞에 사람이 숨길 수 있는 것은 하나도 없다.

08

거듭남의 비밀(요 3:1-12)

1 〈예수와 니고데모〉 그런데 바리새인 중에 니고데모라 하는 사람이 있으니 유대인의 지도자라 2 그가 밤에 예수께 와서 이르되 랍비여 우리가 당신은 하나님께로부터 오신 선생인 줄 아나이다 하나님이 함께 하시지 아니하시면 당신이 행하시는 이 표적을 아무도 할 수 없음이니이다 3 예수께서 대답하여 이르시되 진실로 진실로 네게 이르노니 사람이 거듭나지 아니하면 하나님의 나라를 볼 수 없느니라 4 니고데모가 이르되 사람이 늙으면 어떻게 날 수 있사옵나이까 두 번째 모태에 들어갔다가 날 수 있사옵나이까 5 예수께서 대답하시되 진실로 진실로 네게 이르노니 사람이 물과 성령으로 나지 아니하면 하나님의 나라에 들어갈 수 없느니라 6 육으로 난 것은 육이요 영으로 난 것은 영이니 7 내가 네게 거듭나야 하겠다 하는 말을 놀랍게 여기지 말라 8 바람이 임의로 불매 네가 그 소리는 들어도 어디서 와서 어디로 가는지 알지 못하나니 성령으로 난 사람도 다 그러하니라 9 니고데모가 대답하여 이르되 어찌 그러한 일이 있을 수 있나이까 10 예수께서 그에게 대답하여 이르시되 너는 이스라엘의 선생으로서 이러한 것들을 알지 못하느냐 11 진실로 진실로 네게 이르노니 우리는 아는 것을 말하고 본 것을 증언하노라 그러나 너희가 우리의 증언을 받지 아니하는도다 12 내가 땅의 일을 말하여도 너희가 믿지 아니하거든 하물며 하늘의 일을 말하면 어떻게 믿겠느냐

요 3:1-6 예수님께서 행하시는 표적 때문에 니고데모가 밤에 몰래 예수님을 찾아와서 "당신이 놀랍고 신비한 표적을 행하신다는 것을 많은 사람에게 들었고 내가 직접 보았는데, 그것은 하나님께서 당신과 함께하시기 때문입니다"라고 말하였다. 니고데모는 하나님께서 함께하시면 놀랍고 신비한 하나님의 기적이 나오는 것을 알고 있었다. 예수님을 영접하여 하나님의 자녀가 된 성도들에게는 니고데모가 말한 하나님의 기적들이 삶의 현장에 가득 풀어져야 한다(막 16:17-18. 믿는 성도들에게는 하나님께서 행하시는 놀랍고 신비한 기적들이 따라다닌다고 예수님께서 직접 말씀하셨다).

지금 세상은 하나님의 자녀들이 삶의 현장에서 함께하셔서 도와주시는 하나님의 능력으로 사단에게 눌려 신음하는 모든 것을 풀어내며 모두를 하나님의 은혜로 인도하는 기적을 행하라고 목을 빼고 간절하게 기다리고 있다(롬 8:19. 아담 이후에 죄 때문에 눌려 신음하는 모든 피조물들이 구원받은 하나님의 자녀들이 나타나 하늘의 기적을 행하며 모든 눌림에서 해방하여 주기를 간절히 기다린다). 이러한 비밀을 깨달은 성도들이 삶의 현장에서 문제를 만나면 당당하게 고백하는 말이 있다.

우리가 알거니와 하나님을 사랑하는 자 곧 그의 뜻대로 부르심을 입은 자들에게는 모든 것이 합력하여 선을 이루느니라 롬 8: 28

하나님께서는 이렇게 당당한 믿음으로 하나님의 영광을 드러낼 성도들을 찾으신다. 니고데모의 말을 들으신 예수님께서 "진실로 진실로 말한다. 누구든지 다시 태어나야(구원받아야) 하나님의 나라를 볼 수 있다"라고 대답하셨는데 니고데모는 예수님께서 하신 말씀의 영적인 의미를 몰라 "사람이 늙으면 어떻게 다시 태어날 수 있나요? 다시 어머니 뱃속에 들어갔다 나올 수 있나요?" 하면서 의아해 한다. 그런 니고데모를 향하여 "진실로 진실로 너에게 말한다. 누구든지 물과 성령으로 다시 태어나지 않으면 하나님의 나라에 들어갈 수 없다. 육체로 태어난 것은 끝까지 육체이고, 영으로 태어난 것만이 영이다." 하시며 '다시 태어나는 것'은 육체적인 일이 아니라 영적인 일이라고 말씀하셨다. 사복음서 중에서 요한복음은 예수님께서 행하신 기적을 '표적'이라는 단어로 바꾸면서 기적을 강조하며 예수님께서 행하신 기적을 많이 기록하였다.

요한복음에서 이렇게 기적을 많이 기록한 것은 '기적' 자체에 비중을 두는 것이 아니라 예수님을 통하여 영적으로 다시 태어나는 '영원한 생명'에 비중을 두려는 의도가 강하다. 하나님께서 주시는 '영원한 생명'을 소유하여(구원받아) 하나님과 함께하는 성도들이 삶의 현장에서 만나는 사단을 두려움 없이 밟아 이기며, 사단이 가져온 모든 문제를 하나님의 영광으로 바꾸는 기적을 행하기 때문이다. 하나님의 자녀에게는 '기적'이 먼저가 아니라 '영원한 생명'을 통하여 함께하시는 하나님께서 그의 삶을 주관하여 일하시게 하는 것이 더욱 중요하다. 그렇기 때문에 다른 복음서에 없는 니고데모를 등장시키면서 "다시 태어나야 한다."라는 비밀스러운 말씀을 풀어내시는 것이다. 니고데모가 밤중에 사람들을 피해 몰래 예수님을 찾아온 것은 예수님께서 사람으로서는 할 수 없는 놀랍고 신비한 기적을 행하시자 구약에서 하나님께서 약속하신 '메시아'(그리스도)이신지 확인하려고 한 것이다. 니고데모가 바리새인으로서 유대인의 관원이라 했는데, 이 말의 다른 뜻은 '유대의 최고 기관인 산헤드린 회원'이다. 우리로 표현하면 국회의원이다. 그 당시는 정치와 종교가 하나로 묶여있던 시절이기 때문에 유대의 최고 종교지도자가 사람들 몰래 예수님을 찾아온 것이다. 이때 예수님과의 신비스런 대화를 통하여 마음이 열려 영적인 세계를 조금 경험한 니고데모와 예수님의 행적을 살펴보자. 요 7장에 보면 예수님께서 초막절(수장절)을 맞아 예루살렘 성전에 올라오셨다가 절기가 끝나갈 때 사람들을 향하여 소리쳐 선포하셨다.

누구든지 목마르거든 나에게 와서 마시라 나를 믿는 자는 성경에 이름과 같이 그 배에서 생수의 강이 흘러나오리라 요 7:37-38

예수님께서 선포하시는 말을 듣던 사람 중에 메시아를 간절히 소망하며 기다리던 사람들이 예수님이 "그리스도"(하나님께서 약속하신 구원자, 메시아)라고 말하는데 이 말은 들은 이스라엘의 종교지도

자들이 "그리스도가 갈릴리에서 태어났다는 말인가? 성경에서 그리스도는 다윗의 씨로 와야 하고 다윗이 살던 마을 베들레헴에서 나온다고 하였다"(요 7:41-42) 하면서 예수님 때문에 사람들이 언쟁을 벌였고, 한편에서는 예수님을 죽이려고 사람을 보내어 잡아오라고까지 하였다. 이때 니고데모가 등장하여서 "우리의 율법은 먼저 본인의 말을 들어보거나 그가 무엇을 하였는지 알아보기도 전에 사람을 유죄라고 판결할 수 없소"(요 7:51) 하면서 예수님을 보호하려 한다. 그리고 그는 예수님께서 십자가에 못 박혀 돌아가셨을 때 몰약과 침향을 섞은 것을 100근쯤 가져와 예수님의 장례를 도왔다(요 19:39).

니고데모는 하나님의 나라를 보고 하나님을 만나려면 누구든지 다시 태어나야 한다는 예수님의 신비한 말씀에 마음이 완전히 녹았다. 지금까지 그 누구도 이러한 영적인 말을 한 사람이 없기 때문이다. 유대인들은 자기들은 아브라함의 후손이기 때문에 하나님에게서 특별하게 선택받은 사람이라는 자부심만 있었지 실제 하나님의 이름을 부르지도 못하고 하나님께 나가는 길도 몰랐던 영적인 소경들이었다. 이러한 상황에서 그들 입으로 함부로 부르지도 못하는 하나님을 이야기하며 하나님을 볼 수 있고 하나님의 나라에 갈 수 있다고 말하는 예수님의 말씀을 듣고 니고데모는 마음이 완전히 녹았다. 지금까지 그 누구도 이러한 말(진리의 말씀)을 한 사람이 없었기 때문이다.

"누구든지 다시 태어나지 않고는 하나님의 나라를 볼 수 없다"

라는 말씀은 니고데모에게만 하시는 말씀이 아니다. 왜냐하면 예수님께서 "누구든지"라고 말씀하시기 때문이다. 니고데모를 빗대어서 오늘날 예수님을 믿는다고 하는 우리에게 하시는 말씀이다. 예수님께서 니고데모에게 하시는 이 말씀을 좀 쉽게 풀어보자. "네가 고백한 대로 내가 하나님에게서 온 스승이라는 것을 네가 믿고, 내가 행하는 이 기적들이 너에게 그 사실을 확신시켜 주어서 네가 이 밤중에 나를 찾아왔다면 내가 너에게 하늘의 비밀을 가르쳐 주리라. 내가 가르쳐 주는 하늘의 비밀을 제대로 알려면 너는 육으로 태어난 것을 뛰어넘어 영으로 다시 태어나야 한다."라고 말씀하시는 것이다. 예수님께서 니고데모에게 '다시 태어남'(구원)을 강조하시면서 이것은 "물과 성령으로 나는 것"이라 하셨다. 예수님께서 이 말씀을 하시는 이유는 무엇일까? 롬 6장을 보면 바울이 이 비밀을 알고 '침례'의 비밀을 밝혔다. 예수 그리스도를 영접하여 구원받은 성도들이 예수님의 명령에 순종하여 우리를 구원하신 예수님과 함께 물에 잠기는 순간 예수님께서 무덤에 갇히셨던 것처럼 그동안 나를 주장했던 옛사람의 모든 것은 사라지고 영원히 가라앉아서 사단이 성도들의 마음 안에 몰래 숨겨 놓은 옛것이 떠나간다. 그다음에 예수님과 함께 물에서 올라오는 순간 '하나님의 새 사람'이 '옛사람이 죽은 빈자리'를 차지하게 된다(롬 6:3-11).

예수님을 영접하여 구원받은 성도들이 예수님께서 명령하신 '침례/세례'를 받을 때 예수님과 함께 '물'에 들어갔다 나오면서 하나님과 원수 되었던 '옛사람'을 묻어 버리고 하나님께서 기뻐하시는 '하나님의 새 사람'으로 변화된 것을 '믿음의 행위'로 선포하는 성도들에게, 하나님의 뜻에 순종하여 침례/세례를 받으시고 물에서 올라오시는 예수님에게 하나님께서 성령을 부어주신 것처럼 하늘을 열고 '성령'을 부어주신다. 이것은 사람으로서는 할 수 없는 일이지만 하나님께는 너무 쉬운 일이다. 하나님께서 주신 '새 생명'(예수 그리스도를 영접할 때 다시 태어난 생명)을 받은 성도들은 이제는 육체가 원하는 삶을 살지 않고 성도들 마음 안에 함께하시는 성령께서 이끄시는 삶을 사는 거룩한 자들이다. 구원받았을지라도 여전히 육체가 원하는 삶을 살면 사단이 주는 죽을 수밖에 없는 마음의 생각과 괴롭고 고통스러운 삶의 열매들이 넘쳐나고, 성령께서 이끄시는 삶을 살면 하늘의 평안과 기쁨가운데 하늘의 열매가 넘쳐난다(롬 8:6-8).

요 3:7-12 "바람이 불고 싶은 대로 부는데 너는 그 소리를 들어도 어디서 오며 어디로 가는지 알지 못하듯이 성령으로 태어난 사람도 이와 같다. 내가 땅의 일을 말하여도 너희들이 믿지 못하는데, 하늘의 비밀을 말하면 어찌 믿을 수 있을까?" 성령으로 태어난 하나님의 자녀는 하늘의 비밀을 들으면 그 말씀에 예민하게 반응하며 순수하게 믿는다. 예수님은 생명과 성령에 대하여 무지한 니고데모에게 '바람'을 이용하여 설명하신다. 바람이 불고 싶은 대로 불지만 그렇다고 바람에게 선택권이 있는 것이 아니다. 그 바람은 자신을 주관하시는 하나님의 뜻대로 분다. 바람은 이 세상의 어떤 힘으로도 제지할 수 없고 어느 곳이든 널리 퍼진다. 마찬가지로 예수님을 영접하여 구원받은 하나님의 사람은 하늘 생명으로 새롭게 다시 태어나지만, 이것이 어떻게 이루어지는지 의식하지 못한다. 성령께서 일하시는 법칙은 하나님께서 원하시는 때에, 원하시는 장소에서, 원하시는 방법으로 일하신다. 성도들의 삶의 현장에 성령께서 오셔서 일하시면 성령이 오셔서 일하신 것을 인식할 수는 있지만 성령께서 왜 오시고 떠나가시는지 전혀 알지 못한다.

"너는 바람의 형태는 볼 수 없지만 바람이 부는 소리를 듣는다"라고 말씀하셨는데 성령께서 예수님이 약속하신 대로 처음 사도들에게 내려오실 때 큰 소리와 함께 내려오셨기 때문에 예수님의 제자들은 성령이 내려오신 것을 들을 수 있었다. 아무도 성령을 보지 못하지만, 성령의 소리는 들을 수 있었다. 그렇다면 성도들은 어떻게 성령의 소리를 들을 수 있을까?

> 모든 성경은 하나님의 감동으로 된 것으로 교훈과 책망과 바르게 함과 의로 교육하기에 유익하니 딤후 3:16

구원받은 성도들이 하나님께서 주시는 말씀을 사람의 소리로 듣지 않고 하나님께서 나를 부르셔서 나에게 주시는 말씀으로 받을 때(살전 2:13) 그들이 듣는 모든 말씀이 성령의 소리가 되어서 그들의 삶의 모든 자리에 하나님의 영광이 풀어지게 역사하신다. 예수님을 영접하여 하나님의 자녀로 새롭게 태어난 성도들은 마음 안에 성령께서 함께하시기 때문에 그동안 지식의 단계에 머물러 있던 말씀들이 성령께서 도와주셔서 하나님의 영으로(요 6:63), 생명의 양식으로 마음에 스며들어 믿어지는 것을 경험하게 된다. 지식수준에 머물러 있던 하나님의 말씀이 영으로 믿어지고 먹어지며 마음에 심어지는 것은 사람의 지혜로는 도저히 설명할 수 없는 성령께서 일하시는 비밀이다.

예수님께서 니고데모에게 하시는 말씀을 좀 쉽게 설명해 보자. 사람은 지금 불고 있는 바람의 움직임이나 경로조차 제대로 알지 못한다. 다만 바람의 소리를 듣고 그 바람 안에 들어가면 느낌으로 알 뿐이다. 마찬가지로 성령께서 일하시는 것도 사람의 지혜로는 설명할 수 없고, 다만 성령께서 일하실 때 소리를 들어 알 수 있을 것이고, 성령께서 일하실 때 그 안에 들어가 있는 사람들은 하나님을 느끼며 경험할 수 있다. 바람이 소리를 낼 때 보지 못하지만 믿으면서 하나님의 자녀로 새롭게 태어나서 하나님의 품에 안기고 하나님의 은혜를 받는 영적인 일에 대해서는 왜 이렇게 꼼꼼하게 물으며 이해를 구하고 설명을 요구하는가 하면서 예수님께서 안타깝게 말씀하신다. 이제 이 세상의 지식으로 하나님을 찾으며 알려고 했던 사단에게 속았던 어리석음(인간적인 똑똑함)을 버리고 예수님 때문에 성도들 마음 안에 들어와 성도들을 주관하며 인도하시는 성령께 모든 것을 맡기고 하나님께서 행하실 기적을 기대하며 당당하게 승리를 선포하자.

09

하나님의 귀한 선물(요 3:14-21)

¹⁴ 모세가 광야에서 뱀을 든 것 같이 인자도 들려야 하리니 ¹⁵ 이는 그를 믿는 자마다 영생을 얻게 하려 하심이니라 ¹⁶ 하나님이 세상을 이처럼 사랑하사 독생자를 주셨으니 이는 그를 믿는 자마다 멸망하지 않고 영생을 얻게 하려 하심이라 ¹⁷ 하나님이 그 아들을 세상에 보내신 것은 세상을 심판하려 하심이 아니요 그로 말미암아 세상이 구원을 받게 하려 하심이라 ¹⁸ 그를 믿는 자는 심판을 받지 아니하는 것이요 믿지 아니하는 자는 하나님의 독생자의 이름을 믿지 아니하므로 벌써 심판을 받은 것이니라 ¹⁹ 그 정죄는 이것이니 곧 빛이 세상에 왔으되 사람들이 자기 행위가 악하므로 빛보다 어둠을 더 사랑한 것이니라 ²⁰ 악을 행하는 자마다 빛을 미워하여 빛으로 오지 아니하나니 이는 그 행위가 드러날까 함이요 ²¹ 진리를 따르는 자는 빛으로 오나니 이는 그 행위가 하나님 안에서 행한 것임을 나타내려 함이라 하시니라

⏮

요 3:14-18 예수님께서 니고데모에게 구원을 설명하시면서 왜 모세의 구리 뱀 사건을 말씀하시는지 그 비밀 속으로 들어가 보자. 이스라엘 백성들이 홍해를 건너 광야에 들어와 마실 물이 없어 타는 목마름으로 모세와 하나님을 원망할 때 하나님은 모세에게 명령하여 그들 앞에 있는 반석을 지팡이로 내리쳐 갈라지게 하여 물이 솟아나게 하셨다(출 17:5-6). 지팡이에 맞아 깨진 반석에서 솟아나는 물은 이스라엘 백성들이 광야생활을 하는 동안 따라다니며 그들에게 생수를 공급해 주었다(구원받은 성도들에게 예수님께서 함께하시며 모든 상황과 형편을 따라다니며 하늘에 속한 신령한 은혜를 부어주신다).

🖊 다 같은 신령한 음료를 마셨으니 이는 그들을 따르는 신령한 반석으로부터 마셨으매 그 반석은 곧 그리스도시라 고전 10:4

그런데 모세의 누이 '미리암'이 죽어 장사를 지낸 후 이스라엘 백성들에게 공급되던 반석의 물이 멈췄다(민 20:1-2). 물의 공급이 멈추자 이스라엘 백성들은 '맛사'(출 17:7. 모세가 하나님께서 주신 지팡이로 반석을 쳐서 깨뜨려 물을 공급했던 첫 장소)에서와 동일하게 하나님을 원망하며 모세를 공격한다. 모세는 심각한 문제 앞에서 하나님께

엎드렸고 하나님께서는 모세에게 이스라엘 백성 전체를 모으고 그동안 그들에게 물을 공급하며 따라왔던 반석에게 명령하여 "물을 내라"하고 선포하게 하셨다(민 20:8). 모세는 하나님께서 주신 말씀대로 반석에 대하여 명령만 해야 했다. 그런데 누이 '미리암'을 장사 지낸 지 얼마 되지 않았고, 백성들의 원망 때문에 예민해져 있던 모세는 마음 깊은 곳에 감추어져 있던 혈기가 올라와 지팡이로 반석을 내리치며 백성들에게 화를 냈다. 그 순간 다시 반석이 터져 물이 넘치도록 나와서 백성과 짐승이 마셨지만(민 20:10-11) 하나님께서 모세 앞에 나타나셔서 "네가 나를 믿지 않았고(성도들이 말씀 그대로 순종하지 않는 것은 하나님을 믿지 않는 것이다), 이스라엘 백성 앞에서 나의 거룩함도 나타내지 않은(하나님의 자녀들이 말씀 그대로 순종하면 주변 모두에게 하나님의 영광이 저절로 나타난다) 이 두 가지 죄 때문에 너희는 약속의 땅 가나안에 들어가지 못한다"(민 20:12)라고 말씀하셨다. 이 사건은 '가데스'에서 일어났는데(민 20:1) 하나님께서는 이 사건 때문에 '호르산'에서 모세의 형 아론을 데려가셨고 이스라엘 백성들은 그들의 중보자였으며 제사장이었던 아론이 죽은 것을 애도해 30일을 곡하였다(민 20:22-29)

아론이 하나님께 부름 받은 이후 이스라엘 백성들이 하나님의 인도하심을 따라 약속의 땅 가나안을 향하여 길을 진행하였는데 그들이 가는 길이 너무 척박하고 힘들었다. 길 때문에 힘들었던 마음이 폭발하여 그동안 마음에 담아 두었던 모든 원망이 하나님과 모세를 향하여 한꺼번에 쏟아지기 시작했다. 하나님께서는 매일 아침마다 하늘을 열고 양식을 넘치도록 부어주고 계셨음에도 그들은 그곳에 식물도 없고 물도 없다고 불평하였다. 심지어 그들의 마음이 하나님께서 하늘을 열고 매일 아침 내려주시는 '만나'를 박한 식물이라 하며 하나님을 원망하였다(민 21:4-5). 이들의 원망을 들으신 하나님께서 불 뱀을 내려 심판하신다(고전 10:10. 하나님의 자녀들이 하나님의 영광을 드러낼 삶의 자리에서 하나님의 마음을 알지 못하여 원망하고 불평하면 하나님의 영광을 위해 일하는 천사들을 만나지 못하고 대신 성도들을 멸망에 이르게 할 마귀를 자기의 삶으로 끌어드리게 된다). 하나님께서 내리신 불 뱀의 심판으로 고통 가운데 죽어가는 자들이 고통을 멈추어 달라고 호소할 때 모세가 하나님께 기도하였다. 하나님께서 모세의 기도를 들으시고 "불 뱀을 만들어 장대 위에 달아라. 물린 자마다 그것을 보면 살리라"(민 21:8)라고 하셨다. 모세가 하나님의 말씀에 순종하여 놋 뱀을 만들어 장대 위에 높이 달고 "하나님께서 우리를 불쌍히 여기셔서 주신 답이다. 장대 위에 달린 놋 뱀을 바라보면 불 뱀에 물린 고통에서 치유되고 살리라" 하고 소리쳐 선포하였다. 모세를 통하여 선포되는 말씀을 믿고 장대에 달린 놋 뱀을 바라보는 자들은 치유되며 살아났다.

예수님께서는 과거 이스라엘 백성들이 불 뱀에 물려 고통스럽게 죽어갈 때 그들을 구원한 '장대에 달린 놋 뱀'을 말하면서 자기도 나무에 달려야 한다고 말씀하신다. 또한 하나님께서 일하시는 것을 믿는 믿음 안으로 깊이 들어가면 하늘의 영원한 생명을 얻으리라고 말씀하셨다(14-15절). 모세가 하나님의 말씀에 순종하여 장대 위에 '놋 뱀'을 매달고 이스라엘 백성들을 치유하고 살렸던 역사는 뱀에게 물려(사단에게 사로잡혀) 죽은 자처럼 살고, 육체의 죽음 이후에는 지옥에 가야 하는 모든 사람을 예수님께서 십자가에 달리심으로 말미암아 치유하고 살려주실 것을 미리 말씀하시는 것이다.

그런데 광야의 '놋 뱀' 사건 이후에 이스라엘 백성들은 '놋 뱀' 자체에 능력이 있는 것으로 착각하였다. 그들은 오랫동안 모세가 만든 '놋 뱀'을 숭배하면서 '놋 뱀'을 통하여 일하시는 하나님은 잃어버렸다. 모세의 놋 뱀 사건 후 약 800년이 지났을 때 히스기야 왕이 하나님께서 원하시는 종교개혁을 할 때 여러 우상과 함께 모세가 만든 '놋 뱀'도 깨뜨렸는데 하나님께서는 이 사건을 너무 기뻐하셨다. 히스기야 왕이 '놋 뱀'을 깨뜨리고 '느후스단'이라 하였는데 그 뜻은 '놋 조각'이다. 이 말의 뜻은 이스라엘 백성들이 분향하며 섬겼던 '놋 뱀'은 아무 능력이 없는 '놋 조각'에 불과하다는 것이다. 모세가 만들어 장대에 매달았던 '놋 뱀'은 '불 뱀'에 물려 고통받던 이스라엘 백성들을 치유하며 살렸지만 '놋 뱀' 자체에 치유하며 살리는 능력이 있었던 것이 아니다. 그런데 이스라엘 백성들은 '놋 뱀' 자체에 능력이 있는 것으로 잘못 알아서 오랫동안 '놋 뱀'을 우상처럼 숭배하고 있었다. 이 말씀은 예수님께서 못 박히신 십자가도 마찬가지이다. 골고다 십자가 사건 이후 많은 사람이 교회에서 또는 자기들 삶의 자리에 나무 십자가를 세워 놓고 예전 이스라엘 백성들이 모세가 만든 '놋 뱀'을 우상처럼 섬겼던 것처럼 숭배하고 있다. 하지만 모세가 만들어 백성들을 치유하며 살렸던 '놋 뱀'이 아무 능력이 없는 놋 조각이었듯이 예수님께서 흘려 주셨고 하나님께서 보배로 인정하시는 예수님의 피가 빠지면 십자가도 아무 능력이 없는 나무 조각에 불과하다. 성경은 성도들의 구원이 십자가 때문이 아니라 십자가에 못 박혀 피 흘려주신 예수 그리스도의 '보배로운 피' 때문이라고 말씀한다(요일 1:7-9, 벧전 1:18-19).

베드로가 마가 다락방에서 예수님께서 약속하신 성령의 충만함을 받은 이후에 성전에 기도하러 올라가다가 나면서 40년이 넘는 세월 동안 앉은뱅이였던 사람을 일으켜 세웠다. 베드로는 자기의 힘과 방법으로 치유의 역사를 일으킨 것이 아니라 자기 안에 있던 예수님을 꺼내어 줌으로 앉은뱅이를 치유하였다(행 3:6-8). 그런데 베드로가 앉은뱅이를 일으킨 후에 많은 사람이 베드로를 주목하며 따른다. 이때 "이스라엘 사람들아 이 일을 왜 기이하게 여기느냐? 우리 개인의 능력이나 기도로 이 사람을 걷게 한 것처럼 왜 우리를 주목하느냐? 이 사람이 일어난 것은 우리의 힘이 아니라 너희가 십자가에 못 박았고 내 안에 함께하시는 예수님의 힘으로 된 것이다"(행 3:12)라고 자기를 낮추며 오직 예수 그리스도를 높이고 있다. 성도들의 삶의 현장에 무엇인가 기적이 나타났다면 그것은 우리의 열심과 능력 때문이 아니라 우리 안에 함께하시는 성령께서 하나님의 영광을 위해 일하셨기 때문이다.

하나님을 향하여 원망하는 이스라엘 백성들에게 하나님께서 불 뱀을 내리신 것은 그들을 심판하시려는 뜻이 아니었다. 삶의 힘들고 어려운 형편을 핑계로 그들을 구원하신 하나님을 원망하고 불평하면 하나님께서 약속하신 가나안 땅에 들어가지 못한다(민 13-14장 사건. 가나안 땅을 40일 동안 정탐하고 돌아와 하나님을 원망하고 불평한 거짓 믿음 때문에 그들은 가나안 땅에 들어가지 못하고 40년을 광야에서 고통스럽게 방황하며 죽어갔다). 이들이 하나님을 향한 원망이 계속되면 이제는 정말 가나안에 들어갈 수 없다. 하나님께서는 이스라엘 백성들에게 불 뱀을 보내어 그들의 원망을 그치게 하기 원하셨다. 불 뱀이 그들을 물어 고통 가운데 죽어 갈 때 백성 중에서 하나님을 찾는 소리가 나온다.

> 백성이 모세에게 이르러 말하되 우리가 여호와와 당신을 향하여 원망함으로 범죄하였사오니 여호와께 기도하여 이 뱀들을 우리에게서 떠나게 하소서 모세가 백성을 위하여 기도하매 민 21:7

그들이 진정으로 회개하려는 마음을 보신 하나님께서 모세를 통하여 '놋 뱀'을 내려주신 것이다. 육신의 부모를 통하여 이 세상에 태어난 사람들은 누구든지 한 번은 죽는데 그 이후에는 반드시 심판을 받아야 한다.

> 한번 죽는 것은 사람에게 정해진 것이요 그 후에는 심판이 있으리니 히 9:27

마지막 하나님의 심판대에 걸리지 않고 통과하는 것은 오직 예수 그리스도의 십자가와 부활이다.

하나님께서 이 세상에 예수님을 보내시고 십자가를 허락하신 것은 우리를 심판하여 영원한 멸망으로 떨어뜨리려는 것이 아니라, 예수님의 십자가 보혈과 부활의 능력을 믿는 믿음으로 영원한 생명을 소유하여 멸망 당하지 않고 영원한 하나님의 나라에 동참시키시려는 하나님의 말로 표현할 수 없는 비밀스러운 사랑의 표현이다(요 3:15-18). 하나님은 세상을 심판하시려는 의도가 아니라 구원하셔서 품으실 계획으로 예수님을 이 땅에 보내셨다. 하나님께서는 세상을 이처럼 사랑하셔서 예수님을 이 땅에 보내셔서 십자가에 달리게 하셨다. 하나님의 마음을 제대로 알았던 바울이 "우리가 아직 죄인 되었을 때에 그리스도께서 우리를 위하여 죽으심으로 하나님께서 우리에게 대한 자기의 사랑을 확증하였다"(롬 5:8)고 말한다.

이 말씀으로 하나님께서 우리를 얼마나 사랑하셨는지 아브라함을 통하여 하나님 아버지의 마음을 알아보자. 하나님은 아브라함에게 100세에 낳은 독자 이삭을 번제물로 바치라 하셨다. 아브라함의 집에는 하인들이 많은데 왜 하필 100세에 낳은 이삭을 번제로 바치라 하셨을까? 만약에 아브라함의 하인 중에 한 사람이 번제물로 바쳐졌다면 아브라함이 하나님께 대한 진정한 사랑이 제대로 드러나지 않았을 것이다. 하나님을 향한 아브라함의 간절한 사랑이 표현되는 것은 오직 그의 아들 밖에는 없었다(창 22:1-18). 하나님께서도 우리를 사랑하신다고 수없이 말로 표현하셨는데, 그 사랑을 실제 보여주시는 것이 하나님의 독생자를 보내셔서 모든 사람의 죄를 담당시켜 십자가에 못 박는 것이었다. 예수님께서 하늘 영광을 버리시고 이 땅에 오셔서 우리 모두의 죄악을 담당하시고 십자가를 지신 것은 하나님께서 우리를 사랑하신다고 고백한 사랑의 결정체이다.

요 3:19-21 모든 어둠을 거둬내고 심판을 받지 않도록 하는 하나님의 참 빛 되시는 예수님께서 오셨는데 사람들은 자기 안에 숨겨져 있는 어둠이 드러나는 것이 두려워서 참 빛 되시는 예수님을 받아들이지 않고 여전히 어둠을 사랑한다. 하나님께서 원하시는 구원은 너무 간단하다. 예전에 '불 뱀'에 물려 고통 가운데 죽어 가던 사람들이 장대에 높이 달려 있는 '구리 뱀'을 바라본 것처럼 '참 빛'으로 오신 예수님에게 나와서 마음을 열고 예수님을 받아들이기만 하면 된다. 예수님은 우리가 이 세상을 살면서 지은 죄들에 대하여 결산하고 심판하려고 오신 분이 아니다. 만약에 예수님께서 사람들이 지은 죄를 결산하고 심판하시려고 오셨다면 사단에게 속아서 죄만 짓고 살았던 인생들이 예수님을 피하는 것이 정당하다. 하지만 예수님은 사단에게 속아서 죄를 짓고 어둠에 눌려 신음하다가 영원한 멸망으로 달려가는 인생들을 어둠의 자리에서 건져내어 해방시켜 빛 가운데로 인도하시려고 오신 분이시다.

이렇게 우리를 해방하려고 오시는 분을 환영하여 맞아들이지 못하고 오히려 더 깊은 어둠으로 숨어 들어가는 사람들을 누가 동정할 수 있겠는가? 하지만 그동안 어둠에 눌려 있던 인생들이 빛을 선택하는 것이 그리 쉬운 일은 아닐 것이다. 왜냐하면 그들은 어둠에만 눌려 있었던 것이 아니라 어둠의 지배에 따라 엄청난 죄악을 저질렀기 때문이다.

악을 행하는 자마다 빛을 미워하여 빛으로 오지 아니하나니 이는 그 행위가 드러날까 함이요 요 3:20

사람들은 칭찬받는 것은 모두 좋아하지만 꾸짖음 받는 것은 누구를 막론하고 싫어한다. 하나님의 말씀이셨던 예수님께서 이 땅에 오셔서 죄인들을 향하여 "너희 안에 하나님 앞에 서지 못할 죄가 가득하다"라고 하는 순간 사단에게 속고 있는 모든 인생이 예수님을 피하고 더 깊은 죄에 숨으려 한다. 예수님께서 우리의 죄를 지적하시는 것은 우리의 죄악을 드러내어 심판하시려는 의도가 아니다. 예수님께서 죄를 지적하실 때 그것을 인정하고 그 죄에서 자유하려는 열망을 가진 사람들의 죄를 자신이 담당하고 십자가에서 그 죗값을 지불하여 죄인들을 죄에서 해방하여 하나님 앞에 드리려고 오셨기 때문이다. 그럼에도 불구하고 그동안 사단에게 속아 살았던 자기들의 행동이 드러날까 두려워서 빛을 피하며 예수님을 마음에 담는 것을 거부하는 사람들은 마지막 심판을 피할 길이 없다. 이것은 지저분한 흙탕물에 뒹구는 자녀의 모습이 안타까워 따뜻한 목욕물을 준비하고 깨끗한 새 옷을 준비하고 부르시는 어머니가 두려워 더욱 진흙탕 속으로 빠져가는 어리석은 아이들의 모습과 똑같다. 이제 사단에게 속았던 모든 것을 끊고 우리를 정결하게 하시어 하나님의 은혜의 품에 안겨드리는 예수님 앞에 당당히 나가자.

10

생수를 주러 오신 예수님(요 4:7-18)

⁷ 사마리아 여자 한 사람이 물을 길으러 왔으매 예수께서 물을 좀 달라 하시니 ⁸ 이는 제자들이 먹을 것을 사러 그 동네에 들어갔음이러라 ⁹ 사마리아 여자가 이르되 당신은 유대인으로서 어찌하여 사마리아 여자인 나에게 물을 달라 하나이까 하니 이는 유대인이 사마리아인과 상종하지 아니함이러라 ¹⁰ 예수께서 대답하여 이르시되 네가 만일 하나님의 선물과 또 네게 물 좀 달라 하는 이가 누구인 줄 알았더라면 네가 그에게 구하였을 것이요 그가 생수를 네게 주었으리라 ¹¹ 여자가 이르되 주여 물 길을 그릇도 없고 이 우물은 깊은데 어디서 당신이 그 생수를 얻겠사옵나이까 ¹² 우리 조상 야곱이 이 우물을 우리에게 주셨고 또 여기서 자기와 자기 아들들과 짐승이 다 마셨는데 당신이 야곱보다 더 크니이까 ¹³ 예수께서 대답하여 이르시되 이 물을 마시는 자마다 다시 목마르려니와 ¹⁴ 내가 주는 물을 마시는 자는 영원히 목마르지 아니하리니 내가 주는 물은 그 속에서 영생하도록 솟아나는 샘물이 되리라 ¹⁵ 여자가 이르되 주여 그런 물을 내게 주사 목마르지도 않고 또 여기 물 길으러 오지도 않게 하옵소서 ¹⁶ 이르시되 가서 네 남편을 불러 오라 ¹⁷ 여자가 대답하여 이르되 나는 남편이 없나이다 예수께서 이르시되 네가 남편이 없다 하는 말이 옳도다 ¹⁸ 너에게 남편 다섯이 있었고 지금 있는 자도 네 남편이 아니니 네 말이 참되도다

요 4:7-14   예수님으로부터 많은 사람이 침례/세례를 받으며(요 3:22, 4:2. 예수님은 침례/세례를 주시지 않았고 예수님의 제자들이 침례/세례를 주었다) 요한보다 더 많은 제자가 예수님을 따른다는 소문 때문에 예수님은 시기와 질투의 대상이 되었다. 이러한 상황에서 예수님께서 유대를 떠나 갈릴리로 돌아가시는데 그 당시 유대인들이라면 절대로 상종하지 않는 사마리아 지역에 들어가셨다. 예수님께서 찾으신 지역은 예전에 야곱이 그 아들 요셉에게 준 땅이었고, 그곳에는 야곱의 우물이 있었는데 예수님은 야곱의 우물을 찾아가 앉으셨고 시간은 정오쯤이었다. 그때 한 여인이 물동이를 들고 물을 길러 나왔고 예수님은 그 여인을 향하여 마실 물을 달라고 청하셨다. 예수님의 요청을 받은 여인이 "당신은 유대인인데 사마리아 사람인 나에게 어찌하여 물을 달라 청하십니까?"라고 말하였는데 여인이 이러한 말을 한 이유는 유대인들은 사마리아 사람들을 상종하지 않았기 때문이다(9절). 사마리아 여인의 묻는 말에 "만일 하나님의 선물과 또 너에게 마실 물을 달라고 하는 사람이 누구인지 알았더라면 네가 그에게 구하였을 것이요 그가 생수를 너에게 주었으리라"(10절)라고 답을 주셨다.

예수님의 말을 들은 여인이 "주여, 당신은 이 깊은 우물에서 물을 퍼 올릴 그릇이 없는데 어디서 생수를 구하여 나에게 주시렵니까? 우리의 조상 야곱이 우리에게 이 우물을 주셨고, 또 그분 자신과 그분의 자손들과 가축이 이 우물물을 마셨는데 당신이 야곱보다 더 위대한 사람입니까"(11-12절)라고 질문한다. 사마리아 여인이 의아해하면서 던지는 질문에 "이 물을 마시는 자마다 다시 목마르겠지만 누구든지 내가 주는 물을 마시는 사람은 영원히 목마르지 않을 것이다. 내가 주는 물은 그 사람 안에서 솟아나는 샘이 되어 영원한 생명에 이르게 할 것이다"라고 하셨다. 예수님께서 이 땅에 오시기 전 믿음의 눈으로 이 땅에 오실 예수님을 바라본 다윗이 "저희가 주의 집에서 살진 것으로 풍족할 것이라. 주께서 하늘의 복락의 강같이 흐르는 샘물로 마시우게 할 것이라. 대저 생명의 근원이 되는 샘물이 주께 있사오니 주의 광명 중에 우리를 초청할 것이라"(시 36:8-9) 하며 예수 그리스도를 통하여 회복될 생명 생수를 찬양하였는데, 다윗이 멀리서 바라보고 찬양하였던 예수님께서 오셔서 다윗이 믿음의 눈을 열어 바라본 사역을 실제 풀어내시는 것이다.

예수님은 목마르셔서 사마리아 우물을 찾아오셨다. 그런데 예수님의 목마름은 육신적인 목마름이 아니라 진리를 간절히 사모하는 사마리아 여인을 찾아가 그 여인에게 진리의 생수를 나눠주고자 하는 영적인 목마름이었다(요 4:34. 예수님의 양식은 예수님을 이 땅에 보내신 하나님의 뜻을 행하며 하나님의 일을 온전히 이루는 것이다). 예수님을 믿는 성도들이 "예수님 목마릅니다" 하는 찬양을 간절하게 한다. 과연 우리는 어떠한 것에 대한 목마름으로 이 찬양을 할까? 성도들의 목마름과 예수님의 목마름이 하나가 될 때 하나님은 기뻐하시며 하늘을 열고 강력한 은혜를 부어주셔서 모든 목마름을 채워주시며 그들이 구하지 않은 응답과 귀한 열매들까지 허락하여 주신다. 우리는 이것을 솔로몬의 일천번제 기도 현장에서 볼 수 있다. 일천번제를 드리며 하나님 앞에 서 있는 솔로몬을 기뻐하신 하나님께서 솔로몬에게 나타나 말씀하신다.

기브온에서 밤에 여호와께서 솔로몬의 꿈에 나타나시니라 하나님이 이르시되 내가 네게 무엇을 줄꼬 너는 구하라 왕상 3:5

하나님의 음성을 들은 솔로몬은 "종에게 지혜로운 마음(하나님의 마음)을 주셔서 하나님께서 주신 백성들을 잘 이끌고 하나님 안에서 선과 악을 분별하게 하소서"(왕상 3:9) 하였다. 솔로몬이 하나님께 구한 것이 하나님의 마음과 딱 맞았다(왕상 3:10). 이러한 솔로몬의 중심을 받으신 하나님께서 "네가 정말 엄청난 기도를 하였구나. 네가 왕이 되고 얼마의 시간이 흐르지 않아서 많은 정적이 있을 텐데 그들을 처리해달라 하지 않고, 너의 건강도 구하지 않고, 너 스스로를 위한 기도를 하지 않고 나의 지혜를 구하는구나"(왕상 3:11) 하시면서 솔로몬이 구하였던 하나님의 지혜를 주시고 그가 기도하지 않은 모든 것까지 부어주셨다. 하나님의 마음에 딱 맞는 한 번의 기도를 올려드린 것 때문에 이 세상에 태어난 사람 중에서 솔로몬과 같이 하나님께서 부어주시는 축복을 누린 자가 없었다(전무후무한 축복). 예수님께서 진리에 목마른 사마리아 여인을 찾아가셨던 것처럼, 하나님은 지금 사단에게 묶여 신음하면서 하나님을 만나기 위해 몸부림치는 영혼들을 예수님의 마음으로 찾아가 살리려고 기도하는 성도들을 찾으신다. 그리고 솔로몬에게 주셨던 기막힌 은혜와 축복을 풀어주신다. 예수님께서 사마리아 여인을 향하여 "만일 하나님의 선물과 또 너에게 마실 물을 달라고 하는 사람이 누구인지 알았더라면 네가 그에게 구하였을 것이요 그가 생수를 너에게 주었으리라"(10절)라고 말씀하신다.

예수님께서 이 말씀을 더 구체화시키시려고 다음 초막절에 예루살렘 성전에 올라오셔서 초막절 명절이 끝나갈 즈음 성전 문 앞에서 크게 소리쳐 선포하신다.

> 명절 끝날 곧 큰 날에 예수께서 서서 외쳐 이르시되 누구든지 목마르거든 내게로 와서 마시라 나를 믿는 자는 성경에 이름과 같이 그 배에서 생수의 강이 흘러나오리라 하시니 이는 그를 믿는 자들이 받을 성령을 가리켜 말씀하신 것이라 요 7:37-39

하나님께서 구원받은 성도들에게 주시는 가장 귀한 선물은 성도들 마음 깊은 곳에서 예수님 때문에 솟아나는 생수의 강(성령의 충만함)이다. 예수님은 사단에게 묶여 신음하며 죽으면 지옥에 가야 할 영혼들을 구원하시고 구원받은 성도들의 영혼에 아담이 사단에게 속아서 잃어버린 하늘의 생수(창 2:10-14)를 회복시키려 오셨다. 예수 그리스도를 영접하여 구원받은 성도들은 예수님을 통하여 하늘의 생수(성령)를 심령 깊이 채우고 넘치게 해야 한다(렘 31:12. 성도들의 마음이 '여호와의 물댄동산' 같이 '하늘의 생수'로 충만하게 채워지면 그 순간 삶의 모든 것들이 하나님의 영광으로 바뀌는 축복을 누리며 승리하게 된다). 구원받은 성도들이 진정 사모하며 간구해야 하는 것은 목마른 사슴이 시냇물 찾기에 갈급한 것처럼 예수님을 통하여 하늘에서부터 성도들 마음에 부어지는 성령의 생수를 사모하는 것이다. 에덴이 닫힌 이후에 하늘의 샘까지도 닫혀 있었는데, 우리를 구원하실 예수님께서 이 세상에 오시면 예루살렘에서 하늘 생수가 다시 솟아난다고 예언해 주셨다.

그 날에 생수가 예루살렘에서 솟아나서 절반은 동해로, 절반은 서해로 흐를 것이라 여름에도 겨울에도 그러하리라 슥 14:8

성도들이 하나님께서 주시는 하늘의 생수(성령)를 받는 것은 사람의 어떠함이 아니라 우리 안에 생수를 주러 오신 예수님께서 사단에게 잡혀 죽어있던 영혼들을 구원하여 살리시고 성도들의 영혼과 하늘 보좌의 샘을 연결할 때 이루어진다(슥 4:1-6. 예수님께서 하나님과 성도를 연결하는 큰 통로가 되셔서 그곳을 통하여 생수가 흘러 들어오게 해주신다). 성도들의 마음 안에 '하늘 샘'(예수 그리스도)을 통하여 솟아난 성령의 능력들이 이제는 하나님의 영광을 위해 하나님께서 일하실 자리로 흘러 들어가게 해야 한다. 성도들은 나의 어떠함과 상관없이 우리의 영혼을 구원하시고 주인 되시는 예수님을 통하여 매 순간 하늘의 생수(성령의 은혜와 능력)가 넘쳐 솟아오르게 해야 한다. 예수님의 말씀을 듣고도 아직 이해할 수 없는 사마리아 여인은 "이 우물은 깊고 선생님은 물을 퍼낼 그릇도 없는데 어디서 그러한 생수를 구하시렵니까? 그리고 지금 이 우물은 야곱이 팠던 우물인데 당신이 야곱보다 위대한 사람입니까?"라고 묻는다. 사마리아 여인의 질문을 받으신 예수님께서 "야곱이 판 이 우물물은 아무리 마셔도 곧 목마름이 온다. 하지만 나는 사람의 영혼 안에서 영원히 솟아오르는 '하늘의 샘물'을 주러 왔다"라고 답을 주셨다. 사람의 눈에 보이는 물은 육신의 갈증을 잠시 멈추게 하는 역할을 하지만 예수님을 통하여 하늘에서부터 공급되는 하나님의 생수를 마시면 영원히 목마르지 않을 것이라고 말씀하신다.

요 4:15-18 예수님의 말씀을 들은 여인이 즉시로 "그러한 물이 있다면 나에게 주소서" 하면서 예수님에게 적극적으로 달려든다. 사마리아 여인이 영원한 생수에 갈급해 하는 태도를 보이자 예수님께서 "가서 네 남편을 불러오라"라고 하셨다. 이때 여인이 "나는 남편이 없다"고 하는데, "너는 다섯 남편이 있었는데 지금 있는 이도 너의 남편이 아니다"라고 하셨다. 왜 사마리아 여인이 영원히 목마르지 않을 생수를 먹여 달라고 애원하는데 예수님은 남편을 데려오라 하시며 전혀 다른 말씀을 하실까? 예수님께서 이렇게 말씀하시는 것을 이해하려면 유대인들의 율법을 알아야 하는데 롬 7:1-6의 말씀이 풀어지면 예수님께서 하신 말씀의 의미를 깨닫게 된다. 예수님께서 말씀하시는 '남편'은 육체의 남편이 아니라 그의 생명을 주관하며 인도하는 주인을 의미한다. 예수님께서는 영원히 목마르지 않을 생수에 갈급하여 다가오는 사마리아 여인을 향하여 "그동안 너의 생명을 주관하고 네 삶을 인도했던 주인은 누구냐?"하고 물으시는 것이다. 사 54:5을 보면 "너를 지으신 자는 네 남편이시라. 그 이름은 만군의 여호와시며 너의 구속자는 이스라엘의 거룩한 자시라"라고 하였고, 사 62:4을 보면 하나님은 이스라엘을 향하여 "헵시바"와 "쁄라"라 하신다. '헵시바'의 뜻은 '나의 기쁨이 그 안에 있다'이고 '쁄라'의 뜻은 '내가 너와 결혼하겠다', '결혼한 부인'이라는 뜻이다. 성도에게 있어 구원은 하나님과 결혼 관계를 맺은 것이고, 결혼 관계가 맺어진 성도들에게 하늘의 기쁨을 계속 공급하신다.

참된 믿음은 하나님과 결혼 관계를 가지고 하나님을 내 삶의 완전한 주인으로 섬기는 것이다. 하나님은 호세아 선지자를 불러 음란한 고멜과 결혼하게 하셨고 그 결혼 관계를 통하여 참 남편 하나님을 버리고 거짓 남편에게 속아 방황하는 이스라엘의 모습을 보게 하셨다(호 5:7). 사마리아 지역은 이스라엘이 바벨론에 멸망한 이후에 바벨론의 정책에 의하여 이방인과의 결혼을 통하여 우상이 넘치는 곳이 되었다. 예수님을 만나고 있는 사마리아 여인은 진리에 목말라 있었지만, 아직까지 그에게 영원한 생수를 마시게 해준 남편(법. 진리)은 만나지 못했다. 예수님은 한 사람의 지나간 과거를 끄집어내어 창피를 주시는 분이 아니시다. 어찌하든지 잠

자는 영혼, 죽어있는 영혼을 깨워서 참된 진리(남편)를 만나게 하고 영원히 목마르지 않을 '하늘의 생수'를 주시려고 오신 분이시다.

　예수님 당시 이스라엘은 수없이 많은 우상이 있었고, 특별히 사마리아 지역은 더욱 많은 비진리와 우상들이 가득했던 곳이었다. 예수님께서 물을 길러 왔던 사마리아 여인에게 말씀하신 남편은 세상의 남편이 아니라 영적인 남편을 의미하는 것이었다. 예수께서 영원히 목마르지 않는 생수에 대하여 말씀하시고, 그 생수를 마시게 하는 것은 영원한 참된 남편(하나님)이라는 의미에서 그동안 사마리아 여인을 속였던 거짓 남편을 데려오라 말씀하신 것이다. 예수님께서 하시는 질문의 의도를 깨달은 이 여인은 지금까지 자신이 그렇게 열심을 다하여 의지했던 우상들이 거짓이었기 때문에 자신은 인생의 답을 찾지 못했다고 솔직하게 대답한 것이다. 여러 우상과 비진리를 전전하다 답을 얻지 못하고 마지막 율법(성경의 지식)을 남편 삼아 의지하였지만, 마지막 남편 율법은 오히려 이 여인의 죄와 치부를 드러나게 하여 더 비참할 뿐이었다. 이러한 때에 죄인을 구원하여 그 마음 안에 들어가 영원히 목마르지 않을 생수를 주시는 진짜 남편 예수님께서 영원히 목마름이 없는 생수를 주시려고 갈급한 사마리아 여인을 찾아오신 것이다. 예수님은 지금도 진정한 은혜와 성령의 기름 부으심을 사모하는 성도들에게 찾아오셔서 동일하게 질문하신다. "지금 너의 삶을 주관하고 인도하는 주인은 누구냐?" 예수님의 이 질문에 "지금까지 내가 의지했던 모든 것을 내어버립니다. 나는 아무것도 아니고 예수님께서 나의 주인이시며 예수님께서 내 삶의 전체를 인도하십니다."
라고 고백하는 믿음을 받으시고 강력한 은혜와 성령의 기름 부으
심의 축복을 부어주신다.

　오늘날 예수님을 믿으면서도 사마리아 여인처럼 여러 남편을
두고 목말라 몸부림치는 자들이 너무 많다. 예전 남편이 살아 있
으면 새 남편을 받아들일 수 없다. 그래서 바울은 남편(진리라 생각
하여 의지했던 것)이 죽기 전에는 그 법에 매여 있는 존재라고 롬 7:1-
3에서 말한다. 예전에 사단에게 속아서 하나님 대신 의지하던 것
을 마음에 그대로 두고 교회에 나와서 입술로만 "주여! 주여!" 하
는 것을 우리의 새로운 남편 되기 원하시는 예수님은 너무 잘 아
신다. 지금은 옛것을 모두 버리고 새 남편(예수 그리스도)을 마음 깊
이 주인으로 모셔 들이는 믿음 개혁을 할 때다. 우리가 그동안 의
지하였던(거짓 남편) 모든 것을 십자가에 당당히 못 박고 오직 예수
그리스도(영원한 참 남편)를 마음 안에 온전히 모셔드려 예수님이 주
인 되는 참믿음을 회복하자.

　　내가 그리스도와 함께 십자가에 못 박혔나니 그런즉 이제는 내가 사
　는 것이 아니요 오직 내 안에 그리스도께서 사시는 것이라 이제 내가 육체 가운
　데 사는 것은 나를 사랑하사 나를 위하여 자기 자신을 버리신 하나님의 아들을
　믿는 믿음 안에서 사는 것이라 갈 2:20

메시아(참된 구원자. 영원한 남편)를 간절히 기다리던 여인에게 예

수님이 찾아가셨고, 영적인 대화를 통하여 그의 목마름을 확인하신 예수님께서 "내가 그대가 기다리던 그 사람(메시아)이라" 하셨다. 예수님의 말을 들은 여인은 동네를 향하여 뛰어가며 "내가 메시아를 만났다"라고 소리쳤고 여인의 외침을 들은 동네 모든 사람이 뛰쳐나왔다(29-30절). 만약 그동안 교회들에서 설교했듯이 이 여인이 정말 음란한 여인이라면 아무리 소리쳐 외쳐도 동네 사람 모두 모른척했을 것이다. 이 말씀 한 절만 보아도 이 여인은 정말로 남자를 다섯이나 거느리고 있는 음탕한 여인이 아니라는 것을 빨리 알아야 한다. 우리 안에는 메시아 되시며 영원한 생수의 근원이 되시는 예수님이 함께하고 있다. 그런데 사마리아 여인이 예수님과 영적인 대화를 나누고 곧바로 메시아를 만났다고 소리쳐 외쳤는데 왜 우리는 소리쳐 예수님을 전하지 못할까?

11

영과 진리로 예배드리자(요 4:20-34)

²⁰ 우리 조상들은 이 산에서 예배하였는데 당신들의 말은 예배할 곳이 예루살렘에 있다 하더이다 ²¹ 예수께서 이르시되 여자여 내 말을 믿으라 이 산에서도 말고 예루살렘에서도 말고 너희가 아버지께 예배할 때가 이르리라 ²² 너희는 알지 못하는 것을 예배하고 우리는 아는 것을 예배하노니 이는 구원이 유대인에게서 남이라 ²³ 아버지께 참되게 예배하는 자들은 영과 진리로 예배할 때가 오나니 곧 이 때라 아버지께서는 자기에게 이렇게 예배하는 자들을 찾으시느니라 ²⁴ 하나님은 영이시니 예배하는 자가 영과 진리로 예배할지니라 ²⁵ 여자가 이르되 메시아 곧 그리스도라 하는 이가 오실 줄을 내가 아노니 그가 오시면 모든 것을 우리에게 알려 주시리이다 ²⁶ 예수께서 이르시되 네게 말하는 내가 그라 하시니라 ²⁷ 이 때에 제자들이 돌아와서 예수께서 여자와 말씀하시는 것을 이상히 여겼으나 무엇을 구하시나이까 어찌하여 그와 말씀하시나이까 묻는 자가 없더라 ²⁸ 여자가 물동이를 버려 두고 동네로 들어가서 사람들에게 이르되 ²⁹ 내가 행한 모든 일을 내게 말한 사람을 와서 보라 이는 그리스도가 아니냐 하니 ³⁰ 그들이 동네에서 나와 예수께로 오더라 ³¹ 그 사이에 제자들이 청하여 이르되 랍비여 잡수소서 ³² 이르시되 내게는 너희가 알지 못하는 먹을 양식이 있느니라 ³³ 제자들이 서로 말하되 누가 잡수실 것을 갖다 드렸는가 하니 ³⁴ 예수께서 이르시되 나의 양식은 나를 보내신 이의 뜻을 행하며 그의 일을 온전히 이루는 이것이니라

요 4:20-24 예수님 당시 유대인들은 예루살렘 성전에서, 사마리아인들은 그리심산에서 하나님께 예배드렸다. 사마리아 여인이 영적으로 은혜로운 말씀에 너무 목말랐지만 그 누구로부터도 영적이면서 은혜로운 말씀을 받지 못했다. 그때 예수님으로부터 영원히 목마르지 않는 생수와 진정한 남편에 대한 말씀을 듣고 마음이 녹아내리며 영적인 말씀을 주신 예수님께 영적인 질문을 하는데 그것은 하나님께 예배드리는 장소에 대한 것이었다. 예수님께서는 하나님께 드리는 예배는 장소보다 더 중요한 것이 있다고 답하시며 그것은 '신령과 진정'(성령에 사로잡혀서 진리 말씀에 순종하는)으로 드리는 예배라고 하셨다.

지금 구원받은 성도들이 하나님의 이름을 부르며 드리는 예배는 하나님께서 기쁘게 받으실 예배인가? 그렇다면 사마리아 여인이 예수님께 질문하는 그리심산 예배가 무엇이었는지 그것부터 알아보자. 이스라엘 백성들이 출애굽을 한 이후 광야에서 훈련받을 때 모세는 여호수아를 향하여 광야 훈련이 끝나고 요단강을 건너 가나안 땅에 들어가면 그리심산에 올라 백성을 축복하라고 하였고(신 11:26-32, 신 27:1-15) 여호수아는 가나안 땅을 점령한 이후에 모세의 명에 순종하여 에발산에 단을 쌓은 다음에 백성들을 모아놓고 축복을 선포하게 하였다(수 8:30-33). 그렇다면 이 말씀에는 어떠한 비밀이 숨겨 있을까? 모세가 명한 대로(신 27:1-15) 여호수아는 여리고와 아이성을 정복한 후 세겜에 들어가 에발산에 제단을 쌓고 이스라엘의 여섯 지파(시므온, 레위, 유다, 잇사갈, 요셉, 베냐민)를 그리심산에 세우고, 나머지 여섯 지파(르우벤, 갓, 아셀, 스불론, 단, 납달리)는 에발산에 세우고 그리심산을 향해서는 축복을, 에발산을 향해서는 저주를 선언하게 했다. 여기서 중요한 것은 두 산의 차이가 아니다. 먼저 두 산이 위치하고 있는 세겜은 지역적으로 이스라엘 중심부에 위치해 있고 아브라함이 가나안으로 이주해서 처음으로 하나님께 제단을 쌓은 곳이다(창 12:6-7). 하나님께서는 모세를 통하여 에발산에는 제단을 쌓고 큰 돌을 세워 율법을 새겨 넣게 하고는 그리심산에서 에발산을 향하여 축복을 선포하고, 반대로 에발산에서는 그리심산을 향하여 저주를 선포하게 했다.

축복의 내용은 하나님의 말씀에 순종하면 모든 민족 위에 뛰어나게 하실 것이며, 성읍이나 들에서나 들어가도 나가도 복을 받고, 자녀나 가축이나 떡 반죽 그릇까지 복을 받고, 적군이 한 길로 공격해 와도 일곱 길로 도망할 것이며, 세계 만민이 두려워하게 되며, 머리가 되고 꼬리가 되지 않게 해주시겠다는 것이다(신 28:1-14). 반면에 저주의 내용은 우상 숭배하는 자, 부모를 공경하지 않는 자, 이웃의 경계를 옮기는 자, 경제적 약자를 억울하게 하는 자, 근친 상간하는 자 등 하나님께서 주신 말씀을 실행하지 않고 거역하는 자는 저주를 받게 된다는 것이다(신 27:15-26). 이 두 개의 산이 이스라엘의 중심에 위치하고 있듯이 성도들의 삶 중심에 말씀이 정확하게 새겨져 있어야 한다. 마음 중심에 새겨 넣은 말씀대로 순종하면 복을 받고, 불순종하면 저주를 받는다. 훗날 사마리아인들은 그리심산을 예루살렘처럼 거룩한 산으로 여겼는데, 결국 그들은 예수님이 오실 때까지도 그리심산과 에발산의 교훈을 깨닫지 못하고 있는 것이다. 이러한 역사적인 배경을 가지고 사마리아 사람들은 그리심산에서 하나님께 예배를 드렸다.

아합왕 시절 엘리야 선지자가 활동하던 때에 이스라엘 백성들이 하나님을 등지고 우상숭배에 눈이 멀어 있을 때 예루살렘 성전에서 수많은 선지자와 제사장들이 하나님의 이름을 부르며 예배드려도 하나님은 그곳에 나타나지 않으셨고 선택받은 이스라엘을 향하여 하늘 문을 닫고 비와 이슬을 내리지 않았다. 하나님께서 기뻐하는 종 엘리야가 하나님의 말씀에 순종하여 하나님을 향하여 무너진 단(이스라엘 백성들의 마음의 제단)을 다시 쌓고 하나님께서 받기 원하시는 예배를 드렸을 때, 예루살렘 성전이 아닌 갈멜산에서 하늘이 열리고 하나님의 불이 내려왔다. 엘리야의 이러한 믿음 때문에 하나님은 이스라엘에 3년 6개월 동안 닫아 놓았던 하늘을 열고 축복의 비를 다시 내려 주셨다(왕상 17-18장). 사마리아 여인이 예수님께 질문했던 것처럼 성도들에게 있어 하나님께 예배드리는 장소는 너무 중요하다. 하지만 그보다 훨씬 더 중요한 것은 '그 자리에 하늘이 열려져 있는가? 그곳에서 드리는 예배를 하나님께서 기쁘게 받으시는가?'이다. 예수님은 장소의 중요성을 강조하는 사마리아 여인을 향하여 이 산도 아니요 예루살렘도 아닌 곳에서 하나님께 예배드릴 때가 온다고 하셨다. 그러면서 "너희는 알지 못하는 것에 경배하지만 우리는 아는 분께 경배한다."라고 하셨다.

그리스도인에게 믿음은 너무 중요하다. 그런데 많은 성도가 믿음의 대상을 바르게 알지 못하고 있는 경우가 너무 많다. 그리스도인에게 믿음의 대상은 '살아계신 하나님', 하나님께서 주신 '진리의 말씀', 우리를 구원하기 위해 이 땅에 오셨고 십자가 못 박히셔서 우리의 모든 문제를 해결하시고 무덤에 갇히셨다가 3일 만에 살아나셔서 우리와 함께하시는 '예수 그리스도', 하늘에 오르신 예수님을 대신하여 구원받은 성도들 안에 함께하시며 하나님의 진리 말씀을 깨닫게 해주시며 원수 마귀를 밟아 이길 힘을 주시고 성도들이 만난 모든 일을 도와주셔서 하나님의 영광이 되게 해주시는 '성령'을 믿는 것이다. 사마리아 사람들은 그리심산에서 하나님의 이름을 부르며 예배드린다 하였지만 정작 그들이 경배할 대상을 잃어버리고 있었던 것처럼 오늘날 많은 성도가 어리석은 믿음으로 진정한 믿음의 대상을 잃어버린 경우가 너무 많다.

예배드리는 장소의 중요성보다, 예배의 대상을 바르게 인식하는 것이 예배의 시작인 것을 말씀하신 예수님께서 하나님께서 받기 원하시는 예배에 대한 답을 제시하신다. "하나님께서는 오직 하나님을 향하여 참되고 진실한 예배를 드리는 성도들을 찾으시는데, 바로 지금이다. 하나님은 영이시다. 예배드리는 사람들은 성령에 사로잡혀서 진리 말씀에 순종하는 삶을 살아야 한다." 예수 그리스도를 십자가에 못 박으시며 우리를 구원하신 하나님께서는 이렇게 진실된 예배를 드리는 성도들을 찾으신다. 이사야 1장을 시작하시면서 하나님은 이사야 선지자를 통하여 자신의 애타는 마음을 전하신다.

하늘이여 들으라 땅이여 귀를 기울이라 여호와께서 말씀하시기를 내가 자식을 양육하였거늘 그들이 나를 거역하였도다 소는 그 임자를 알고 나귀는 그 주인의 구유를 알건마는 이스라엘은 알지 못하고 나의 백성은 깨닫지 못는도다 사 1:2-3

이토록 안타까워하시는 하나님 아버지의 마음이 무엇인지를 몰라 선택받은 이스라엘 백성들은 예루살렘 성전 안에까지 들어와 예배드려도 그 예배를 받지 못하시는 하나님 때문에 끝내 망하게 된다. 예전 이스라엘 백성들이 예루살렘 성전 안에까지 들어왔지만, 하나님을 만나지 못하고 하나님께서 예비하신 은혜를 받아내지 못하여 안타까워하시며 화를 내신 하나님은 지금 우리의 아버지 하나님이시다. 하나님께서 예수 그리스도를 십자가에 못 박으시며 우리를 구원하시고 교회로 인도하신 목적은 하나님 아버지의 얼굴을 보며 하나님을 만나고 하나님께서 준비하신 신령한 은혜들을 받아먹고 누리며 하나님의 영광을 모두에게 드러낼 승리하는 삶을 살아내는 것인데 이러한 하나님의 마음을 모르고 교회만 왔다 갔다 하는 성도들을 보신다면 뭐라 말씀하실까?

예수님은 사마리아 여인을 향하여 그리심산이나 예루살렘 성전이 아닌 곳에서 예배를 드릴 시간이 되었다고 말씀하신다. 하나님은 영이시기 때문에 어떤 건물이나 장소에 가둘 수 없다는 의미이다. 예수님께서 사마리아 여인을 향하여 "하나님은 영이시다"라고 말씀하시는 것은 영이신 하나님은 시간이나 공간의 제한을 받지 않고 언제 어디서나 존재하시며 어떠한 상황이든지 항상 충만하신 분이라는 것을 깨닫게 하려는 의도가 강하다. 그래서 우리를 구원하시고 우리 안에 함께하시는 '성령에 사로잡혀'서 '하나님께서 주신 말씀에 온전히 순종하는 삶'이 하나님의 영과 함께 할 수 있는 예배, 영으로 존재하시는 하나님께서 기뻐 받으시는 예배라고 말씀하시는 것이다. 사마리아 여인이 예수님을 만나기 전까지 드렸던 예배는 그들의 잘못된 관습에 따라 '예배는 그리심산에 올라와서 드려야 한다'라는 장소에 대한 고정관념만 있었다. 하나님을 만나기 원하는 간절함과 은혜받기를 사모하는 마음이 강력한 여인이라서 예수님이 찾아오셨지만 아직까지 너무 잘못된 고정관념에 잡혀서 '예배를 드리는 장소'가 전부라고 생각하고 있었다. 이러한 여인에게 예수님은 하나님께서 받기 원하시는 예배는 성령에 사로잡혀서 진리의 말씀으로 순종하는 삶이라고 말씀하신다.

구원받은 성도라 할지라도 성령 밖에 있다면 아무리 지극정성으로 최선을 다하여 예배드릴지라도 하나님께서 받지 않으신다. 진정한 예배를 드리려면 제일 먼저 예수 그리스도를 영접하여 구원받은 이후에 사단이 왕 노릇하던 마음을 예수님의 피로 정결하게 하여 성령께서 들어와 주인 되시게 해야 한다(심령 성전을 바르게 회복하여 세워야 한다). 이렇게 심령 성전을 회복한 성도들이 예수 그리스도 때문에 열리진 하늘 상태를 만든 교회에서 선포되는 진리 말씀으로 하나님을 만나고 신령한 은혜를 받아 삶의 현장에서 말씀을 이루는 삶을 살아내는 것이다.

요 4:26-34 하나님께서 받으실 영적인 예배에 대한 비밀을 예수님께서 풀어내시자 사마리아 여인은 "메시아 곧 그리스도라 하시는 이가 오실 줄을 내가 아는데 그분이 오시면 지금 선생님께서 풀어내시는 말씀처럼 영적인 비밀을 풀어내실 것입니다"(25절)라고 말한다. 그때 예수님께서 "너에게 비밀을 풀어 준 내가 네가 간절히 사모하며 기다리던 그리스도다"(26절)라고 대답하셨다. 이 말을 들은 여인이 물 길러 왔던 물동이를 버려두고 마을로 돌아가 "여러분 나와 보세요. 내가 그리스도를 만났습니다"(29절)하고 소리쳤다. 여인의 외침을 들은 사마리아 동네의 모든 사람이 그리스도를 만나기 위해 우물가로 모두 모여들었다. 만약 이 여인이 남자에 미친 음탕한 여인이었다면 예수님께서 이 여인을 찾아가지 않으셨을 것이며, 여인이 외친 소리에 동네의 모든 사람이 한순간에 모여들지 않았을 것이다. 이름도 없는 사마리아 여인은 하나님의 진리에 목마른 갈급한 영혼이었기 때문에 그녀의 목마름을 채

위주시려고 예수님이 찾아가신 것이고, 이 여인의 간절함을 동네의 모든 사람이 알았기 때문에 "내가 그리스도를 만났다"라고 외치는 순간 그 여인의 신실함을 믿고 모든 사람이 그가 외친 그리스도를 만나기 위해 뛰어나왔던 것이다. 사마리아 여인은 예수님과 진리에 대한 말씀 몇 구절을 나누고 자기에게 하늘의 비밀을 풀어주시는 그리스도를 동네 모든 사람에게 소개하여 만나게 한다. 구원받은 성도들 마음 안에는 그리스도께서 함께하시고, 성령께서 마음 전체를 주관하시며 하늘에 속한 신령한 은혜들을 풀어주시는데 왜 "내 안에 구원자 그리스도께서 함께 하십니다. 나는 하나님의 사람입니다."하고 외치지 못할까?

사마리아 여인이 동네 사람들에게 그리스도를 전하러 간 사이에 식량을 구하러 마을에 들어갔던 제자들이 예수님께 먹을 식량을 가져와서 드시라고 권하였다. 그때 예수님께서 "나에게는 너희들이 알지 못하는 먹을 양식이 있다"라고 하셨고, 그 말을 들은 제자들이 "누가 예수님께 양식을 가져다드렸구나" 할 때, "나의 양식은 나를 보내신 하나님의 뜻을 행하며 하나님의 일을 온전히 이루어드리는 것이다"(34절)라고 하셨다. 하나님으로부터 보냄 받으신 예수님은 육체의 먹을 양식에 대하여 고민하지 않으셨고, 어떻게 하면 나를 보내신 하나님의 뜻을 이루며 살 수 있을까를 고민하셨다. 그렇다면 예수님을 이 땅에 보내신 하나님의 뜻은 무엇일까? 사 53:2-6의 말씀처럼 우리 모두의 죄와 악을 예수님에게 담당시키셔서 십자가에서 죽게 하는 것이다.

예수님은 자기를 이 땅에 보내신 하나님의 뜻을 온전히 이루는 것이 자기의 양식이라고 말씀하신다. 우리는 모두 구원받은 성도들이다. 구원받았다고 하는 것은 세상의 양식보다는 하나님께서 주시는 양식을 먹겠다는 의미이다. 구원받은 성도들의 영적인 양식은 예수님과 마찬가지로 하나님께서 주신 사명을 모두 감당하는 것이다. 그렇다면 구원받은 우리는 예수님처럼 하나님께서 먹으라고 권하시는 영적인 양식을 제대로 먹고 있는지 돌아보아야 한다. 그런데 많은 성도의 기도는 하나님 아버지의 마음을 알지 못하고 늘 세상의 먹고 마시는 것만 구하는 믿지 않는 자들의 기도와 똑같다(마 6:25-34). 성도들의 진정한 양식은 예수님처럼 이 땅에 나를 보내시고 예수님을 십자가에 못 박으시며 구원하시고 하늘의 소명을 주신 아버지의 뜻을 이루며 사는 것이다. 이제부터 나에게 주신 사명이 무엇인지 깨닫고 성령님만 의지하여 하나님께서 주신 사명을 온전히 다 이루어내는 하나님의 양식을 온전히 다 먹어내는 참된 믿음을 회복하자.

12

영혼을 추수할 시간(요 4:35-54)

³⁵ 너희는 넉 달이 지나야 추수할 때가 이르겠다 하지 아니하느냐 그러나 나는 너희에게 이르노니 너희 눈을 들어 밭을 보라 희어져 추수하게 되었도다 ³⁶ 거두는 자가 이미 삯도 받고 영생에 이르는 열매를 모으나니 이는 뿌리는 자와 거두는 자가 함께 즐거워하게 하려 함이라 ³⁷ 그런즉 한 사람이 심고 다른 사람이 거둔다 하는 말이 옳도다 ³⁸ 내가 너희로 노력하지 아니한 것을 거두러 보내었노니 다른 사람들은 노력하였고 너희는 그들이 노력한 것에 참여하였느니라 ³⁹ 여자의 말이 내가 행한 모든 것을 그가 내게 말하였다 증언하므로 그 동네 중에 많은 사마리아인이 예수를 믿는지라 ⁴⁰ 사마리아인들이 예수께 와서 자기들과 함께 유하시기를 청하니 거기서 이틀을 유하시매 ⁴¹ 예수의 말씀으로 말미암아 믿는 자가 더욱 많아 ⁴² 그 여자에게 말하되 이제 우리가 믿는 것은 네 말로 인함이 아니니 이는 우리가 친히 듣고 그가 참으로 세상의 구주신 줄 앎이라 하였더라 ⁴³ 〈왕의 신하의 아들을 고치시다(마 8:5-13; 눅 7:1-10)〉 이틀이 지나매 예수께서 거기를 떠나 갈릴리로 가시며 ⁴⁴ 친히 증언하시기를 선지자가 고향에서는 높임을 받지 못한다 하시고 ⁴⁵ 갈릴리에 이르시매 갈릴리인들이 그를 영접하니 이는 자기들도 명절에 갔다가 예수께서 명절 중 예루살렘에서 하신 모든 일을 보았음이더라 ⁴⁶ 예수께서 다시 갈릴리 가나에 이르시니 전에 물로 포도주를 만드신 곳이라 왕의 신하가 있어 그의 아들이 가버나움에서 병들었더니 ⁴⁷ 그가 예수께서 유대로부터 갈릴리로 오셨다는 것을 듣고 가서 청하되 내려오셔서 내 아들의 병을 고쳐 주소서 하니 그가 거의 죽게 되었음이라 ⁴⁸ 예수께서 이르시되 너희는 표적과 기사를 보지 못하면 도무지 믿지 아니하리라 ⁴⁹ 신하가 이르되 주여 내 아이가 죽기 전에 내려오소서 ⁵⁰ 예수께서 이르시되 가라 네 아들이 살아 있다 하시니 그 사람이 예수께서 하신 말씀을 믿고 가더니 ⁵¹ 내려가는 길에서 그 종들이 오다가 만나서 아이가 살아 있다 하거늘 ⁵² 그 낫기 시작한 때를 물은즉 어제 일곱 시에 열기가 떨어졌나이다 하는지라 ⁵³ 그의 아버지가 예수께서 네 아들이 살아 있다 말씀하신 그 때인

줄 알고 자기와 그 온 집안이 다 믿으니라 ⁵⁴ 이것은 예수께서 유대에서 갈릴리로 오신 후에 행하신 두 번째 표적이니라 요 4:35-39 사마리아 여인이 우물가에 찾아오신 예수님과 영적인 대화를 나누며 예수님의 입에서 나오는 말씀으로 갈급한 마음에 하늘의 생수를 먹어내는 신실한 모습을(삿 7:7. 기드온의 300 용사와 같이 말씀을 먹어냄) 보신 예수님은 사마리아 여인을 향하여 자기가 그리스도라고 밝히셨다(25-26절). 그 사이 먹을 것을 준비하러 갔던 예수님의 제자들이 예수님께서 드실 음식을 준비해서 돌아왔는데 예수님께서는 "나에게는 너희가 알지 못하는 먹을 양식이 있다"라고 하셨고 예수님의 말을 들은 제자들이 "그 사이 누군가가 예수님께 먹을 것을 가져다 드렸나 보다"라고 하였다. 제자들의 말을 들으신 예수님께서 "나의 양식은 나를 보내신 하나님의 뜻을 행하며 하나님의 일을 온전히 이루는 것이라"(34절) 말씀하셨다. 이 말씀을 하신 후에 "너희들은 넉 달이 지나야 추수할 때가 온다고 말하지 않았느냐? 눈을 들어 밭을 보라. 희어져 추수하게 되었다"(35절)라고 앞뒤 문맥이 맞지 않는 생뚱맞은 말씀을 하신다.

예수님께서 어떤 의도로 이러한 말씀을 하셨는지 그 상황을 자세하게 살펴보자. 그동안 영적인 목마름으로 몸부림치던 사마리아 여인이 예수님을 만나 그의 목마름을 해결 받으며 충분한 은혜를 받았다. 여인에게 은혜를 끼친 예수님께서 "네가 그동안 기다렸던 메시아가 나다"라고 말씀하시자 예수님의 말씀에 놀란 여인이 동네에 뛰어 들어가 그리스도를 기다리던 사람들에게 "그리스도가 오셨다"라고 소리쳐 외쳤다. 여인의 외침을 듣고 사마리아 여인처럼 갈급했던 동네 사람들이 예수님을 향하여 몰려나오고 있다. 제자들은 스승인 예수님을 따라 사마리아 성안으로 들어왔지만 아직 사마리아 사람들을 상종할 준비가 되어 있지 않았고, 사마리아 사람들이 구원을 받는다는 것은 생각조차 못하고 있었고, 만약에 구원을 받는다 하여도 이들의 구원은 아직 멀리 있다고 생각하고 있었다. 그들의 어리석은 생각과 달리 여인의 외침을 듣고 사마리아 성안에 사람들이 그리스도를 만날 준비된 마음으로 몰려오고 있다. 이것은 지금 대부분 성도들이 가진 생각과 너무 똑같다. 우리들이 생각하기에는 '저 영혼과 저 가정은 아직 하나님을 만날 준비가 되어 있지 않아. 저들이 구원받아야 하지만 아직 내가 저들에게 갈 마음의 준비가 되어 있지 않아' 하면서 사단이 주는 생각으로 '하나님의 일'(예수 그리스도의 복음으로 영혼들을 죄와 마귀에서 건져 하나님께 올려 드리는 일)을 멀리 피하려고 한다. 예수님은 구원받아야 할 사마리아 사람들을 꺼려하는 제자들과 그리스도의 복음으로 주변을 살려내야 하는데 여러 가지 핑계로 복음 증거를 피하려고 하는 우리에게 "내가 너희에게 말한다. 눈을 들어 갈급한 영혼들을 바라보아라. 지금까지 사단에게 속아서 잘못 가지고 있는 생각을 버리고 당당하게 복음을 제시하기만 하면 저들은 살아난다. 지금 저들은 너희의 입에서 영혼을 살리는 복음이 흘러나오기만 기다린다."하고 말씀하시는 것이다.

예수님께서 사마리아 여인에게 영적인 비밀을 이미 심어 놓았기 때문에 제자들이 손을 내밀기만 하면 사마리아 성안에서 몰려 나오는 갈급한 영혼들을 다 살릴 수 있었듯이, 예수 그리스도께서 십자가에서 온전한 복음을 다 이루어 놓으셨기 때문에 오늘날 성도들은 입을 열어 그리스도의 복음을 선포만 하면 되는 것이다. 이렇게 준비된 영혼들은 예수님을 모셔놓고 2일 동안 말씀 잔치를 하며 그들의 갈급한 영혼에 생수를 채우고 예수님을 그리스도로 믿었다(39-42절). 성도들은 예수님께서 다 이루어 놓으신 복음을 입을 열어 선포하므로 생명의 열매를 거두기만 하면 된다.

"눈을 들어"라고 예수님께서 말씀하시는 의미는 아직 영적인 눈이 열리지 않은 제자들에게 예수님과 같은 영적인 눈을 열어 하나님께서 일하시는 비밀을 보라고 말씀하시는 것이다(왕하 6:15-18. 엘리사의 종 게하시가 육신의 눈만 밝았을 때 자기들을 잡으려고 도단성을 에워싸고 있는 아람의 군대들만 보였는데, 엘리사의 기도로 영의 눈이 열렸을 때 자기들을 도와주어 승리하게 하려고 산 전체를 덮고 있는 하나님께서 보내신 불 말과 불 병거를 보았다). 이 말씀이 명령법이다 보니 '너희들이 반드시 영적인 눈을 떠서 추수할 밭(영혼)을 보라'는 뜻이다. 예수님께서는 이 말씀을 통하여 마지막 때를 살아가는 성도들에게 하나님께서 기뻐하시는 영적인 양식(나의 뜻이 아닌 예수님을 십자가에 못 박으시며 나를 구원하신 하나님 아버지의 비밀한 뜻)을 먹고, 이제부터 하나님께서 기뻐하시는 영혼의 구원을 위해 우리의 삶을 바치라고 하신다. 예수님은 제자들에게 밭을 보라고 명령하시는데, 이 밭은 영적으로 깨어나지 않은 성도들에게는 절대 보이지 않는 하나님의 밭이다. 이 밭을 제대로 바라본 성도들만이 하나님께서 무엇을 원하시는지 깨달을 수 있다.

지금 성도들 주변에는 성도들 안에 계신 예수님이 흘러 나와서 죄에서 풀려나고 마귀의 묶임과 눌림에서 자유하며 하나님의 품 안으로 들어가야 할 인생들이 너무 많다. 이렇게 추수해야 할 영혼들은 많은데, 이들을 건져 살려낼 '추수꾼'(주님의 복음으로 영혼들을 구원할 전도자)이 너무 없다. 정상적인 교회에서는 이러한 일꾼을 세우지 못하니 이단들이 예수님이 주신 엄청난 축복의 용어(신천지에서 즐겨 쓰는 '추수꾼')를 마음껏 도적질하여 사용하는 것이다. 이제 예수 그리스도를 영접하여 구원받은 성도들은 영적인 눈을 떠서 하나님을 온전히 바라보며 이 세상에서 우리가 어떻게 쓰임 받아야 하는지, 성도로서의 사명을 바르게 깨닫고 예수님께서 쓰기 원하시는 '생명을 살리는 일꾼'(추수꾼)의 사명을 감당해야 한다.

예수님은 밭이 이미 희게 되었다고 말씀하신다. 예수님께서 십자가에서 흘린 피를 넘치도록 뿌려 놓으셨기 때문에 죄에 묶여 사단에게 끌려다니며 신음하는 주변 영혼들에게 "당신들의 죄는 예수님의 십자가 보혈로 이미 깨끗함을 받았고, 부활하신 예수님 때문에 당신을 짓누르던 마귀는 떠나가고 이제부터 하나님께서 당신에게 영원한 생명을 주어서 하늘의 은혜를 받아야 한다"하고 당당하게 선포하면 마귀에게 눌려 신음하던 영혼들이 하나님 품 안으로 몰려올 시간이 다 된 것이다. 이렇게 밭은 이미 준비되었는데(성도들이 예수님의 복음을 들고 당당히 나가 저들의 손을 잡고 복음을 들려주기만 하면 되는 상태) 성도들이 이것을 믿지 못하여 나가지 못한다. 하늘에 계신 하나님께서 보실 때는 이미 추수의 시간이 되었는데, 이것을 믿지 못하는 성도들은 아직 시간이 되지 않았다고 망설인다. 사단에게 속아서 이렇게 망설이는 것이 우리의 모습이다. 이제 사단에게 속았던 모든 것을 내려놓고 성령을 의지하여 영혼을 살려 하나님께 올려드리는 현장으로 당당하게 달려 나가자.

요 4:46-54 예수님께서 사마리아에 이틀을 머무르시며 갈급한 영혼들에게 하늘의 생수가 솟아나는 진리 말씀으로 잔치를 열었고 그로인해 사마리아에서는 대부분의 사람이 예수님을 믿었다. 하지만 예수님께서 자라나신 갈릴리에서는 예수님께서 사역 대부분의 시간을 보내시며 많은 기적을 행하셨음에도, 그들은 사마리아 사람들처럼 예수님을 받아들여 믿지 않았고 존경하지 않았다(44절). 예수님께서는 예전에 물로 포도주를 만드셨던 가나로 가셨다. 가나를 찾았을 때 왕의 신하가 예수님께 찾아와서는 자신의 아들이 죽을병에 들었으니 자신의 집으로 가서 죽어가는 아들을 고쳐달라 청하였다. 예수님은 "네 아들이 살았다"라는 말씀을 주셨고, 예수님의 말씀을 믿은 신하가 집으로 돌아갔는데, 예수님께서 살았다고 선포하신 시간에 죽어가던 아들이 고쳐지고 살았다.

처음 가나에 가신 것은 혼인 잔치에 초청을 받아 가셨지만 이번 방문은 혼인 잔치의 기적을 통하여 믿음을 가진 사람들이(요 2:11) 그들의 잘못된 믿음을 회개하고 하나님께서 원하시는 믿음으로 바르게 성장하는지 돌아보시려고 가나 마을을 스스로 찾아가신 것이다. 예수님께서 가나 마을에 오셨다는 소리를 듣고 왕의 신하가 급하게 예수님을 찾아와서는 자기의 집에 예수님을 초청하며 질병으로 죽어가는 자기의 아들을 고쳐 달라 하는데 얼마나 다급했던지 "주여 내 아이가 죽기 전에 내려오소서"(49절)라고 하였다. 왕의 신하는 의사나 약을 다 동원하여 보았지만 아이의 죽어가는 것을 멈출 수 없었다. 이러한 상황에서 전에 혼인 잔칫집에서 물을 포도주로 만드신 기적을 행한 예수님께서 마을을 방문하셨다는 소리를 듣고 급하게 예수님을 찾아온 것이다. 이 사람은 예수님에 대한 믿음 때문이 아니라 급하면 지푸라기라도 잡는다는 마음으로 죽어가는 자식을 위해 예수님을 찾아온 것이다.

마 8장을 보면 자기의 하인이 중풍 병이 들어 예수님을 찾아온 백부장이 예수님을 향하여 "주님 제 하인이 중풍으로 집에 드러누워 몹시 괴로워합니다."라고 한다. 자기 하인이 고쳐지기를 구하는 백부장을 향해서 "내가 가서 고쳐 주리라"(마 8:7)라고 하셨던 예수님께서 왕의 신하를 향해서는 "가라 너의 아이가 살았다"(50절)라고만 하셨다. 예수님을 자기의 집으로 초청하지도 않은 백부장을 향해서는 그의 집으로 가신다고 하셨던 예수님께서 왜 자기의 집으로 가자고 다급하게 초청하는 왕의 신하를 향해서는 가시지 않고 말씀만 주셨을까? 예수님께서 성도들이 원하는 것을 들어 응답하실 경우에 우리가 원하는 과정이 아니라 하나님께서 원하시는 과정을 통하여 하나님의 영광을 위한 결과를 만들어 내신다. 하지만 이러한 영적인 비밀을 모르는 성도들은 자기들이 기도한 그대로의 과정이 만들어지지 않는다고 불평한다. 하나님께서는 하나님의 영광을 드러낼 응답을 위해 하나님께서 계획하신 과정을 이루어 가시는 것인데, 이러한 것을 모르고 하나님께서 일하시고 계신데도 자기가 원하는 과정이 나타나지 않는다고 원망한다. 이런 원망 때문에 하나님께서 일하시는 과정에서 하나님의 일하심이 멈쳐지고 사단이 나타나 일하고 있기 때문에 엄청난 고난을 받는 것이다.

이제는 어떠한 기도를 하나님 앞에 드렸을 때, 우리들이 원하는 과정이 나타나지 않는다 할지라도 하나님께서 우리의 기도를 받으시고 일하시는 것을 믿고 감사하면서 하나님의 영광이 나타날 하늘의 열매들을 기대하며 감사만 하자. 왕의 신하는 예수님께서 아이가 고통스럽게 죽어가는 자기의 집에 꼭 가셔야만 아이가 나을 줄 알았는데(자신의 어리석은 생각 때문에 하나님께서 일하시는 엄청난 승리를 빼앗길 뻔했던 어리석은 믿음이다), 예수님은 이러한 어리석은 믿음을 책망하지 않고 하나님께서 나타나 일하시는 믿음 안으로 정확하게 초청해 주셨다(시 107:19-20. 예수님께서는 모든 병을 고치며 모든 문제를 해결하는 말씀을 왕의 신하에게 배달해 주셨다).

왕의 신하는 예수님께서 능력의 말씀을 그에게 전달해 주시자, 그 말씀을 믿고 걱정하지 않고 자기 집으로 돌아갔다. 하나님께서는 예수 그리스도를 십자가에 못 박으시며 성도들을 구원하시고 교회로 인도하셨다. 그리고 삶의 자리에 왕의 신하가 만난 것과 같은 힘들고 어려운 문제들을 주셨다. 성도들이 삶의 자리에서 만난 문제들은 왕의 신하의 아이가 의사와 약을 의지하였지만 낫지 못하고 죽어가는 것처럼 사람의 힘과 방법으로는 해결할 수 없는 것들이다. 성도들이 삶의 자리에서 이러한 문제를 만났을 때 두려워하지 말고 우리를 구원하신 예수님을 의지하여 하나님의 이름을 부르며 예배를 드릴 때 예수님께서 왕의 신하에게 주셨던 것과 같은 능력의 말씀을 먹여주신다. 이것이 구원받은 성도들을 교회로 인도하여 예배를 드리라 하시는 이유다. 성도들이 예배를 드리며 받는 말씀은 지식으로만 끝나서는 절대 안 된다. 우리 삶의 자리에서 우리가 치유할 수 없는 연약한 것들이 치유되며, 해결하지 못할 문제들이 해결되어 하나님의 영광을 경험할 하나님께서 나에게만 주시는 능력의 말씀으로 받아야 하는 것이다(살전 2:13).

예수님이 주신 말씀을 받고 집으로 돌아가는 왕의 신하가 집에서 달려오는 종들을 만나는데, 그들이 왕의 신하에게 "주인님의 아들이 살았습니다." 하는 기쁜 소식을 전한다. 그 말을 듣고 감격한 왕의 신하가 아들이 나은 시간을 물었는데, "어제 7시부터 열이 떨어졌습니다."하고 대답하였다. 그 시간은 예수님께서 왕의 신하에게 말씀을 주셨고, 왕의 신하가 예수님이 주신 말씀을 믿고 염려를 버리고 집을 향하여 발걸음을 옮긴 시간이었다. 이 아이는 자연적으로 치유된 것이 아니다. 왜냐하면 왕의 신하가 예수님을 찾아와서 "제 아이가 죽기 전에 제집으로 꼭 가셔야 합니다"(49절) 하고 예수님에게 간청하였기 때문이다. 죽음의 문턱까지 갔던 아이가 사망을 끊고 살아난 것은 예수님의 입에서 선포되는 하늘 능력의 말씀과 그 말씀을 그대로 믿고 염려를 버리고 집(문제)을 향하여 당당히 내려간 왕의 신하의 믿음 때문이다. 예수님의 입에서 선포된 말씀 때문에 죽음 문턱 앞까지 갔던 아이가 치유되었고, 왕의 신하는 예수님을 향한 믿음이 생겨서 영원한 생명을 소유하게 되었다. 성도들에게 하나님께서 주시는 말씀이 이러한 일을 한다. 말씀을 지식으로만 알아서 머리에 가두어서는 안 되는 비밀이 여기 있다. 그런데 대부분 많은 성도들이 하나님께서 주시는 말씀을 지식으로만 알면 믿음이 있는 줄로 안다. 이것은 엄청난 착각이다. 말씀을 통하여 이러한 어리석음을 빨리 버리고 말씀을 믿는 믿음 안으로 깊이 들어가서 하나님께서 주신 말씀대로 의심 없이 순종하는 삶을 살자.

13

말씀이 움직이게 하라 (요 5:1-15)

¹ 〈오래된 병을 고치시다〉 그 후에 유대인의 명절이 되어 예수께서 예루살렘에 올라가시니라 ² 예루살렘에 있는 양문 곁에 히브리 말로 베데스다라 하는 못이 있는데 거기 행각 다섯이 있고 ³ 그 안에 많은 병자, 맹인, 다리 저는 사람, 혈기 마른 사람들이 누워 [물의 움직임을 기다리니 ⁴ 이는 천사가 가끔 못에 내려와 물을 움직이게 하는데 움직인 후에 먼저 들어가는 자는 어떤 병에 걸렸든지 낫게 됨이러라] ⁵ 거기 서른여덟 해 된 병자가 있더라 ⁶ 예수께서 그 누운 것을 보시고 병이 벌써 오래된 줄 아시고 이르시되 네가 낫고자 하느냐 ⁷ 병자가 대답하되 주여 물이 움직일 때에 나를 못에 넣어 주는 사람이 없어 내가 가는 동안에 다른 사람이 먼저 내려가나이다 ⁸ 예수께서 이르시되 일어나 네 자리를 들고 걸어가라 하시니 ⁹ 그 사람이 곧 나아서 자리를 들고 걸어가니라 이 날은 안식일이니 ¹⁰ 유대인들이 병 나은 사람에게 이르되 안식일인데 네가 자리를 들고 가는 것이 옳지 아니하니라 ¹¹ 대답하되 나를 낫게 한 그가 자리를 들고 걸어가라 하더라 하니 ¹² 그들이 묻되 너에게 자리를 들고 걸어가라 한 사람이 누구냐 하되 ¹³ 고침을 받은 사람은 그가 누구인지 알지 못하니 이는 거기 사람이 많으므로 예수께서 이미 피하셨음이라 ¹⁴ 그 후에 예수께서 성전에서 그 사람을 만나 이르시되 보라 네가 나았으니 더 심한 것이 생기지 않게 다시는 죄를 범하지 말라 하시니 ¹⁵ 그 사람이 유대인들에게 가서 자기를 고친 이는 예수라 하니라

요 5:2-9 왕의 신하 아들이 죽어가던 것을 말씀을 주셔서 고치시고 살려내신 예수님께서(요 4:49-53) 유대인의 명절이 다가오자 성전이 있는 예루살렘을 방문하셨다. 예루살렘에 오신 예수님께서 '양의 문' 곁에 있는 '베데스다 연못'에 가셨는데 그곳에는 수많은 병자가 진을 치고 앉아서 연못의 물이 움직이기를 기다리고 있었다. 2절을 보면 '베데스다 연못'을 말씀하기 전에 '양의 문'을 기록했는데 이 말씀을 알기 위해서는 유다가 망하고 바벨론의 포로에서 70년 만에 돌아와서 성전을 재건축하는 과정을 돌아봐야 한다. 하나님께 선택받은 이스라엘 백성들이 하나님의 말씀에 불순종하는 잘못된 믿음 때문에 예루살렘 성전은 무너지고 유다(이스라엘)는 망하여 백성들은 바벨론에 포로로 끌려갔다.

그 후 70년의 시간이 지나 바벨론이 멸망하고(렘 29:10) 새로운 왕국을 세운 파사(페르시아) 왕국의 '고레스 왕'이 내린 칙령으로 '스룹바벨'과 '에스라'가 하나님의 성전을 재건하라는 명령을 받아 백성들을 데리고 예루살렘에 돌아왔다. 그때 예루살렘의 상황은 성벽은 무너져 있었고 성전은 완전히 파괴되어 황무지와 같았다.

페르시아에 남아 있다가 이 소식을 들은 느헤미야가 눈물로 통곡하며 기도하고(느 1장) 페르시아의 '아닥사스다 왕'에게 예루살렘으로 돌아가서 무너진 성벽을 건축할 수 있도록 요청하여 허가받고 예루살렘에 돌아왔다. 그런데 하나님의 일을 하려고 하면 항상 사단의 훼방이 따라오는 것처럼 '산발랏'과 '도비야'가 성전의 재건축을 엄청나게 훼방한다. 느헤미야서는 성전건축에 힘을 쏟은 사람들의 이름을 기록하는데 특별히 3장에는 무너진 성벽을 재건하며 성문을 세우는 사람들의 이름을 기록하였다. 성전건축을 훼방하는 '산발랏'과 '도비야' 같은 사람들이 하나님께 버림받은 사람이라면 성벽건축에 힘을 쏟은 사람들은 하나님께서 하나님의 기념 책에 기록해 놓으시고 큰 상급을 주는 사람들이다. 성벽을 재건할 때 가장 먼저 등장 되는 문이 '양의 문'이다. '양의 문'은 바벨론에 의해 파괴된 성벽을 재건할 때 대제사장 '엘리아십'이 그의 형제 제사장들과 함께 만든 문으로 '그리스도'를 상징하는 문인데, '대제사장 사역'을 하려고 이 땅에 오신 예수 그리스도를 상징한다. 다른 문보다 먼저 '양의 문'을 처음으로 건축한다는 의미는 예수 그리스도를 통하여 모든 사람이 성전 안으로 들어와 구원을 얻는다는 뜻이다. '양의 문'에서 제사장들이 기다리고 있다가 사람들이 '하나님께 드릴 양'을 데려오면 검사하는데, 이때 흠이 있는 양은 들어가지 못하고, 흠이 없다고 판결받은 양들만 '양의 문'을 통하여 들어가 하나님께 제물로 드려졌다. 그래서 '양의 문' 바로 옆에는 흠결이 있어 퇴짜 받은 사람들에게 '양'을 판매하는 시장이 있었다. 하나님께 바쳐질 양과 하나님 앞에 서지 못할 양이 나누어지던 장소가 바로 '양의 문'이다.

우리의 믿음에 '양의 문'을 대입해 보자. 어린 양 되시는 예수님을 닮은 성도는 하나님 앞에 당당히 갈 수 있고, 예수님을 닮지 못한 사람은 하나님 앞으로 가지 못한다. 예수님께서 자신은 '양의 문'이라고 표현하시면서 '양의 문'을 통과하지 않고 다른 곳으로 가는 자들은 절도며 강도라고 말씀하시는 비밀을 바르게 깨달아야 한다(요 10:7-10). 예수 그리스도를 영접하여 구원받은 성도들은 어린 양 되시는 예수 그리스도를 닮아서 순결하고 정결한 영, 혼, 육으로 변화되어야 한다(살전 5:23). 그런데 교회를 다니며 "주여! 주여!" 외치며 교회를 다니면서도 사단에게 속아서 더럽고 추한 죄와 상처를 끊지 못하고 마음 안에 숨겨 놓으면 흠결 있는 양들이 '양의 문'을 통과하지 못한 것처럼 마지막 예수의 문을 통과하지 못한다. 예수 구원의 문(양의 문)을 통과하지 못한 자들은 밖에서 슬피 울면서 이를 가는 역사만 있다.

'양의 문' 곁에 있는 '베데스다 연못'에 사람들이 많이 모여 있는 이유는 천사들이 가끔 내려와 물을 휘젓는데, 천사들이 물을 휘저어 연못의 물이 움직일 때 연못에 제일 먼저 들어가는 사람은 무슨 병으로 고통받든지 고침을 받기 때문이다. 많은 병자가 연못가에 앉아 물이 움직이기를 기다릴 때 예수님께서 이곳을 찾으셔서 38년 된 병자의 누워있는 것을 '보시고' 그의 병이 오래된 것을 '아셨다.' 이것은 예수님께서 그를 그냥 본 것이 아니라 '주목하고 집중하여 보셨다'라는 의미이다. 초대교회에서 성령 충만을 받은 베드로가 성전에 기도하러 올라가다가 성전 '미문'에 앉아서 구걸하는 앉은뱅이를 주목하여 보듯이(행 3:4-6) 예수님께서 38년 된 병자를 집중하여 보신 것이다. 하나님께서 예수 그리스도를 십자가에 못 박으시며 성도들을 구원하시고 이 땅에 살게 하셨는데, 하늘에 계신 하나님은 성도들의 머리카락까지 세실 만큼 성도들의 삶의 모든 것을 세밀하게 집중하여 지켜보신다.

> 📖 참새 다섯 마리가 두 앗사리온에 팔리는 것이 아니냐 그러나 하나님 앞에는 그 하나라도 잊어버리시는 바 되지 아니하는도다 너희에게는 심지어 머리털까지도 다 세신 바 되었나니 두려워하지 말라 너희는 많은 참새보다 귀하니라
> 눅 12:6-7

하나님께서는 나 스스로도 알지 못하는 나의 연약함이나 문제들을 모두 아신다. 성도들이 모든 것을 아시는 하나님 앞에서 염려하지 않고 감사하면 사단에게 속아서 짊어진 모든 짐을 풀어주시고 하나님께서 하늘에서 예비하신 것들로만 풍성하게 채워주신다.

예수님께서 물이 움직이기를 간절히 기다리는 38년 된 병자를 보시고 그를 향하여 "네가 낫고자 하느냐?" 물으셨다. 성도들이 삶의 현장에서 여러 가지 문제 때문에 힘들어할 때 성도들을 찾아오신 예수님께서 동일하게 질문하신다. "네가 이 문제에서 승리

하여 하나님의 영광 안으로 들어가기 원하느냐?" 성도들이 삶의 현장에서 문제를 만났을 때 원망을 그치고 보혈을 의지하여 승리를 선포하는 믿음이 되면 이렇게 다가오시는 예수님을 만난다. 이렇게 예수님을 만나는 성도들은 반드시 승리한다. 예수님께서 이러한 질문을 하신 것은 병자의 진실한 마음을 알고 싶으셨던 것이다. 오랫동안 질병에 시달린 사람인데, 그 병에서 자유하고 싶은 마음이 없는 사람이 어디 있을까? 하지만 일반적인 마음보다는 정말로 간절히 사모하는 마음 중심을 보기 원하셨다. 예수님의 질문을 받은 38년 된 병자가 대답한다. "주여 물이 움직일 때 나를 연못에 넣어 줄 사람이 없어서(I have no man. 나에게는 사람이 없습니다. 나는 버림받았습니다) 내가 내려가는 동안에 다른 사람들이 나보다 먼저 내려갑니다"(7절).

천사가 내려와 연못의 물을 휘저어 놓아도 38년 된 병자를 도와주는 가족이나 친구가 없어서 그는 병을 고침 받지 못하고 있었다. 자신의 안타까운 처지만 한탄하고 있는 38년 된 병자를 예수님께서 찾아오셨다. 지금 우리들의 삶의 형편은 어떠한가? 구원받은 성도들이 삶의 현장에서 만나는 문제들은 그 누구도 도와줄 수 없고, 그 무엇으로도 해결하지 못할 것들이 너무 많은데, 이것은 예수님께서 성도들을 찾아오셔서 손을 잡아 일으키시고 그 문제를 하나님의 영광을 드러낼 축복으로 변화시키시려고 예수님께서 계획하신 일이다. 이제 사람들에게 손을 내밀며 비참해지지 말고 우리의 삶에 찾아오셔서 우리의 연약한 손을 잡고 모든 문제를 도와주셔서 하나님의 영광이 드러나게 도와주실 예수님만을 간절히 사모하자. 이렇게 간절하게 호소하는 병자를 보신 예수님의 마음이 강력하게 움직였다. 오랜 질병에서 고침 받고자 하는 간절한 마음 때문에 예수님의 마음이 움직인 순간 예수님의 입에서 하늘의 능력이 풀어지는 말씀이 선포되었다. "네가 누웠던 자리를 들고 걸어가라." 예수님의 입에서 선포된 말씀을 받은 병자가 즉시 일어나 그가 누워있던 자리를 들고 걸어갈 때(기막힌 순종) 38년 동안 짓눌렸던 질병에서 완전히 자유하게 되었다. 38년 된 병자의 간절한 마음이 예수님께 보여지는 순간 그를 치유하려고 집중하여 바라보신 예수님의 마음이 움직였고, 마음이 움직이신 예수님의 입에서 모든 것을 치유하고 승리할 말씀이 나왔다. 지금 우리의 기도와 찬양과 예배는 예수님의 마음을 감동시킬 수 있는가? 성도의 예배와 찬양과 기도는 오직 하늘에 계신 하나님만을 감동시킬 것으로 드려져야 한다.

여기서 천사가 휘저어 움직이는 '베데스다 연못'은 무엇을 의미하는가? 바로 성도들의 마음이다. 하나님께서 주시는 말씀을 '생수'(요 7:37-39. 성령)가 역사하는 말씀으로(말씀은 성령의 감동으로 기록되었다. 하나님께서 주신 의도대로 말씀을 먹으면 절대 머리로 아는 지식으로 끝나지 않고 마음 안에서 성령으로 강력하게 역사한다) 받아먹을 때, 이 말씀은 성도들의 마음을 강력하게 주장하여 하나님의 영광이 드러나도록 성도들의 삶을 하나님의 뜻하심대로 움직이게 한다. 그런데 대부분 많은 성도가 하나님께서 주신 말씀을 지식으로만 알고 있기 때문에 아무리 성경을 말하고 하나님의 말씀을 선포하며 기도하여도 그 자리에는 하나님께서 함께하시는 증거들이 나타나지 않는다(행 18:24-29. 아볼로와 같은 사람들이 너무 많다). 하나님께서 일하시는 비밀은 항상 말씀이시다(창 1:1-3). 하나님께서 구원받은 성도들에게 하나님의 영광을 모두에게 드러낼 창조의 역사가 일어나는 말씀을 먹여주시는데(겔 2:8-3:3) 대부분 말씀을 먹지 못하고 지식으로 머리에만 가두고 있기 때문에 성도들의 삶의 현장에는 하나님의 영광이 풀어지지 않는다. 설령 말씀을 마음 안에 먹었다 할지라도 먹은 것으로 끝나는데 마음 안에 받아먹은 말씀이 성령님의 도우시는 은혜로 꿈틀거리고 움직일 때 그 자리에 사람으로서는 감당하지 못할 하나님의 기적들이 풀어지는 것이다. 성도들의 삶의 현장에는 하나님께서 일하시는 기적이 풀어져야 한다(막 16:17-18). 성도들이 마음 안에 받아먹은 말씀이 꿈틀거리고 움직여서 입술을 통하여 나오면 그 말씀이 불이 되어(계 11:5) 성도의 입에서 선포된 말씀대로 마귀는 깨어지고 하나님의 영광을 위한 기적이 풀어진다. 마음 안에서 불이 되어 움직이는 말씀을 의지하여 손을 뻗어 얹으면 그 손이 닿는 자리마다 하나님의 치유가 일어난다. 이러한 능력을 소유한 성도들이 손을 들고 감사하며 찬양하면 말할 수 없는 승리가 풀어지게 된다. 지금 하나님께서 주신 말씀이 마음 안에서 강력하게 불로 풀어지며 우리의 육체를 통하여 나올 준비가 되어 있는가?

요 5:10-15 38년 된 병자가 안식일에 고침 받은 것 때문에 많은 사람이 시비를 건다. 이처럼 하나님께서 일하시는 기적이 나타나면 이것을 경험하지 못한 사람들은 무슨 이유를 만들어서라도 핍박하며 훼방한다. 이제는 사단의 훼방에 속지 말자. 하나님께서 일하시는 능력과 기적을 체험했다면 더 깊은 하나님의 기적이 일어남을 사모하며 죄를 멀리하고 하나님의 은혜만 간절히 사모해야 한다. 38년 동안 질병으로 고통받으며 제대로 일어서지도 못하던 병자가 예수님의 말씀을 듣고 38년 깔고 있던 자리를 들고 일어나 기쁨으로 걸어갔다. 예수님께서 주신 말씀에 순종한 것 때문에 병자는 평생의 소원을 이루었다. 그런데 이 병자가 고침 받고 자기가 깔고 누워있던 자리를 들고 걸어간 날이 안식일이다.

안식일에 너희 집에서 짐을 내지 말며 어떤 일이라도 하지 말고 내가 너희 조상들에게 명령함 같이 안식일을 거룩히 할지어다 렘 17:22

"말씀에 순종하여 질병에서 자유하자"라고 예수님께서는 안식일 예법을 어겨야만 할 지시를 하셨다. 38년 된 병자를 말씀으로 고치신 비밀은 마지막 예수님 앞에 서려면 사단이 준 모든 어둠의 눌림에서 완전히 해방되어 영, 혼, 육을 완전히 치유 받고 정결하게 하시는 예수님으로 인하여 완전히 변화되어야 할 것을 말씀하시는 것이다. 그런데 아직 율법의 그림자에 얽매여 형식적인 예배에서 벗어나지 못하는 미련한 자들은 예수님의 마음을 모르고 어떻게 하든지 트집만 잡으려고 안달이다. 유대인들은 38년 된 병자가 치유 받자 이것을 기뻐하며 하나님께 영광을 올려드리는 것이 아니라 오히려 아무 죄 없는 치유 받은 병자에게 따진다. "왜 안식일인데 짐을 지고 걸어갔느냐?" 이때 병자는 예수님에게 그 책임을 돌리며 예수님 뒤에 숨는다. "나는 아무것도 모르고 나를 낫게 한 그분이 나에게 자리를 들고 걸어가라 하셨습니다." 이렇게 대답하자 다시 묻는다. "그렇다면 너에게 자리를 들고 걸어가라 한 사람이 누구냐?" 하지만 치유 받은 병자는 자신에게 말씀을 주셔서 고쳐 주신 분이 누구신지 아직은 몰랐다. 왜냐하면 예수님께서 병자에게 치유의 말씀을 주시고 조용히 그 자리를 떠나셨기 때문이다.

그 일 후에 치유 받은 병자를 성전에서 만나신 예수님께서 말씀을 주신다. "네가 나았으니 더 심한 병이 생기지 않도록 다시는 죄를 짓지 말라"(이제는 죄를 지어서 다시 들것 위에 쓰러지는 일이 없도록 하라). 이 말씀은 38년 동안 이유 없는 병으로 고통받은 자의 병의 원인이 '죄'라는 것을 알려주시며, 이제부터 죄를 멀리하여 하나님의 은혜 안에만 머무르며 다시는 어둠에 사로잡히지 않고 승리할 말씀을 마음에 새겨주셨다. 예수님께서는 성도들이 만난 문제 하나만 해결하러 오신 것이 아니라 그 근본을 치유하고 해결하며 승리를 주려고 오셨다. 성도들이 삶의 현장에서 만난 대부분의 문제의 원인이 '죄' 때문일 경우가 많다. 성도들은 자신이 하는 일이 '죄'라고 인정하기 싫지만 거룩하신 하나님께서 보실 때는 '죄'가 되기 때문에, 성도들에게 '성결'을 원하시는 하나님께서 구원받은 성도들이 '죄'를 끊고 거룩하신 하나님의 앞에 세우시기 위해 '예수님의 회초리'를 드시는 경우가 너무 많다. 우리의 삶에 예수님의 회초리가 왔을 때 원망하지 말고 감사하며 예수님이 원하시지 않는 죄를 끊고 하나님의 거룩 앞에 당당히 서자.

14

하나님만 바라보고 일하시는 예수님

(요 5:16-21)

¹⁶ 그러므로 안식일에 이러한 일을 행하신다 하여 유대인들이 예수를 박해하게 된지라 ¹⁷ 예수께서 그들에게 이르시되 내 아버지께서 이제까지 일하시니 나도 일한다 하시매 ¹⁸ 유대인들이 이로 말미암아 더욱 예수를 죽이고자 하니 이는 안식일을 범할 뿐만 아니라 하나님을 자기의 친 아버지라 하여 자기를 하나님과 동등으로 삼으심이러라 ¹⁹ 〈아들의 권한〉 그러므로 예수께서 그들에게 이르시되 내가 진실로 진실로 너희에게 이르노니 아들이 아버지께서 하시는 일을 보지 않고는 아무 것도 스스로 할 수 없나니 아버지께서 행하시는 그것을 아들도 그와 같이 행하느니라 ²⁰ 아버지께서 아들을 사랑하사 자기가 행하시는 것을 다 아들에게 보이시고 또 그보다 더 큰 일을 보이사 너희로 놀랍게 여기게 하시리라 ²¹ 아버지께서 죽은 자들을 일으켜 살리심 같이 아들도 자기가 원하는 자들을 살리느니라

요 5:16-18 유대인들이 본격적으로 예수님을 죽이려 하는데, 그 이유는 예수님께서 38년 동안 고통받던 병자를 안식일에 고치신 것과(안식일을 범하였다) 예수님께서 하나님을 자기의 친아버지라 부르셨기 때문이었다(이 당시 유대인들은 하나님의 이름조차 감히 부를 수 없었는데 예수님은 하나님을 '나의 아버지'라 부른 것이다). 그런데 말씀을 정확하게 보면 예수님께서 율법을 지키지 않은 것이 아니라 오히려 예수님을 비난하고 죽이려 하는 바리새인들이 율법을 지키지 않았다. 율법사들이 예수님을 시험하려고 율법 중에서 어느 계명이 가장 큰 계명인지 질문하였다. 이때 예수님은 "네 마음을 다하고 목숨을 다하고 뜻을 다하여 주 너의 하나님을 사랑하라 하셨으니 이것이 첫째 되는 계명이요. 둘째는 네 이웃을 네 몸과 같이 사랑하라 하셨으니 이 두 계명이 모든 율법과 선지자들이 가르쳐 준 계명의 전부다"(마 22:34-40) 하셨다. 예수님께서 율법 전체와 구약 선지자들이 가르쳐 준 모든 말씀을 두 마디 말씀으로 요약하셨는데, 예수님을 죽이려 달려드는 유대인들을 이 말씀의 거울로 비춰보면 그들 중에 누구도 하나님께서 주신 율법과 선지자들이 가르쳐 준 말씀을 제대로 지키는 자들이 없었다.

오늘날도 예전 바리새인과 율법사들이 예수님을 핍박하고 죽이려 했던 것처럼 자신은 하나님의 말씀을 전혀 지키지 않으면서 자신들이 알고 있는 말씀으로 다른 사람들을 판단하여 비난하고 가르치려는 자들이 얼마나 많은가? 하나님께서 성도들을 구원하시고 말씀을 주시는 목적은 '너는 이 말씀대로 살아서 나를 경험하고 주변 모든 사람에게 나를 증거하라'고 주신 것이다. 삶의 자리에서 내 생각을 내려놓고(사 55:7-9. 내 생각은 땅의 것이고 하나님의 생각은 천국의 비밀한 은혜와 축복을 누리게 한다) 하나님께서 주신 말씀대로 순종하는 순간 하나님을 경험하며 하나님께서 약속하신 축복을 누리게 된다. 유대인들이 예수님께서 하나님을 '친아버지'(나의 아버지)라 부른 것 때문에 예수님을 죽이려 하는데, 이것은 사단이 하는 일이다. 예수님을 십자가에 못 박으시며 성도들을 구원하시고 성도들의 마음 안에 아들의 영을 주신 하나님께서는(롬 8:14-17, 갈 4:6-7) 성도들이 입술을 열어 '아빠 아버지'하고 부르며 다가오기를 기다리신다. 하나님께서 기뻐 받으시는 기도는 하나님을 '아빠'라 부르며 '사랑한다'고 고백하는 것이다. 지금 우리는 삶의 자리에서 얼마나 하나님을 '아빠'라 부르며 '사랑한다'고 고백을 드리고 있는가?

예수님은 자기를 죽이려 달려드는 자들에게 당당하게 대답하셨다. "내 아버지께서(하나님께서) 이제까지 일하시니 나도 일한다"(17절). 이 말씀은 예수님께서 38년 된 병자를 안식일에 고치시고 그가 깔고 누웠던 자리를 들고 가라고 명령하신 것은 예수님 자신이 하신 일이 아니라 하나님께서 하신 일이라는 것이다. 예수님을 이 땅에 보내신 하나님께서는 예수님께서 사역하실 때 팔짱을 끼고 저 멀리서 구경만 하시지 않고 예수님 안에서 함께하시며 예수님께서 하시는 모든 일을 함께하셨다. 그래서 예수님은 자신을 비난하는 자들에게 "안식일에 38년 된 병자를 고친 것은 나 홀로 한 것이 아니라 내 안에 계신 하나님과 함께 한 것이다"라고 당당하게 말씀하신다. 하늘에 계신 하나님과 이 땅에 보냄 받은 예수님께서 일을 하시는데, 두 분이 따로 일을 하시지 않고 언제나 하나가 되어서 일을 하셨다. 예수님께서 하신 이 말씀 때문에 유대인들이 더욱 예수님을 죽이려 하였는데, 그것은 안식일을 어긴 것뿐 아니라 하나님을 '자기의 친아버지'(나의 아버지)라 부르며 예수님 자신을 하나님과 동등한 위치에 두었기 때문이다. 안식일의 의미를 문자적으로만 이해하고 하나님 아버지의 마음을 알지 못했던 유대인들은 예수님께서 안식일에 병자를 고치자 속에서 불이 났는데, 그것도 모자라 하나님과 자기를 동일선상에 두는 예수님의 말을 듣고는 더 이상 참을 수 없었다. 예수님을 영접하여 구원받은 성도들이 예수님처럼 모든 순간 하나님만 바라보며 하나님께서 행하시는 일을 함께 이루어내고, 항상 하나님과 친밀하여 하나님의 영광을 세상에 드러내면(수 23:8-11. 하나님과 친밀하여 하나님만 사랑하면 천을 대적하여 이기는 승리자가 되고 그에 합당한 축복을 누린다) 사단과 세상은 극렬하게 훼방한다.

만약 성도들의 삶의 현장에 이러한 훼방이 없다면 그것은 하나님의 자녀로서의 삶을 제대로 살지 못하고 교회만 다니는 종교인의 삶을 살기 때문이다. 예수님께서 십자가에 달리시기 전에 제자들을 위로하시며 "너희들이 나를 진실하게 믿으면 세상에서 많은 환난을 당한다. 하지만 당당하여라. 왜냐하면 사단을 이기고 세상의 모든 것을 이긴 내가 너희와 항상 함께하기 때문이다(요 16:33)"라고 말씀하셨다. 많은 성도가 예수님을 믿는다 하면서도 세상으로부터 다가올 환난 때문에 참된 믿음 안으로 들어가지 못하고 종교인의 삶을 선택한다. 이러한 믿음은 예수님의 능력을 경험하지 못하고 하나님께서 함께하시고 도와주시는 하늘의 은혜를 경험하지 못한다.

> 천지와 만물이 다 이루어지니라 하나님이 그가 하시던 일을 일곱째 날에 마치시니 그가 하시던 모든 일을 그치고 일곱째 날에 안식하시니라 창 2:1-2

하나님께서 세상을 창조하시면서 왜 '안식일'을 만드시고 '거룩하게 쉬라' 하셨을까? 하나님께서 말씀하신 안식을 다른 곳에서 찾지 말고 예수님에게서 찾아보자. 하나님의 뜻으로 이 땅에 보냄받은 예수님께서는 하나님의 말씀대로 온 인류의 죄를 스스로 담당하셨다(사 53:6, 마 27:45-46. 하나님의 뜻대로 온 인류의 죄를 담당하신 예수님. 하나님은 예수님이 짊어지신 죄 때문에 십자가에서 죄의 값을 지불하시려고 고난당하시는 예수님을 돕지 못하고 외면하셨다). 예수님께서는 안식일을 준비하는 날(막 15:42. 안식일 예비일) 십자가에서 죄 문제와 마귀 문제(사람으로서는 보지도 못하고 이길 수 없는)를 다 해결하시고는 당당하게

"다 이루었다"(너희들이 해결할 수 없는 영적인 모든 일, 너희의 영원한 생명에 관한 일까지 하나님의 뜻대로 내가 다 해결하였다(요 19:30))고 소리치신 후 십자가에서 숨을 거두셨다. 그리고 무덤에 들어가서서 '안식일' 하루 온종일 '거룩한 휴식'을 취하셨다. 예수 그리스도는 죄와 사망의 세력을 다 깨뜨리시고 하나님께서 기뻐하시는 생명의 새 시대를 창조하시려고 십자가에서 말로 표현하지 못할 고난을 당하시며 세상 그 무엇으로도 해결할 수 없는 모든 문제를 다 해결하신 이후 무덤에 들어가 '참된 안식'을 취하신 것이다. 그리고 '안식 후 첫날' 하나님의 새 생명의 역사를 시작하셨다. "아버지께서 일하시니 나도 일한다"라는 말씀의 거울로 하나님께서 말씀하신 안식일을 풀어보면 엄청난 답이 나온다.

그런데 '안식일의 참주인' 되시는 예수님은 멀리 제쳐두고(마 12:1-8. 안식일의 주인은 예수 그리스도시다) 문자적인 해석으로 예수님을 죽이려고 달려드는 유대인들이 얼마나 어리석은가? 하나님께서 주신 모든 말씀은 예수님을 통해서만 답이 나오는데, 예수님과 상관없이 우리끼리 풀어버리니 하나님께서 보실 때 이상한 해석들이 나오는 것이다. 하나님께서 세상 창조를 하시고 쉬신 것은 힘드셨기 때문이 아니라 하나님께서 준비하신 창조 사역이 끝났기 때문이다. 마찬가지로 예수님께서 십자가에서 돌아가시고 무덤에서 쉬신 것(안식)은 힘드셨기 때문이 아니다. 하나님께서 약속하신 구원이 완성되었기 때문이다. 하나님께서 안식을 제정하신 것은 우리를 위함이 아니라 이 세상을 구하려고 보내는 자기 아들 예수님을 위한 것인데, 하나님의 마음을 제대로 알지 못하는 유대인들이 '안식일의 주인'으로 오신 예수님을 죽이려고 눈에 불을 켰던 것이다.

예수님께서 하나님을 단순하게 "아버지"라고만 했다면 아마 유대인들의 마음이 덜 분했을 것이다. 그런데 예수님께서는 하나님을 "나의 아버지"라고 하셨다. 이 표현은 '나는 하나님에게서 직접 나왔고, 하나님과 나는 동등하다'라는 표현이다. 사단에게 사로잡혀 있는 유대인들의 생각에는 예수님이 주제넘게 안식일의 규례를 자기 마음대로 깨뜨렸고, 하나님을 자기 친아버지라 부르면서 사람이 하나님과 동등한 관계에 있는 것처럼 속였다는 것이다. "하나님을 자기 친아버지라 하여 자기를 하나님과 동등한 관계로 세우심이라"(18절) 이것 때문에 사단에게 농락당하는 유대인들이 예수님을 죽이려는 본격적인 마음을 품은 것이다.

유대인들이 분해하면서 예수님을 죽이려 한 것은 사람의 입장에서 보면 당연하다. 왜냐하면 그때까지 그 누구도 상상하지 못한 말 "내가 하나님과 동등하다"라는 말을 했기 때문이다. 유대인들은 육체를 입고 오신 예수님의 겉모습만 보았지, 예수님을 이 땅에 보내시고 예수님 안에 함께하시는 하나님을 보지 못했다. 예수님께서 "하나님은 나의 친아버지이시고, 나와 하나님은 동등하다"라고 말했을 때, 예수님 안에 함께하시는 하나님을 표현한 것인데, 유대인들은 예수님께서 왜 이러한 말씀을 하시는지 진실을 알아채지 못한 것이다. 성도들도 삶의 현장에서 하나님께서 말씀을 주실 때, 왜 이러한 말씀을 주시는지 하나님의 마음을 알아채지 못하고 육체의 눈으로만 바라보면서 동일하게 이러한 실수를 하며 성령께서 일하시는 것을 훼방하는 엄청난 죄를 지을 수밖에 없다. 다른 모든 죄는 사함을 받지만 성령을 훼방하는 죄는 사함을 받지 못한다고 말씀하신 예수님의 말씀을 귀담아 들어야 한다.

그러므로 내가 너희에게 이르노니 사람에 대한 모든 죄와 모독은 사하심을 얻되 성령을 모독하는 것은 사하심을 얻지 못하겠고 마 12:31

요 5:19-21 예수님께서는 자신을 죽이려 하는 유대인들을 향하여 "아들은 아버지께서 하시는 일을 보지 않고는 아무것도 스스로 하지 않는다." 하시면서, 자신이 한 일은 모두 하나님께서 함께한 것(안식일에 38년 된 병자를 고치고, 하나님께서 나의 아버지라고 당당하게 고백한 것)이라고 말씀하셨다. 이 말은 예수님의 마음은 하늘 아버지의 마음과 똑같고, 예수님께서 하신 일은 하나님 아버지께서 일하시는 것과 정확하게 일치한다는 것이다. 하늘에 계신 하나님 아버지께서는 단독으로 일하시지 않고 항상 성자 예수님과 성령 하나님과 더불어 일하신다(요 17:11. 예수님께서 십자가를 앞에 두고 제자들을 위해 기도하실 때, "우리와 같이 〈하늘에서 아버지 하나님과 예수님과 성령님은 언제나 한 분이신 것처럼 일하셨다〉 저희도 하나가 되게 하옵소서" 하고 기도하셨다).

하나님에게서 이 땅으로 파송 받으신 예수님께서는 그 어떤 일을 하시든지 자기의 마음대로 하신 적이 없으시다. 예수님의 삶은 구원받은 성도들에게 '너희들도 이렇게 살면 하나님께서 기뻐하시고, 마귀를 이기고 승리하며 하나님의 영광을 세상에 드러낼 수 있다'라고 보여주시는 것이다. 대부분 많은 성도가 이러한 믿음의 비밀을 알지 못하여 하나님과 상관없이 스스로 계획을 세우고 나서 하늘에 계신 하나님께서 무조건 도와주셔야 한다고 생떼를 쓰는데, 이러한 기도는 힘들게 기도하여도 응답을 받지 못한다. 안타깝게도 많은 성도의 기도가 이러한 범주를 벗어나지 못한다. 예수님처럼 언제나 하나님만을 바라보고 하나님께서 하시는 일에 동참하면 우리가 도와달라고 떼를 쓰지 않아도 자연스럽게 하나님께서 함께하시고 도와주셔서 하나님의 영광이 나타날 응답과 축복이 넘치게 된다.

"내가 하는 모든 일은 아버지 하나님을 바라보고 하나님께서 하시는 그대로 일을 한 것이다"라고 말씀을 하신 예수님께서 "하나님께서 원하시는 사람들을 살려내는 일(21절)을 하는 것이 하나님의 사람이 해야 할 일"이라고 말씀하신다. 하나님께서 예수 그리스도를 이 땅에 보내시고 십자가에 못 박으시는 것은 죄와 마귀에게서 우리를 구원하고 죽었던 영을 살려 하나님의 자녀 삼으시려는 것이다. 예수님을 통하여 구원받은 성도들이 주변에 하나님께서 살려내기 원하시는 사람들에게 예수 그리스도의 복음을 흘려보내 살려내어 하나님께 올려드릴 때 하나님께서 제일 기뻐하신다. 갈급한 영혼들을 살려 하나님께 올려 드리는 일은 상황과 형편에 눈을 맞추는 사람들은 절대로 하지 못한다. 예수님처럼 하늘을 우러러 바라보는 성도들만 하나님께서 열어주신 눈으로 살려내야 할 영혼들을 볼 수 있고, 살려내야 할 영혼들을 보면 성령을 의지하여 복음의 능력으로 그 영혼들에게 담대하게 다가갈 수 있다. 이 비밀을 깨달았던 바울은 "너희들이 구원받은 하나님의 자녀라면 언제든지 하늘(하나님)을 바라보아라. 그곳에는 하나님과 십자가에서 모든 것을 이루시고 우리를 구원하신 예수님께서 함께 계시며 믿음으로 하늘을 바라보는 우리 모두에게 하늘의 비밀을 완전히 풀어서 보여주기 때문이다"(골 3:1-4)라고 말씀한다. 그동안 사단에게 속아서 땅에 눈을 박고 살았던 미련한 삶을 그치고, 우리를 구원하신 예수님을 힘입어 하늘로 눈을 돌려야 한다. 열린 하늘을 통하여 나를 사랑하시는 하나님의 얼굴을 보고, 하나님께서 부어주시는 신비한 은혜로 충만해지며, 나를 통하여 살아나야 할 영혼들을 하나님의 눈으로 바라보자. 이제 성령을 의지하여 불쌍한 영혼들을 살리는 승리의 자리로 나아가자.

예수님의 음성을 듣자(요 5:25-38)

²⁵ 진실로 진실로 너희에게 이르노니 죽은 자들이 하나님의 아들의 음성을 들을 때가 오나니 곧 이 때라 듣는 자는 살아나리라 ²⁶ 아버지께서 자기 속에 생명이 있음 같이 아들에게도 생명을 주어 그 속에 있게 하셨고 ²⁷ 또 인자됨으로 말미암아 심판하는 권한을 주셨느니라 ²⁸ 이를 놀랍게 여기지 말라 무덤 속에 있는 자가 다 그의 음성을 들을 때가 오나니 ²⁹ 선한 일을 행한 자는 생명의 부활로, 악한 일을 행한 자는 심판의 부활로 나오리라 ³⁰ 〈예수를 믿게 하는 증언〉 내가 아무 것도 스스로 할 수 없노라 듣는 대로 심판하노니 나는 나의 뜻대로 하려 하지 않고 나를 보내신 이의 뜻대로 하려 하므로 내 심판은 의로우니라 ³¹ 내가 만일 나를 위하여 증언하면 내 증언은 참되지 아니하되 ³² 나를 위하여 증언하시는 이가 따로 있으니 나를 위하여 증언하시는 그 증언이 참인 줄 아노라 ³³ 너희가 요한에게 사람을 보내매 요한이 진리에 대하여 증언하였느니라 ³⁴ 그러나 나는 사람에게서 증언을 취하지 아니하노라 다만 이 말을 하는 것은 너희로 구원을 받게 하려 함이니라 ³⁵ 요한은 켜서 비추이는 등불이라 너희가 한 때 그 빛에 즐거이 있기를 원하였거니와 ³⁶ 내게는 요한의 증거보다 더 큰 증거가 있으니 아버지께서 내게 주사 이루게 하시는 역사 곧 내가 하는 그 역사가 아버지께서 나를 보내신 것을 나를 위하여 증언하는 것이요 ³⁷ 또한 나를 보내신 아버지께서 친히 나를 위하여 증언하셨느니라 너희는 아무 때에도 그 음성을 듣지 못하였고 그 형상을 보지 못하였으며 ³⁸ 그 말씀이 너희 속에 거하지 아니하니 이는 그가 보내신 이를 믿지 아니함이라

요 5:25-29 아담이 범죄 한 이후에 모든 사람은 '영'이 죽어 하나님 앞에 나갈 수 없게 되었다(롬 3:23). 그러나 영이 죽은 자들이 예수님의 음성을 듣고 예수님을 마음에 받아들이면(영접) 그들의 '죽었던 영'이 살아서 '하나님의 자녀'가 된다.

영접하는 자 곧 그 이름을 믿는 자들에게는 하나님의 자녀가 되는 권세를 주셨으니 요 1:12

하나님께서 예수님을 이 땅에 보내실 때 사람으로는 해결하지 못할 모든 문제를 십자가에서 해결할 뿐 아니라 예수님 안에 하나님 한 분만 소유하신 '영원한 생명'을 주셨는데, 예수님을 영접하는 것은 하나님께서 예수님 안에 담아주신 '영원한 생명'을 마음 안에 먹는 것이다. 예수 그리스도를 영접하는 순간 마음 안에 들어와 심겨지는 '영원한 생명' 때문에 하나님의 자녀가 된다. 하나님께서는 '영원한 생명'(하나님의 영원한 생명, 하나님의 영)을 소유하지 못한 자들을 하나님의 나라에 들어가지 못하게 막고 심판하는 권세를 영원한 생명을 십자가의 고난으로 회복하신 예수님에게 주셨다(요일 5:12. "아들이 있는 자에게는 생명이 있고 아들이 없는 자에게는 생명이 없느니라"). 십자가 고난을 통하여 회복된 '영원한 생명'을 받아내지 못한 것이 영원한 심판의 대상이다.

예수님께서 자기를 죽이려고 달려드는 자들을 향하여 "너희들은 죽은 자들이다"라고 하신다. 여기서 예수님께서 죽었다고 표현하신 것은 그들의 육체를 말하는 것이 아니라 마지막 날 하나님의 나라에 들어갈 수 있는 '영원한 생명'을 말씀하시는 것이다(창 2:16-17). 예수님께서 이렇게 말씀하시는 비밀을 알았던 바울은 "예수님께서는 허물과 죄로 죽었던(육체는 살아 있지만 하나님을 만나고 하나님의 나라에 들어갈 '영'이 죽어있는 상태) 너희를 살리셨도다. 그 때에('영'이 죽어 있었을 때) 너희는 그 가운데서 행하여 이 세상 풍조를 따르고 공중의 권세 잡은 자를 따랐으니 곧 지금 불순종의 아들들 가운데서 역사하는 영이라 전에는 우리도 다 그 가운데서 우리 육체의 욕심을 따라 지내며 육체와 마음의 원하는 것을 하여(진정한 믿음은 '육체'와 '마음'이 원하는 것을 내려놓고 예수님을 통하여 내 안에 회복된 '영'이 이끄시는 삶을 사는 것) 다른 이들과 같이 본질상 진노의 자녀이었더니 긍휼이 풍성하신 하나님이 우리를 사랑하신 그 큰 사랑으로 인하여 허물로 죽은 우리를 그리스도와 함께 살리셨고 너희는 은혜로 구원을 받은 것이라"(엡 2:1-5) 하면서 구원의 큰 비밀을 말하고 있다.

'영'이 죽어있는 상태로 하나님과 아무 관계가 없어서 도무지 소망 없이 걸어 다니는 사람들을 어디에 쓸 수 있을까? 성경은 아담 이후에 사람들이 예수 그리스도를 영접하지 않은 상태로 있으면 '죽은 자'라고 판단한다. 이렇게 '영'이 죽어있던 자들이 십자가에서 '사망의 모든 문제'를 해결하시고 살아나신 예수님의 음성(내가 사망을 끊었고, 너희에게 하늘의 영원한 생명을 선물로 준다)을 듣고 마음을 열고 예수님을 받아들여 영접하면 '영'이 살아나 하나님의 자녀가 된다. 죽어있던 '영'이 살아난 하나님의 자녀들이 하나님 앞에 서 있는 믿음이 회복되면 사단을 이기며 세상을 정복하는 승리자의 삶을 살게 된다(요일 5:4-5).

'영원한 생명'을 조금 더 깊이 살펴보고자 한다. '영원한 생명'은 하나님만 소유하신 것인데, 하나님께서 첫 사람 아담을 지으시며 하나님만 소유하신 영원한 생명을 선물로 주셨다(창 2:7. 하나님께서 흙의 먼지로 사람을 빚으시고 그 코에 '영원한 생명'을 불어넣으시니 사람이 생명체가 되었다). 하지만 첫 사람 아담은 하나님께서 주신 '영원한 생명'의 소중함을 몰라서 죄를 지으며 하나님의 선물을 잃어버렸다(창 2:16-17, 3:1-5). 하나님을 만나고 하나님 앞에 서야 하고, 하나님의 나라에 들어갈 근본이 되는 '영원한 생명'이 죽은 인간들은 교회까지는 나올 수 있지만, 누구도 하나님의 영광 앞에 갈 수 없었다. 이것을 안타깝게 여기신 하나님께서 예수님에게 '영원한 생명'을 비밀스럽게 담아서 이 땅에 보내셨다. '영'이 죽은 사람들이 하나님의 '영원한 생명'(영)을 소유하여 영원히 살게 되는 비밀은 하나님께서 주신 '영'(영원한 생명)을 소유하신 예수님을 먹는 것이다(영접의 비밀). 예수 그리스도의 복음을 듣고 마음을 열고 예수님을 영접할 때 예수님 안에 있는 '영원한 생명'이 예수님을 영접한 성도들 마음 안에 들어와 심어지게 되는 것이다(요일 5:11-12).

하나님의 뜻대로 영원한 생명을 이 땅에 가지고 오신 예수님께서 자기 앞에 있는 사람들을 향하여 "내 살을 먹으라"(요 6:53-56)라고 하시는 비밀을 알아야 한다. 하나님의 계획으로 이 땅에 오신 예수님께서 사단에게 속아 하나님께서 주신 '영원한 생명'을 빼앗기고 죽어있는 상태로 살아가는 사람들을 살리려고 십자가에 못박히셔서 말로 표현할 수 없는 온갖 고난을 받으시며 '영원한 생명'을 훼방하는 '죄'와 '사단'의 문제를 다 해결하셨고, 예수님을 영접하여 마음 안에 받아들인 성도들에게 하나님께서 예수님 안에 비밀스럽게 담아주신 '영원한 생명'을 옮겨서 심어주신다. 이렇게 모든 것을 완성하신 예수님께서(요 19:30. "다 이루었다") "그동안 너희들이 사단에게 속아 끌려다니던 어리석은 삶을 버리고 내 앞에 와서 나를 먹으라" 하시는데, 그동안의 종교생활과 자신들이 알고 있는 성경의 지식을 앞세워 예수님을 거부하고 마음 안에 받아들이지 않는다.

이것은 오늘날도 똑같다. 예수님을 받아들이지 않고 '영원한 사망' 상태에 머물러 있는 자들이 생명의 주인 되시는 예수님에게 심판받아 하나님의 나라에 들어가지 못하고 가야 하는 곳은 사람의 말로 표현하지 못할 저주가 끊임없이 계속되는 '지옥'이다. 예수님께서 십자가에서 '영원한 사망'을 끊고 '영원한 생명'을 회복하셨기 때문에 마지막 심판하는 권세를 예수님에게 맡기신 것이다. 예수님께서 행하시는 마지막 심판은 '영원한 생명'이라는 저울로 하신다. 예수 그리스도를 영접하여 '영원한 생명'을 마음 안에 가득 담아서 하나님이 기뻐하는 자들은 예수님께서 생명의 저울로 달아보시고 하나님의 나라에 받아주시고, 하나님께서 예수님을 통하여 주신 '영원한 생명'이 없는 자들은 사망의 저주가 가득한 지옥으로 떨어지게 되는 것이다. 그래서 이 비밀을 알았던 바울은 "영원한 생명의 주인이신 예수 그리스도가 너희 속에 살아 계신지 확인하여 보아라"(고후 13:5)고 당부하는 것이다.

요 5:33-38 예수님께서 자기를 죽이려고 달려드는 유대인들을 향하여 "하나님께서 친히 나(예수님)에게 이렇게 말씀하셨다. 너희는 하나님의 음성을 듣지 못하였고, 하나님의 모습을 본 적도 없으며, 너희 안에는 하나님의 말씀이 없다. 그 이유는 아버지 하나님께서 이 땅에 보내신 아들을 믿지 않기 때문이다"라고 하시며 예수님을 거부하면서 하나님을 믿지 않는 유대인들의 거짓된 믿음을 완전하게 드러내셨다. 하나님께서 쓰셨던 인물들은 하나님께서 하늘을 열고 말씀을 주실 때 하나님의 얼굴을 보면서 하나님께서 주시는 말씀을 듣고 하나님께서 주신 말씀 그대로 순종한 믿음의 사람들이다(출 19:19, 신 4:33 모세, 시 81:5. 다윗). 그런데 지금 예수님을 죽이려고 달려드는 유대인들은 하나님의 얼굴을 보지 못했고 하나님의 음성을 들어보지 못한 자들이다. 말로는 하나님으로부터 특별히 선택받았다고 하지만 실상은 하나님이 누구인지 전혀 모르는 자들이다.

그렇다면 하나님께서는 지금 우리를 어떻게 판단하실까? 하나님의 자녀라고 말은 하지만 예수님을 죽이려고 달려들었던 유대인들처럼 하나님을 보지 못하고 하나님의 음성을 듣지 못하는 교인들이 너무 많다. 예수님께서 말씀하시는 참 믿음은 영적인 눈이 열려 매 순간 하나님을 바라보고 하나님의 음성을 들으며 하나님께서 인도하시는 승리의 길을 걷는 믿음이다.

> 너희 마음 눈을 밝히사 그의 부르심의 소망이 무엇이며 성도 안에서 그 기업의 영광이 풍성함이 무엇이며 엡 1:18

자기들끼리 하나님 앞에서 믿음이 좋다고 자랑하던 유대인들을 향하여 "하늘에 계시며 마지막에 너희를 심판하실 하나님께서 너희의 믿음은 가짜라고 하신다. 왜냐하면 너희들이 하나님의 음성을 들은 적 없고, 하나님의 얼굴을 본 적도 없고, 하나님께서 말씀을 이루시려고 보낸 아들을 믿지 않기 때문이다"라고 하시며 마지막 심판하실 하나님의 마음을 전해 주었다. 지금 하나님께서는 교회 생활에 열심을 내고 성경을 잘 아는 우리를 향하여서는 뭐라고 말씀하실까? 마지막에 이 세상을 심판하실 하나님의 눈으로 지금 우리들의 믿음을 돌아보자.

하나님의 음성을 듣지 못하였고, 하나님의 얼굴을 보지 못하는 우리를 위해 하나님께서 예수 그리스도를 십자가에 못 박으신 것은, 마귀에게 끌려다니다가 영원한 멸망의 길로 가야 할 우리를 하나님의 자녀 삼으셔서 언제나 하나님의 품에 안겨 하나님의 얼굴을 바라보고 하나님께서 들려주시는 음성을 듣게 하시려고 구원하신 것이다. "주의 음성을 내가 들으니 사랑하는 말일세" 구원받은 성도들이 이 찬송을 자주 부르는데, 이 찬송을 부르는 만큼 하나님으로부터 "너는 내 자녀다. 내가 너와 함께하며 사랑한다." 하시는 하나님 아버지의 음성을 자주 듣는가? 마귀의 자녀일 때는 마귀가 들려주는 험악하고 두려운 소리만 수없이 들으며 살았다. 그런데 더 이상 마귀의 소리를 듣지 말고 나(하나님 아버지)의 소리를 들으라며 구원해 주셨는데, 왜 아직도 하나님 아버지가 들려주는 사랑한다는 음성과 너는 마귀를 밟으며 승리한다는 엄청난 승리의 음성을 듣지 못할까?(롬 10:17. 성도들이 하나님 아버지의 음성을 들을 때 믿음이 자라기 시작한다)

✒️ 여호와를 구하는 자들은 마음이 즐거울지로다 여호와와 그 능력을 구할지어다 그의 얼굴을 항상 구할지어다 시 105:3-5

하나님의 자녀들은 힘들고 어려운 상황 속에서 실망하지 않고 오직 하나님의 은혜의 얼굴을 구하면 된다(민 6:23-26). 하나님께서 성도들의 삶의 현장에 함께 하시며 완전한 방패가 되어 주시는 순간 마귀가 성도들을 치러 한 길로 왔다가 도리어 일곱 길로 소리치며 도망가게 된다(신 28:7). 성도들이 마귀를 대적하여 이겨 승리하며 삶의 현장에서 만난 모든 일을 하나님의 영광으로 바꾸는 유일한 힘은 하나님께서 함께해 주시는 것인데 이 비밀을 알았던 시편의 저자는 오직 하나님의 얼굴만 찾겠다고 하는 것이다. 힘들고 어려운 상황에서 하나님의 이름을 부르며 임마누엘을 확신할 때 하나님으로부터 오는 즐거움이 마음 전체를 사로잡게 된다. 성도들이 항상 기뻐할 수 있는 비밀은(살전 5:16-18) 무엇인가를 많이 소유해서가 아니라 하나님께서 함께하시며 마음 안에 하늘의 기쁨과 평안을 가득 부어주시기 때문이다. 하나님이 우리와 함께하시면 우리는 어떤 상황에서도 즐겁고 세상 말로 표현하지 못할 기쁨을 누리게 된다. 그러기에 시편 기자는 하나님의 능력 즉 하나님의 은혜를 구하되 항상 하나님의 얼굴을 구하라고 한다. 성경에서 하나님의 얼굴을 구하라고 하는 말의 의미는 하나님을 가까이하고 친밀하게 사는 것을 삶의 유일한 목적으로 삼고 다윗의 고백처럼 하나님을 항상 내 앞에 모시고 살라는(시 16:8-14) 것이다. 성도들이 하나님과 친밀할 때 환경으로 인한 모든 두려움과 근심이 사라지고 당당히 승리를 누릴 수 있다.

"너희 속에 말씀이 거하지 아니하는데(말씀이 마음 안에 심겨져 있지 않다) 이것은 나를 보내신 하나님을 믿지 않는 행동이다(38절)"라고 하신다. 하나님께서 주신 말씀이 머리에 지식으로만 남아 있다면 이것은 믿음이 아니다. 구원받은 성도들이 예수님의 보혈로 마음을 정결하게 하여(렘 4:3-4, 마 13장. 밭의 비유) '정결한 땅'(성도들의 마음)에 하늘에서 준 씨(벧전 1:23. 하늘에서 이루어졌고 이 땅에서 풀어지며 이루어질 하나님의 약속)가 심어지고, 땅에(정결한 성도들의 마음) 심겨진 그대로 하늘의 열매들을 삶의 현장에 맺어가는 것이 참된 믿음이다. 그런데 마음 안에 하나님의 말씀(예수님을 통하여 성도의 삶에 풀어질 하나님의 약속의 말씀)이 심어진 참된 믿음을 소유한 성도들을 찾기가 너무 어렵다. 성경 말씀을 마음 밭에 제대로 심은 성도들은 예수님을 신실하게 믿으며 마음에 심겨진 말씀에 기쁨으로 순종한다. 하지만 말씀을 지식으로 머리에 받으면 마음에서도 삶의 현장에서도 예수 그리스도를 만날 수 없고, 하나님의 얼굴을 볼 수 없다. 하지만 보혈의 능력으로 마음을 정결하게 씻고, 그 마음 중심에 말씀을 심으면, 말씀의 주인 되시는 예수 그리스도를 만나게 되고, 예수 그리스도를 이 땅에 보내시며 우리를 구원하신 아버지 하나님을 정확하게 만나게 된다. 많은 성도들이 말씀을 묵상하면서(성경적인 묵상이 아니라 내 편한 대로의 묵상) 머리에 지식으로만 알고 마음 안에 말씀을 심지 못하기 때문에 예수님을 보지 못하고 하나님을 만나지 못한다. 하나님께서 예수 그리스도를 십자가에 못 박으시며 성도들을 구원하신 것은 하늘에서 이루어진 말씀을 성도들 마음 깊이 심어주시고, 마음에 심겨진 말씀대로 하늘의 열매들을 이 땅에 맺어내게 하려는 것이다.

지금 우리의 마음 밭은 하나님의 말씀이 심겨질 옥토로 준비되어 있는가? 우리의 삶의 현장은 마음에 심어 놓고 믿은 말씀 열매들을 추수할 준비가 되어 있는가? 구원받은 성도들을 교회로 인도하여 예수님의 보혈을 먹게 하여 마음을 정결하게 하시는 하나님 아버지의 마음을 알자. 정결한 마음을 찾아 하늘에서 이루어졌고 이 땅에 이루어져야 할 하늘의 씨앗(벧전 1:23)을 심어주시는 성령님을 경험하자. 마음 밭에 심겨진 말씀대로 하늘의 열매를 거두게 하시는 믿음의 주인 되시는 하나님 아버지를 삶의 현장에서 정확하게 경험하자.

오병이어의 기적(요 6:5-15)

⁵ 예수께서 눈을 들어 큰 무리가 자기에게로 오는 것을 보시고 빌립에게 이르시되 우리가 어디서 떡을 사서 이 사람들을 먹이겠느냐 하시니 ⁶ 이렇게 말씀하심은 친히 어떻게 하실지를 아시고 빌립을 시험하고자 하심이라 ⁷ 빌립이 대답하되 각 사람으로 조금씩 받게 할지라도 이백 데나리온의 떡이 부족하리이다 ⁸ 제자 중 하나 곧 시몬 베드로의 형제 안드레가 예수께 여짜오되 ⁹ 여기 한 아이가 있어 보리떡 다섯 개와 물고기 두 마리를 가지고 있나이다 그러나 그것이 이 많은 사람에게 얼마나 되겠사옵나이까 ¹⁰ 예수께서 이르시되 이 사람들로 앉게 하라 하시니 그 곳에 잔디가 많은지라 사람들이 앉으니 수가 오천 명쯤 되더라 ¹¹ 예수께서 떡을 가져 축사하신 후에 앉아 있는 자들에게 나눠 주시고 물고기도 그렇게 그들의 원대로 주시니라 ¹² 그들이 배부른 후에 예수께서 제자들에게 이르시되 남은 조각을 거두고 버리는 것이 없게 하라 하시므로 ¹³ 이에 거두니 보리떡 다섯 개로 먹고 남은 조각이 열두 바구니에 찼더라 ¹⁴ 그 사람들이 예수께서 행하신 이 표적을 보고 말하되 이는 참으로 세상에 오실 그 선지자라 하더라 ¹⁵ 그러므로 예수께서 그들이 와서 자기를 억지로 붙들어 임금으로 삼으려는 줄 아시고 다시 혼자 산으로 떠나 가시니라

요 6:5-9 예수님께서 오병이어의 기적을 행하시는 배경을 마가복음을 통하여 좀 더 자세하게 살펴보자. 예수님께서 열두 제자에게 더러운 귀신을 이길 수 있는 능력을 주시며 두 명씩 팀을 이루어 사역을 보내셨다.

열두 제자를 부르사 둘씩 둘씩 보내시며 더러운 귀신을 제어하는 권능을 주시고 막 6:7

십자가에서 모든 것을 다 이루시고 부활하셔서 40일 동안 제자들과 함께 계시던 예수님께서 제자들에게 "예루살렘을 떠나지 말고(성도들이 교회 안에서) 나에게 들은 바 아버지께서 약속하신 것을 기다려라 요한은 물로 침례/세례를 베풀었지만 너희들은 몇 날 지나지 않아서 성령으로 침례/세례를 받으리라"(행 1:4-5)라는 약속을 주시고 하늘로 승천하셨다. 제자들을 두 명씩 파송 보내신 것은 예수님께서 주신 약속을 붙잡고 마가 다락방에 모여 기도하던 제자들이 성령을 선물로 받은 이후에 땅 끝까지 증인으로 파송될 것에 대한 예표였다(마 28:19-20, 행 1:8). 예수님으로부터 파송 받은 제자들이 돌아와 자기들이 행한 것과 가르친 것을 예수님에게 자세하게 보고하였다. 제자들이 행한 것은 더러운 귀신을 쫓아내며 병자들을 고친 것이고, 가르친 내용은 "회개하여 죄에서 자유 하라"는 것이다(막 6:12-13). 예수님께서는 제자들을 파송하실 때 더러운 귀신을 제어하여 승리하는 권세를 주셨는데(마 10:1) 이것은 하나님께서 함께하신다는 '영적인 신분증'이다. 예수 그리스도를 영접하여 구원받은 성도들이 예수님께서 성도들 마음 안에 주신 '영적인 신분증'(마귀를 내어 쫓고 모든 삶의 현장에서 만난 문제들을 하나님의 영광으로 바꾸는 능력)을 어디서든 당당히 꺼내 사용할 때 예수님께서 기뻐하신다.

예수님의 십자가와 부활의 비밀을 영접하여 구원받은 성도들이 예수님의 보혈로 무장되어 있을 때, 예수님의 능력이 그들을 통하여 흘러나와 마귀에게 잡히고 눌려서 온갖 질병에 신음하는 자들에게 있는 마귀를 쫓아내며 더러운 질병을 치유하게 된다. 또한 진리를 모르고 멸망을 향하여 달려가는 불쌍한 영혼들에게 진리의 말씀을 먹여주고 살려서 하나님께 올려 드리게 된다. 제자들의 보고를 받은 예수님은 "너희는 따로 한적한 곳에서 잠깐 쉬어라"라고 하셨는데, 제자들의 가르침을 받으며 제자들이 사역하는 모습을 현장에서 보았던 사람들이 제자들을 훈련하여 파송하신 예수님을 직접 만나려고 너무 많이 몰려와서 제자들이 음식 먹을 겨를도 없었기 때문이다(막 6:30-33). 사람은 언제나 음식 섭취와 쉼이 필요하다. 예수님께서는 사람의 연약함을 모두 아시고 사랑하는 자녀들에게 휴식이 필요함을 아신다. 그래서 할 수 없이 배를 타고 한적한 곳을 찾아 갈릴리호수 건너편으로 떠나 제자들에게 쉼을 주려고 하셨는데, 많은 사람이 예수님과 제자들이 쉬려고 하는 곳까지 거친 산길을 달려서 찾아왔다(요 6:3).

　예수님께서 배에서 내려 자기 앞에 모여 있는 큰 무리를 보시고 목자 없는 양처럼 불쌍히 여기셔서 그들에게 하나님의 말씀을 여러 가지로 풀어 가르치셨다(막 6:34). 거친 산길을 달려 예수님을 따라온 많은 무리는 목자 없는 양처럼(시 23:1-3. 참된 목자는 양들을 푸른 초장과 맑은 시냇물가로 늘 인도한다) 생명의 말씀을 받아먹지 못하였고, 하나님께 나아가는 바른길을 제시받지 못하였다. 이것은 지금도 마찬가지이다. 예수님을 영접하여 하나님의 자녀가 되는 순간 사단을 이기는 비밀과 능력을 이미 받았는데(눅 10:19. 내가 너희에게 뱀과 전갈을 밟으며 원수의 모든 능력을 제어할 권세를 주었으니 너희를 해할 자가 결코 없으리라) 전혀 사용하지도 못하며, 대부분의 믿는 사람들이 예수 그리스도의 참된 복음도 없이 교회만 다니면 되는 줄 안다. 혹은 갈급한 마음을 열어 은혜의 말씀을 먹여달라고 외쳐도 생명이 풍성하고 성령이 일하시는 말씀을 먹지 못하여 이단을 기웃거리게 되는 너무 비참한 시대에 살고 있다. 예수님께서는 자신을 만나려고 먼 길을 달려 찾아온 영혼들을 목자 없는 양처럼 불쌍히 여기셔서 갈릴리호수 근처 언덕에서 말씀 잔치를 베푸셨다. 예수님의 중요 사역은 귀신을 쫓아내고, 병을 고치시고, 가르치는 것인데 이 중에서 주된 사역은 가르치는 것이었다. 예수님의 뒤를 따르는 제자들의 주된 사역도 가르침이었다 예수님께서 갈급하게 찾아온 영혼들에게 말씀을 풀어 가르치다 보니 시간이 너무 흘러 저녁이 되었는데(막 6:34. 말씀을 여러 가지로 풀어 가르치셨다) 제자들이 먹을 것을 걱정한다. 이때 예수님은 "우리가 어디서 떡을 사서 이 사람들로 먹게 할 수 있을까?" 하시며 제자들의 믿음을 시험하시는데, 빌립은 "주여 200데나리온(데나리온은 로마의 은화로 그 당시 노동자나 군인의 하루 품삯이다)의 돈으로 빵을 구하여도 다 먹을 수 없겠습니다."라고 대답한다. 예수님께서 갈급한 영혼들에게 말씀 잔치를 베푸는 광야에는 200데나리온의 돈이 없었다. 비록 돈이 있다 하여도 어떻게 그 많은 빵을 구하여 광야까지 가져올 수 있을까? 예수님께서 말씀하시는 의도를 알아챈 야고보가 "여기 한 아이가 보리떡 다섯 개와 물고기 두 마리를 가졌습니다. 하지만 그것이 이렇게 많은 사람에게 얼마나 될 수 있을까요?"(9절) 하며 예수님의 손에 한 아이가 먹을 도시락을 올려드렸다.

오병이어의 기적은 한 아이가 소유했던 것을 예수님의 손에 올려드리며 시작되었다. 예수님은 성도들이 만난 삶의 현실을 통하여 성도들의 믿음을 시험하신다. 예수님께서 우리의 믿음을 시험하실 때는 겨자씨 한 알만한 믿음만(눅 17:6. 예수님께서 기적이 일어날 믿음을 말씀하실 때 왜 '겨자씨 한 알'이라고 하셨을까? 믿음은 크기가 중요한 것이 아니라 살아 있느냐, 죽어 있느냐가 훨씬 더 중요하기 때문이다) 올려드리면 하늘에서부터 풀어지는 강력한 응답과 승리를 경험하게 된다. 지금 눈앞에 있는 문제에 마음을 빼앗기지 말고 작을지라도 살아서 하나님께서 일하실 수밖에 없는 믿음을 우리의 마음 안에서 꺼내어 예수님의 손에 올려드리자. 하나님께서 사랑하는 성도들의 삶에 문제를 주신 이유는 성도들 삶의 현장에 들어오셔서 기적을 행하시기 위함이다. 하나님께서 기적을 행하시려면 성도들 마음 안에 있던 살아있는 믿음이 하나님께 올려져야 한다. 하지만 이러한 비밀을 모르는 대부분의 성도들이 믿음의 크기만 말할 뿐, 자신이 하나님께 올려드리는 믿음이 죽은 것인지, 아니면 살아있는 것인지 확인하지 않는다. 아무리 큰 믿음을 드렸을지라도 죽어있다면 하나님의 마음을 감동시키지 못하기 때문에 하나님의 기적을 끌어내리지 못한다. 우리가 지금 하나님께 올려드리는 예배와 믿음은 살아 있는 생명의 믿음인지 먼저 확인해야 한다.

요 6:11-15 아이의 손에 있던 보리떡 다섯 개와 물고기 두 마리가 예수님의 손으로 옮겨졌고, 이것을 받으신 예수님께서 하나님께 올려드리며 '축사' 하시고 제자들에게 떼어 주시며 모여 있는 군중들에게 나누어주라 하셨다. 한 아이가 먹을 도시락이 예수님의 손에 옮겨지고, 아이의 작은 도시락을 손에 받으신 예수님께서 하나님께 높이 올려드리며 감사하며 축복하였을 때 남자 장정만 5000명이 모두 배부르게 먹고, 남은 것을 모아놓으니 12광주리가 되었다. '축사'는 '감사하다. 축복하다'라는 뜻이다. 성도들이 삶의 현장에서 여러 가지 문제를 만났을 때 내가 가진 작은 것을 예수님 손에 올려드리고 하나님께 감사하며 기도하면 하나님은 그 자리에 하나님의 영광을 모두가 인정할 강력한 기적을 풀어내신다.

성도들의 삶의 현장에 찾아오신 하나님께서 구원의 큰 능력으로 나타나 기적을 행하시려고 문제를 주셨는데, 이러한 하나님의 마음을 빨리 깨닫고 하나님을 향하여 감사를 올려드리며 승리를 선포하는 살아 있는 믿음이어야 하는데 대부분 빌립과 같이 "이렇게 해도 저렇게 해도 이것은 할 수 없습니다"라는 푸념만 한다. 성도는 삶의 현장에 사람으로서는 해결하지 못할 문제가 왔을 때 빌립과 같이 상황과 형편을 살피며 푸념하는 거짓된 믿음을 버리고, 안드레와 같이 하나님께서 우리 삶에 들어와 일하실 시간이라는 눈치를 채고, 마음 안에 있는 작은 믿음을 올려 드리며 감사하며 승리를 선포해야 한다.

🌀 예수께서 그들을 보시며 이르시되 사람으로서는 할 수 없으되 하나님으로는 그렇지 아니하니 하나님으로서는 다 하실 수 있느니라 막 10:27

하나님은 구원받은 성도들의 삶의 현장에 찾아오셔서 오병이어와 같은 기적을 계속해서 일으키기를 원하신다. 그런데 하나님께서 나타나 일하시는 것을 성도들이 죽은 믿음으로 훼방한다. 하나님께서 기적을 행하실 능력이 없는 것이 아니라, 언제나 기적을 행하기 원하시는 하나님의 기적을 끌어낼 성도들의 믿음이 죽어 있는 것이다. 이제는 우리의 믿음의 크기를 자랑하지 말고 죽어있는지 살아있는지부터 살펴보자. 죽은 믿음은 아무리 크다 할지라도 하나님께서 행하시는 모든 기적을 경험하지 못하게 훼방한다.

지금 '벳세다 광야'(눅 9:10. 복음서는 빈들이라 했지만, 누가복음에서는 '벳세다'라는 지명을 말한다)의 상황을 보면 말씀에 갈급하고 하나님의 사랑이 갈급하여 모여든 목자 없는 양 같은 무리가 남자 장정만 5000명 정도였으니 어린아이와 여자들까지 합하면 최소 만 명은 넘었을 것이다. 이들에게 어린아이가 예수님의 손에 올려드린 도시락(보리떡 다섯 개와 물고기 두 마리)은 광야에서 영적으로 육적으로 배고파 입을 벌리고 있는 사람들에게는 아예 없는 것과 같은 양이다. 하지만 한 아이가 간신히 먹을 도시락을 받으신 예수님은 하나님께 올려드리며 축복하며 감사하였다. 이름도 없는 한 아이가 자신의 도시락을 예수님의 손에 올려드리지 않았다면 오병이어의 기적은 일어나지 않았다. 이 아이는 자기도 배고팠지만, 기꺼이 예수님의 손에 자기의 전부를 올려드렸고, 한 아이의 전부가 되는 도시락을 받으신 예수님께서 하나님께 올려드리며 축복하는 순간 하나님만이 행하시는 강력한 기적이 풀어졌다. 이것을 예수님께서 다시 말씀으로 풀어 가르치신다.

한 알의 밀이 땅에 떨어져 죽지 아니하면 한 알 그대로 있고 죽으면 많은 열매를 맺느니라 요 12:24

이름도 없는 아이가 자신이 먹을 도시락을 자기의 것이라 하며 내어놓지 않았다면 자기 혼자는 먹었을 것이지만 남자 장정만 5000명이 먹고 12광주리가 남는 하늘의 기적은 없었을 것이다. 성도들의 삶의 자리에 하나님의 기적이 풀어지려면 내 것을 숨기는 것이 아니라 내가 소유하고 있는 작은 것을 예수님의 손으로 옮겨드려야 한다. 지금 많은 성도가 하나님의 손에 올려드릴 '한 알의 밀'을 찾지 못하기 때문에, '나만 먹어야 할 작은 도시락'을 포기하지 못하기 때문에 하나님만이 행하시는 기적이 풀어지지 않는다.

그날 예수님을 따라왔던 무리는 자신들의 영적인 배고픔을 예수님의 입에서 풀어지는 말씀으로 완전하게 채웠다. 예수님은 자신을 믿고 따라온 사람들의 영적인 양식뿐 아니라 육신의 배고픔도 외면하지 않으셨다. 하지만 아무리 배고프다 할지라도 예수님께서 먼저 행하시는 것은 하늘의 말씀을 풀어주시는 '말씀 잔치'였다. 말씀을 배부르게 먹어낸 모습을 보고 육신의 배고픔까지 해결하신 예수님이시다. 예수 그리스도를 영접하여 구원받은 성도들에게 하나님은 예수님의 보혈을 통하여 풀어지는 은혜의 말씀부터 먹어내라 하신다. 하지만 현실에 마음을 빼앗긴 성도들은 삶의 문제부터 풀어 달라고 소리치는데 이러한 믿음은 하나님의 마음을 감동시키지 못한다. 하나님께서는 사랑하는 성도들이 영적인 말씀으로 풍성해져서 하나님께서 어떤 기적을 주셔도 빼앗기지 않을 믿음으로 세워지는 것을 먼저 원하신다. 하나님은 사랑하는 자녀들이 육신의 문제 해결보다는 영원한 생명의 빵으로 오신(요

6:48) 예수님을 마음을 열고 넘치도록 받아먹고, 예수님께서 피로 값 주고 사신 생명의 은혜가 풍성한 말씀으로 은혜부터 회복하고 살아있는 믿음으로 세상과 사단 앞에 당당히 서라고 하신다. 비록 겨자씨 한 알 만큼 작은 믿음이지만 살아 있는 믿음이고, 말씀을 통하여 풀어지는 은혜를 회복한 성도들에게 하나님께서는 세상이 줄 수 없고 마귀가 빼앗지 못할 하늘에 속한 축복과 땅에 있는 모든 축복을 강력하게 부어주신다.

나다 안심하라(요 6:16-29)

¹⁶ 〈바다 위로 걸어오시다(마 14:22-27; 막 6:45-52)〉 저물매 제자들이 바다에 내려 가서 ¹⁷ 배를 타고 바다를 건너 가버나움으로 가는데 이미 어두웠고 예수는 아직 그들 에게 오시지 아니하셨더니 ¹⁸ 큰 바람이 불어 파도가 일어나더라 ¹⁹ 제자들이 노를 저 어 십여 리쯤 가다가 예수께서 바다 위로 걸어 배에 가까이 오심을 보고 두려워 하거 늘 ²⁰ 이르시되 내니 두려워하지 말라 하신대 ²¹ 이에 기뻐서 배로 영접하니 배는 곧 그들이 가려던 땅에 이르렀더라 ²⁶ 예수께서 대답하여 이르시되 내가 진실로 진실로 너희에게 이르노니 너희가 나를 찾는 것은 표적을 본 까닭이 아니요 떡을 먹고 배부 른 까닭이로다 ²⁷ 썩을 양식을 위하여 일하지 말고 영생하도록 있는 양식을 위하여 하 라 이 양식은 인자가 너희에게 주리니 인자는 아버지 하나님께서 인치신 자니라 ²⁸ 그 들이 묻되 우리가 어떻게 하여야 하나님의 일을 하오리이까 ²⁹ 예수께서 대답하여 이 르시되 하나님께서 보내신 이를 믿는 것이 하나님의 일이니라 하시니

요 6:16-21 오병이어의 기적을 경험한 군중들이 예수님을 억지로 왕 삼으려 하자(요 6:15) 그들의 마음을 아신 예수님께서는 제자들을 재촉하여 먼저 호수 건너편으로 배를 태워 보내시고 광야에 남아 있던 무리들을 각자의 처소로 보낸 이후에 하나님을 만나려고 홀로 산으로 기도하러 가셨다(마 14:22-23). 하나님께서는 순수하게 진리 말씀과 은혜를 갈급한 마음으로 사모하는 믿음을 찾으신다. 순수한 믿음을 소유한 성도들이 "주님!, 아버지여!"하며 기도하면 하나님께서는 하늘을 열고 그들을 만나주시고 신비한 은혜와 성령의 기름을 강력하게 부어주신다. 하지만 예수님의 이름을 부르며 기도할지라도 순수하게 하나님을 사모하는 마음이 아닌 자신의 목적을 이루기 위한 어떤 의도가 있다면 예수님은 그들에게 등을 돌리신다.

지금 우리가 하나님의 이름을 부르며 올려드리는 예배와 찬양과 기도는 어떠한 자세인가? 오병이어를 경험한 5000명의 군중들이 예수님을 왕 삼으려 할 때 그들의 목적은 예수님을 진정 높이려는 것이 아니라 세상의 빵을 더 구하여 배 부르고자 하는 목적이 있었다(26절). 그들의 마음을 아신 예수님은 즉시 그 자리를 피하셨다. 하지만 자신의 목적을 이루기 위해 예수님을 이용하는 것이 아니라 예수님 자체가 좋고 하나님께서 하늘을 열고 부어주시는 은혜가 너무 좋아서 예수님을 부르며 찬양하는 순수한 믿음을 소유한 성도들에게는 세상이 주지 못하는 마귀가 빼앗을 수 없는 하늘의 강력한 은혜들을 풀어주신다. 오늘날 많은 성도가 "예수 우리 왕이여 이곳에 오소서" 하고 찬양하며 예배를 드리는데, 예수님께서 그곳에 오시지 않고 등을 돌리시는 것은 신실한 믿음으로 예수님만을 사모하는 마음이 아닌 예수님을 이용하려는 간사한 마음을 보셨기 때문이다. 5000명이 넘는 사람들이 예수님을 왕 삼으려고 눈에 불을 켜고 찾고 있는데 이들을 피하여 홀로 산에서 하나님 앞에 서 계시는 예수님의 마음을 바르게 깨닫자.

예수님께서 군중을 피하여 산에서 홀로 하나님과 깊은 교제를 하고 계실 때 배를 타고 호수를 건너던 제자들은 갑자기 불어온 거센 풍랑으로 심각한 위기를 만났다. 예수님은 제자들이 거센 풍랑에 고통스러워하는 것을 아시고 그들을 도와주시려고 거센 풍랑 때문에 배도 견딜 수 없는 호수를 걸어오신다. 십자가에 못 박히시며 우리를 구원하신 예수님은 성도들이 힘들고 어려운 상황을 만나면 하나님 우편에서 가만히 계시지 않고 즉시로 구원받은 성도들의 삶의 자리에 찾아오신다. 힘들고 어려운 일을 만났을 때 눈에 보이는 사람의 손을 잡으려고 허둥대지 말고 믿음의 눈을 떠서 우리의 손을 잡으려고 오신 예수님께 우리의 연약함을 내밀자.

제자들은 자기들을 고난에서 건져주려고 풍랑을 밟으며 오시는 예수님을 보고 유령이라 하며 무서워 소리 지른다(마 14:26). 이때 예수님은 무서워 소리 지르는 제자들에게 "안심하라 나다 두려워 마라"(마 14:27)고 하셨다. 제자들이 만난 이 상황을 지금 우리에게 가져와 보자. 주일 예배를 드리며 은혜받고 성도들과 믿음의 교제를 하면서 새 힘으로 무장한 성도들이 교회 문을 나서는 순간 여러 가지 문제들이 넘실거리는 세상의 풍랑을 만나게 된다. 그래서 성도들이 월요일 출근을 하면서 "예수님께 예배드리며 은혜를 받는 주일이 언제 돌아올까?"라는 말을 자주 한다. 거센 풍랑을 만난 제자들에게 풍랑보다 더 안타까운 것은 모든 순간마다 기적을 행하셨던 예수님이 함께 계시지 않는 것이었다. 성도들이 주중생활이 힘든 이유는 주일 예배를 드릴 때는 예수님이 함께 계신 것처럼 느껴지는데, 삶의 자리에서 문제를 만나면 그 순간 예수님이 보이지 않고 느껴지지 않기 때문이다. 십자가에 못 박히시며 우리들을 구원하신 예수님께서 수많은 문제가 넘실거리는 세상이라는 호수로 성도들을 보내시는 것은 "나는 너를 떠나지 않았다. 모든 순간 너와 함께하며 너를 돕는다. 네가 지금 만난 이 문제 가운데에서 너와 함께하며 도와주어서 건져주고 승리 주는 나를 경험하여라"(마 10:16. 보라 내가 너희를 보냄이 양을 이리 가운데로 보냄과 같도다 그러므로 너희는 뱀 같이 지혜롭고 비둘기 같이 순결하라)고 문제가 넘치는 세상에 보내시는 것이다. 이러한 예수님의 마음을 알아차린 성도들은 무슨 일을 만나든지 실망하지 않고 내 마음 안에서 함께하시는 예수님을 불러 예수님께서 도와주시는 능력으로 마귀를 밟으며 상황과 형편을 하나님의 영광으로 바꾸며 승리하게 된다.

제자들은 자기들을 덮치는 거센 풍랑도 무서웠지만 제자들을 도와주시려고 거센 파도 위를 걸어오시는 유령 같은 존재 때문에 더욱 무서워 말도 못하고 있었다. 그때 "나다 두려워 말라"는 예수님이라는 소리를 듣고 제자 중 베드로가 소리쳤다. "예수님! 당신이 예수님이시라면 나에게 명령하시어 물 위를 걸어서 예수님께 오라 하십시오"(마 14:28). 베드로의 요청을 받은 예수님께서 즉시 "오라"는 말씀을 주셨고, 예수님의 입에서 "오라"는 말씀이 나오자마자 배에서 뛰어내려 물 위를 걸어서 예수님께 갔다. 하지만 몇 걸음을 가다가 말씀을 주신 예수님만 바라보던 시선이 거센 풍랑으로 옮겨졌을 때 다시 무서움에 사로잡혔고 마음에 무서움이 들어온 순간 깊은 호수에 빠지며 "예수님 나를 구원해 주소서"(마 14:30)하며 소리 질렀다. 이때 즉시로 손을 내밀어 베드로를 붙잡으시면서 "믿음이 적은 자여 왜 의심하였느냐?"(마 14:31) 하시며 거센 풍랑에 빠져가는 베드로를 건져서 배에 함께 오르셨는데, 예수님께서 베드로와 함께 배에 오르는 순간 거센 풍랑의 원인이 되는 바람이 그쳤다. 거센 풍랑이 일렁이는 파도 위를 걸어오시는 분이 제자들을 도와주시려고 오시는 예수님이신 것을 확인한 베드로는 자신도 예수님처럼 풍랑을 밟고 싶었다. 그런데 그냥 무턱대고 풍랑을 밟은 것이 아니라 예수님에게 풍랑을 밟을 말씀을 달라고 요구한다. 베드로는 예수님을 따라다니면서 예수님께서 행하시는 기적은 반드시 하나님의 말씀이 근본이라는 것을 알았기 때문이다. 그래서 예수님을 향하여 "예수님처럼 이 풍랑을 밟을 말씀을 나에게 던져 주십시오." 하였던 것이다.

그러나 오늘날 대부분 믿는다는 성도들은 말씀도 없이 무턱대고 자기 맘대로 일을 저지르는 경우가 많다. 베드로의 기막힌 요청을 받으신 예수님은 즉시로 "오라"(이 풍랑은 너에게 굴복한다. 이제 거센 풍랑을 밟으며 승리할 능력의 말씀을 너에게 준다. 막 11:20을 보면 예수님께서 저주하신 무화과나무가 뿌리부터 말라 죽었다. 이때 베드로가 '이것이 어찌 된 일입니까?' 하며 신기해하는 베드로를 향하여 '하나님을 믿으라'〈하나님의 믿음을 소유하여라 – 하나님께서 일하시는 근본이 되는 믿음의 말씀을 네 마음에 담아라〉)고 하셨다. 예수님이 던져주신 말씀을 받은 베드로가 배에서 내려 거센 풍랑이 넘실거리는 호수에 발을 내디뎠지만 거센 풍랑이 베드로를 삼킬 수 없었다. 많은 설교자가 베드로가 풍랑에 빠져들어간 부분만을 이야기하며 '베드로의 믿음 없음'을 강조하고 베드로가 말씀을 의지하여 풍랑을 밟고 일어선 너무 중요한 부분을 보지 못한다.

이제부터 형편과 상황을 바라보지 말고 주변에서 들리는 소리에 귀 기울이지 말고 오직 예수님만 바라보며 하나님의 능력의 말씀을 의지하여 우리를 덮치려는 세상의 거센 풍랑을 당당하게 밟자. 하나님께서 주신 믿음으로 당당하게 눈에 보이지 않던 마귀를 밟고 마귀가 가져다준 모든 형편을 밟으며 완전한 승리를 누리자. 하지만 이렇게 엄청난 승리와 기적을 경험하였을지라도 예수님에게서 눈이 떨어지고 마음에서 말씀이 사라져 소멸되면서 강력하게 부는 바람과 거센 파도를 보고 무서워하는 순간 베드로는 풍랑에 잠겨 빠져간다. 아무리 기도를 많이 하여도 예수님이 보이지 않고 상황과 형편에 마음을 빼앗기면 사단이 가져다준 모든 풍랑에 빠져들어간다. 이렇게 빠지는 자들을 향하여 예수님께서는 "믿음이 적은 자"라 하신다.

 배에 함께 오르매 바람이 그치는지라 마 14:32

요한은 예수님께서 베드로를 데리고 배에 오르시는 순간 바람이 그칠 뿐만 아니라 그들이 가려던 목적지에 순간 도착했다고 하였다(21절). 제자들이 거센 풍랑에서 고생한 곳은 땅에서 십여 리쯤(요 6:19. 5-6킬로미터) 떨어진 곳이었고, 마태는 육지에서 수리나 떨어져 호수 한가운데 있었다(마 14:24)고 말한다. 예수님께서 성도의 마음에 주인이 되셔서 성도들을 사로잡는 순간 하나님의 영광을 위한 승리가 신속하게 그 자리에서부터 풀어지게 된다. 예수님을 마음에 주인 삼지 못하고 아무것도 할 수 없는 성도들 스스로가 인생의 주인 되어 몸부림치기 때문에 하나님의 영광을 위한 응답과 축복이 늦게 풀어진다.

예수님께서 성도들의 마음을 주관하시는 분량만큼 응답과 축복의 속도가 달라진다. 나의 연약함을 모두 내려놓고 예수 그리스도를 완전한 주인으로 모셔드리자. 오병이어의 기적 다음날 예수님을 찾던 무리가 오병이어의 기적이 있던 호숫가에 배 한 척만 있었고 그 배에는 제자들만 타고 떠나는 것을 분명히 보았는데(22절) 지금은 호수 건너편인데 예수님께서 어느새 함께 계신 것을 강조하고 있다. 이것은 은연중에 예수님께서 호수를 가르고 오신 것을 강조하는 것이다. 예전에 모세는 이스라엘 백성들을 홍해로 인도한 다음에 그들이 수장될 수밖에 없는 홍해 바다를 갈라 백성들을 광야로 인도했었다. 하나님만 바라보는 믿음은 거친 물결을 가르든지, 아니면 그 모든 것을 발아래 밟고 휘파람을 불며 하나님의 영광을 위한 승리를 누리게 한다.

요 6:26-29 오병이어의 기적 이후에 많은 사람이 눈에 불을 켜고 예수님을 찾는다. 그들을 향하여 "나를 찾는 것은 표적을 보았기 때문이 아니라 떡을 먹고 배불렀기 때문이다. 썩어 없어지는 양식을 위해 일하지 말고 영원한 생명에 이르기까지 없어지지 않는 양식을 위해 일하라"라고 하셨다. 성도들이 교회에 나와 간절히 기도하는 목적은 무엇인가? 눈에 불을 켜고 애타게 예수님을 찾았던 사람들에게 예수님께서는 "당신들이 빵을 얻으려고 왔다"라고 했듯이 하나님의 얼굴을 찾고 은혜를 구하는 기도보다는 개인의 문제를 해결하려는 기도가 너무 많다. 물론 이것이 잘못된 것은 아니지만, 하나님은 성도들이 문제 해결을 위한 기도보다 하나님의 얼굴을 찾고 하나님의 은혜를 구하는 기도를 더욱 원하신다. 왜냐하면 성도들에게 삶의 문제를 주어서 성도들의 믿음을 깨우고 하나님을 찾아 기도하게 하시기 때문이다. 이러한 하나님의 마음을 알았다면, 하나님께서 주신 문제를 발판 삼아 예수님의 보혈을 의지하여 하나님의 얼굴을 찾으며 하나님의 은혜를 구하자. 그때 하나님께서 감격하시고 성도들이 기도한 대로 하나님의 얼굴을 보여주시고 세상이 감당하지 못할 은혜를 부어주시며 그들이 구하지 않는 문제 해결의 축복까지 더하여 주신다.

이제 이 땅에서 썩어 없어지는 것에 우리의 목적을 두지 말고 하나님께서 예수 그리스도를 통하여 풀어주시는 하늘의 신령한 은혜에 목적을 두는 참 믿음의 성도가 되자. 예수님에게 책망을 받은 사람들이 "우리가 이제부터는 하나님의 일을 하기 원합니다. 하나님의 일을 하려면 무엇을 해야 할까요?" 하는 질문을 한다. 그때 예수님께서는 "하나님의 일은 하나님께서 보내신 자 곧 나(예수)를 잘 믿는 것이다"라고 하셨다. 하나님께서 기뻐하시는 일은 오늘날 교회에서 말하는 봉사와 헌신보다는 하나님께서 보내신 예수를 그리스도로 정확하게 믿는 것이다.

예수께서 그리스도이심을 믿는 자마다 하나님께로부터 난 자니 또한 낳으신 이를 사랑하는 자마다 그에게서 난 자를 사랑하느니라 요일 5:1

예수님께서 이 땅에 오셨을 때에 하나님을 믿는 백성이라고 스스로 자부하던 유대인들은 예수님을 믿지 않았다. 지금도 많은 성도가 예수님께서 십자가에서 흘려주신 보혈이 충분치 않다고 여겨서 자신의 행위를 추가해야만 구원에 이를 수 있다고 생각한다.

아니다. 보혈을 믿는 믿음 하나면 충분하다. 율법을 지키는 행위나 선한 행위 등 어떤 행위로도 구원을 받을 수 없다. 사람의 구원은 오로지 예수님만이 하실 수 있다.

다른 이로써는 구원을 받을 수 없나니 천하 사람 중에 구원을 받을 만한 다른 이름을 우리에게 주신 일이 없음이라 하였더라 행 4:12

예수님 당시 바리새인들이 그렇게 강조했던 율법은 구원의 조건이 될 수 없다. 이 말은 율법을 지키지 않아도 된다는 뜻은 아니다. 율법은 모든 사람이 죄인이라는 것을 깨닫게 해주는 것이며(롬 3:10, 23) 죄를 깨닫게 되면 예수님의 십자가 보혈이 죄인들을 구원하는 유일한 길이라는 것을 깨닫고 예수님의 십자가 앞으로 나와야 한다.

18

생명의 빵이신 예수님(요 6:30-40)

³⁰ 그들이 묻되 그러면 우리가 보고 당신을 믿도록 행하시는 표적이 무엇이니이까, 하시는 일이 무엇이니이까 ³¹ 기록된 바 하늘에서 그들에게 떡을 주어 먹게 하였다 함과 같이 우리 조상들은 광야에서 만나를 먹었나이다 ³² 예수께서 이르시되 내가 진실로 진실로 너희에게 이르노니 모세가 너희에게 하늘로부터 떡을 준 것이 아니라 내 아버지께서 너희에게 하늘로부터 참 떡을 주시나니 ³³ 하나님의 떡은 하늘에서 내려 세상에 생명을 주는 것이니라 ³⁴ 그들이 이르되 주여 이 떡을 항상 우리에게 주소서 ³⁵ 예수께서 이르시되 나는 생명의 떡이니 내게 오는 자는 결코 주리지 아니할 터이요 나를 믿는 자는 영원히 목마르지 아니하리라 ³⁶ 그러나 내가 너희에게 이르기를 너희는 나를 보고도 믿지 아니하는도다 하였느니라 ³⁷ 아버지께서 내게 주시는 자는 다 내게로 올 것이요 내게 오는 자는 내가 결코 내쫓지 아니하리라 ³⁸ 내가 하늘에서 내려온 것은 내 뜻을 행하려 함이 아니요 나를 보내신 이의 뜻을 행하려 함이니라 ³⁹ 나를 보내신 이의 뜻은 내게 주신 자 중에 내가 하나도 잃어버리지 아니하고 마지막 날에 다시 살리는 이것이니라 ⁴⁰ 내 아버지의 뜻은 아들을 보고 믿는 자마다 영생을 얻는 이것이니 마지막 날에 내가 이를 다시 살리리라 하시니라

요 6:30-34　오병이어의 기적 때문에 눈에 불을 켜고 예수님을 찾아온 유대인들이 그들의 조상들이 출애굽 당시 광야에서 만나를 먹은 것과 같은 표적을 보여 달라고 요구한다. 예수님은 "모세가 너희에게 하늘에서 빵을 준 것이 아니라 내 아버지께서 너희에게 하늘을 열고 참 빵을 주시나니 하나님의 빵은 하늘에서 내려와 세상에 생명을 주는 것이라"(32-33절) 하신다. 많은 성도가 교회에 올라와 간절히 기도를 하는데 도대체 어떤 기도들을 할까? 하나님께서 성도들에게서 받고 싶어 하시는 기도는 '하나님의 얼굴을 찾으며 보혈의 능력을 깊이 경험하며 예수님 안에 감추어져 있는 신령한 은혜(엡 1:3-10)를 사모'하는 믿음의 기도이다. 그런데 대부분 많은 성도가 하나님께서 원하시는 기도를 하지 않고 자신의 목적을 두고 예수님의 이름을 부르는 경우들이 너무 많다. 이것이 오병이어의 기적에 놀라서 예수님이 왕이 되면 평생 '빵'(마 6:31-33. 먹고 마시고 입는 것) 걱정을 하지 않아도 될 것이라며 눈에 불을 켜고 예수님을 찾았던 유대인들과 무엇이 다를까?

이스라엘 백성들이 출애굽 하며 광야에 머물 때 하나님께서는 여러 가지 기적들을 행하셨다. 그런데 예수님을 찾아온 유대인들은 하나님께서 행하신 여러 가지 기적 중에서 오직 '만나'(빵)의 기적만 생각이 났다. 유월절 어린 양의 희생으로 애굽의 장자들이 죽은 기적(예수 그리스도의 십자가 죽음과 부활 때문에 마귀의 머리가 깨어진 것)이 왜 생각이 나지 않았을까? 낮에는 구름 기둥으로 밤에는 불기둥으로 그들을 인도(구원받은 성도들에게 성령을 보내셔서 모든 일을 인도하시는 하나님)하신 하나님은 왜 생각이 나지 않았을까? 예수님을 간절하게 찾았던 유대인들은 하나님께서 행하신 수많은 기적 중에 매일 아침마다 하나님께서 하늘을 열고 부어주신 '만나' 외에는 생각나는 것이 없었다. 구원받은 성도들이 하나님 앞에 나와 예배드릴 때 하나님께서 행하실 어떤 은혜와 기적을 마음속에 기대하고 있는가?

"하나님께서 너희에게 하늘을 열고 참 빵을 주시나니 하나님의 빵은 하늘에서 내려와 세상에 생명을 주는 것이라"는 예수님의 말을 들은 유대인들이 "이 빵을 항상 저희에게 주십시오"(34절)라고 한다. 예수님을 찾아온 무리들은 아직도 예수님께서 말씀하시는 '빵'을 세상의 물질로 생각하고 있다. 예수님은 마지막 만찬에서 빵을 떼어주시며 "받아 먹으라 이것은 너희에게 주는 나의 몸이다"(마 26:26) 하셨다. 예전 이스라엘 백성들이 광야에서 먹었던 '만나'는 예수님의 예표였다. 그러므로 구원받은 성도들은 영원한 생명의 근원이 되시는 예수님을 아침마다 받아내어 매일의 양식으로 먹어야 한다. 예수님께서 자기의 몸을 떼어 주시면서 "이것은 너희에게 주는 나의 몸(빵)이다"라고 하신 말씀과 예수님께서 제자들에게 가르쳐주신 기도(주기도문) 중에 "일용할(매일 먹어야 할) 양식을 주옵소서"라는 말씀을 연결 지으면 오늘날 성도들이 하는 기도와는 다른 의미가 나온다. 육신의 양식을 매일 먹는 것처럼 성도들은 '생명의 빵'으로 오신 예수님을 매일 먹어내어(영접) 마음 안에 예수님으로만 가득 채워야 한다. 성도들의 마음 안에 '생명의 빵'으로 들어오신 예수님께서 성도들의 삶의 모든 순간을 하나님의 영광을 위해 동행하며 이끌어 주신다. 이것을 위해 예수님은 "생명의 빵으로 이 땅에 온 나의 몸을 먹으라"라고 말씀하신다(요 6:53-58). 그러나 예수님 앞에 섰던 무리가 육체를 배부르게 할 세상의 빵에만 관심이 있었듯이 오늘날 성도들도 예수님의 마음을 모른 채 자신의 욕망을 이루는 것에만 마음을 두고 믿지 않는 사람들과 똑같은 기도에 그저 예수님의 이름만 붙여 놓은 이상한 기도를 하며 예수님을 이용하려 한다.

유대인들이 자기의 조상들이 광야에서 먹은 만나를 이야기할 때 예수님은 "하나님께서 너희에게 참된 빵을 준다"(32절)라고 하셨다. 이 말씀은 하나님께서 하늘을 열고 주신 '만나'는 이 땅에 보내실 예수 그리스도에 대한 예표이지 '만나' 자체는 진리가 아니라는 의미이다. "하늘에서 내린 빵은 모세가 준 것이 아니고 오직 아버지 하나님께서 하늘을 열고 내린 것이다"라고 말하자 그들은 "그 빵을 저희에게 주십시오"하고 마음을 조금 열었다. 예수님께서 벳세다 광야에서 오병이어의 기적을 일으키셨고, 가나 혼인 잔치에서는 물을 포도주로 변화시키셨다. 이러한 기적을 통하여 강

꽉한 마음을 가진 유대인들이 예수님에게 마음을 열고 다가와서 '만나'(빵)의 실체가 되시는 예수님의 몸을 먹게 하고(예수 그리스도를 영접하게 하고), '포도주'의 실체가 되는 예수 그리스도의 피를 마음껏 받아먹을 수 있도록 유대인들의 마음을 열어 가시는 것이다. 예수님은 자기의 몸의 예표가 되는 '빵'을 자기가 흘릴 피의 예표가 되는 '포도주'를 모두 공짜로 배부르게 먹여주셨다. 이것은 이사야 선지자를 통하여 하나님께서 주신 약속을 그대로 성취하시는 것이다.

너희 모든 목마른 자들아 물로 나아오라 돈 없는 자도 오라 너희는 와서 사 먹되 돈 없이, 값 없이 와서 포도주와 젖을 사라 너희가 어찌하여 양식이 아닌 것을 위하여 은을 달아 주며 배부르게 하지 못할 것을 위하여 수고하느냐 내게 듣고 들을지어다 그리하면 너희가 좋은 것을 먹을 것이며 너희 자신들이 기름진 것으로 즐거움을 얻으리라 사 55:1-2

성도들이 예수님 앞으로 나와서 세상의 돈으로 살 수 없는 최고의 선물을 받아낼 마음을 만드시려고 세상에서 사소한 '빵'과 '포도주'를 선물로 주신 것이다. 그런데 이러한 예수님의 마음을 모르고 끝까지 '빵'과 '포도주'에만 관심을 가지고 예수님을 이용하려고 한다. '빵'과 '포도주'는 '육체'에는 유익하겠지만 아무리 먹어도 '영원한 생명'에는 유익이 되지 못한다. 하지만 '빵'과 '포도주'의 실체가 되시는 예수 그리스도를 영접하고 보혈의 능력에 사로잡히면 '성도들의 영'이 소성되어 살아나고, 이렇게 영이 소성되면 모든 일이 잘 풀릴 수밖에 없고 모든 육체가 완전하게 치유되어 강건케 되는 축복을 누리게 된다.

사랑하는 자여 네 영혼이 잘됨 같이 네가 범사에 잘되고 강건하기를 내가 간구하노라 요삼 1:2

예수 그리스도를 영접하여 구원받은 성도들이 예수님의 마음을 바르게 깨닫고 '영원한 생명의 빵'이 되시는 예수님을 날마다 먹어내고(모든 순간마다 영접하여 우리의 마음 전부에 채우고), 예수님의 피를 먹어 채우게 될 때 그동안 성도들을 속이며 괴롭히던 도망가는 원수 마귀를 아무렇지 않은 듯 당당하게 발아래 밟고, 도망가는 원수 마귀가 가져왔던 모든 문제를 하나님의 영광으로 바꾸는 승리자가 된다.

요 6:35-40 예수님께서 하시는 말씀의 의미를 알아듣지 못하고 "주님 이 빵을 항상 우리에게 주소서"(34절)라고 말하는 유대인들을 향하여 "내가 생명의 빵이다." 단언하셨다. 그러시면서 "내(예수) 앞에 마음을 열고 나온 성도들은 하나님의 은혜에 배고프지 않을 것이고, 하나님의 사랑에 목마르지 않을 것이다"(35절)라고 선포하셨다. 이렇게 말씀을 풀어 자신을 보여주셔도 세상의 욕심 때문에 예수님을 믿지 못하는 유대인들을 향하여 "너희가 나를 보고도 믿지 않는다"(36절)라고 하신다. 예수님께서 보리떡 다섯 개와 물고기 두 마리로 5000명을 먹이고 12광주리를 남기셨듯이, 예수님은 자신의 몸을 온 인류의 모든 사람에게 떼어 나누어 주고도 넘치도록 남게 된다. 그런데 그들은 인간적인 생각으로 '저 몸을 어떻게 먹고, 설령 먹는다 하여도 얼마나 많은 사람이 먹을 수 있을까?'하고 있다. 예수님은 하늘에서부터 준비하신 풍성한 '생명의 빵'(자기의 몸)을 모든 사람을 살리기 위해 먹여주기를 원하시는데, 사람들은 예수님의 말씀을 믿지 못하여 '생명의 빵' 되시는 예수님을 먹어내지 못하는 것이다. 세상의 양식은 먹어도 시간이 지나면 곧 배고픔을 느끼게 되지만 '영원한 생명의 빵'으로 오신 예수님을 마음을 열고 먹어내면 하늘 아버지의 풍성한 은혜와 사랑으로 완전하게 채워져 더 이상 배고픔을 느끼지 않는다.

사단에게 속아서 '죄'에 사로잡혀 있는 영혼들은 매 순간 배고픔을 느끼지만, 예수 그리스도를 먹고(영접) 생명의 근원이 되는 예수님의 피에 덮여져서 죄와 사망의 권세를 밟고 있는 성도들(롬 8:1-2)은 사단이 속이는 배고픔(세상의 것으로 가득 채우려 하는 욕망)을 느끼지 않고 언제나 하나님의 풍성한 은혜 안에서 '할렐루야!'를 외치게 된다. 구원받았다 해도 교회에 와서 하나님의 은혜를 구하지 않고, 십자가의 보혈을 의지하지도 않는 믿음을 보시면 예수님은 동일하게 "너희들이 아직도 나를 믿지 않는구나"라고 말씀하실 것이다. 예전에 세상적인 빵에 욕심을 두고 예수님을 찾으려고 눈에 불 켠 사람들과 나의 욕망을 이루려고 교회에 나와 예수님의 이름을 부르는 우리들의 모습이 뭐가 다를까?

예수님께서 하늘로부터 이 땅에 오신 목적은 '하나님의 뜻'을 이루시는 것인데(38절), '하나님의 뜻'은 '예수님을 믿어 영원한 생명을 소유하여 마지막 심판 때에 지옥에 가지 않고 하나님 나라에서 영원히 함께 사는 것'이다. 예수님께서 유대인들을 향하여 "너희가 나를 보고도 믿지 않는다"라고 말씀하시는데, 이것을 더 자세하게 풀면 "구약에 하나님께서 계시하신 그대로 포도주의 기적과 만나의 기적을 베풀었는데도 너희는 이것을 실제로 이루어낸 나를 믿지 않는구나" 하는 것이다. 이 말씀을 성도들에게 지금 주시는 말씀으로 바꾸면 "나는 십자가에서 이미 모든 것을 다 이루어 놓았고, 지금도 너희와 함께하며 성경에 약속한 것을 다 풀어 주는데 너희가 원하는 욕망만 구하고 나를 구하지 않는구나"가 될 것이다.

"아버지께서 나에게 주시는 사람은 모두 나에게 올 것이다"(37절)라는 말씀의 의미는 하나님께서 보내신 예수님을 믿지 않는 것은 하나님 아버지의 뜻을 거역하는 불신앙이라는 것이다. 온 세상을 구원하여 하나님께 드리는 것이 예수님을 이 땅에 보내신 하나님의 뜻이라면, 구원자 예수님을 믿지 않는 것은 곧 하나님의 뜻을 거역하는 것이기 때문이다. 에덴 동산에서 아담이 범죄 한 이후에 사단에게 사람들을 빼앗긴 하나님은 예수 그리스도를 통하여 다시 사람들과 교제하기 원하셨다.

너희를 불러 그의 아들 예수 그리스도 우리 주와 더불어 교제하게 하시는 하나님은 미쁘시도다 고전 1:9

하나님 아버지와의 교제는 십자가에서 모든 문제를 해결하시고 하나님의 영원한 생명을 주시는 예수님(생명의 떡 되시는 예수)을 마음 안에 먹어내는 것으로 연결된다. '아버지께서 나에게 주시는 사람'이라는 표현을 깊이 보면 사람이 예수님을 믿어 하나님을 아버지라 부르는 것은 사람의 힘과 지식으로 되는 것이 아니라 하나님께서 그들의 마음을 만지시고 열어주셔야 가능한 일이라는 것이다. 하나님께서 각자의 인생에 찾아와 마음을 만지고 열려고 하실 때 하나님의 일하심을 겸손하게 받아들이는 마음만 있으면 하나님을 만나고 하나님께서 부어주시는 모든 은혜에 동참하게 된다.

"나를 보내신 이(하나님)의 뜻은 내게 주신 자 중에 내가 하나도 잃어버리지 아니하고 마지막 날에 다시 살리는 것입니다"라고 말씀하신다(39절). 이 땅에 태어난 사람은 모두 자기 의지나 사람의 방법으로 태어나지 않았고, 이 땅에서 하나님의 뜻을 이루며 하나님의 나라를 완성하라는 임무를 받고 하나님에게서 보냄을 받은 자들이다(요 17:6). 그런데 태어나는 순간부터 죄와 사망으로 인하여 사단에게 잡혀 하나님이 없는 것처럼 살고 있는데, 이러한 영혼들이 예수님을 영접하여 하나님의 영원한 생명을 먹어(구원받아) 이 땅에서 하나님의 뜻을 이루도록 세움 받은 것이 성도들이다. 예수님은 십자가에서 마귀에게 빼앗긴 영혼들을 구원한 일로 그의 사명을 다했다 하지 않고, 사단에게 속아서 하나님께로 가는 길을 잃어버리고 사망의 길을 헤매이는 한 영혼들을 찾아 그의 어깨에 메고 하나님 앞으로 인도하는 일을 지금도 하신다.

> 📝 너희 중에 어떤 사람이 양 백 마리가 있는데 그 중의 하나를 잃으면 아흔아홉 마리를 들에 두고 그 잃은 것을 찾아내기까지 찾아다니지 않겠느냐 또 찾아낸즉 즐거워 어깨에 메고 눅 15:4-5

하지만 사단에게 속아서 예수님의 십자가 은혜를 거부하고, 예수님께서 직접 사망의 길을 헤매는 영혼들을 찾아 그분의 어깨에 짊어지고 하나님께로 인도하려 하는데 이것까지 거부하는 강팍한 영혼들이 너무 많다. 이렇게 불쌍한 영혼들에게 예수님의 마음을 가지고 찾아가 구원의 손길을 내미는 성도들을 하나님께서는 제일 기뻐하신다. 이러한 일을 하는 성도들을 향하여 "네가 나(하나님)의 일을 하였구나" 하시며 하늘에서 제일 큰 상급을 풀어주신다. 이후에 하나님의 나라에 갔을 때 하나님의 일을 감당한 것을 인정받아 하늘에서 가장 큰 상급을 누리자.

"아버지의 뜻은 아들을 보고 믿는 자마다 영생을 얻는 것이다"(40절) 한 말씀처럼 예수님은 하나님 아버지의 뜻을 이루려고 오셨고, 십자가에서 하나님의 뜻을 다 이루신 후에 당당하게 "다 이루었다"(요 19:30)라고 선포하셨다. 하나님의 뜻과 예수님의 사역은 완벽한 조합이었다. 여기에 반응하여 하나님께서 보내신 '생명의 빵'이 되시는 예수님, 우리의 모든 것을 다 이루시고 하늘의 신비한 은혜를 부어주시는 예수 그리스도를 마음을 열고 먹어내어 하나님께서 기뻐 받으시는 성도가 되어, 이 땅을 사는 동안 하나님의 자녀로서 하늘의 풍성한 은혜를 누릴 뿐 아니라(요 10:10) 마지막 하늘이 열렸을 때 예수님의 손을 잡고 하나님의 영광의 나라에 당당하게 들어가게 된다. 예수님께서는 하나님께서 원하시는 단 한 가지의 일을 하러 오셨다. 하나님께서 원하신 사역을 완성하신 예수 그리스도의 이름을 하나님께서 지극히 높이셔서 하늘에 있는 자들과 땅에 있는 자들과 땅 아래 있는 자들 모두가 예수님의 이름 앞에 무릎 꿇는 엄청난 축복을 허락하셨다(빌 2:5-11). 성도들의 삶이 하나님께서 원하시는 삶이 되게 할 때부터 성도들의 이름을 모든 이름 앞에서 지극히 높여 하늘의 영광과 승리와 축복을 누리게 하신다.

19

그리스도 안에(요 6:48-59)

⁴⁸ 내가 곧 생명의 떡이니라 ⁴⁹ 너희 조상들은 광야에서 만나를 먹었어도 죽었거니와 ⁵⁰ 이는 하늘에서 내려오는 떡이니 사람으로 하여금 먹고 죽지 아니하게 하는 것이니라 ⁵¹ 나는 하늘에서 내려온 살아 있는 떡이니 사람이 이 떡을 먹으면 영생하리라 내가 줄 떡은 곧 세상의 생명을 위한 내 살이니라 하시니라 ⁵² 그러므로 유대인들이 서로 다투어 이르되 이 사람이 어찌 능히 자기 살을 우리에게 주어 먹게 하겠느냐 ⁵³ 예수께서 이르시되 내가 진실로 진실로 너희에게 이르노니 인자의 살을 먹지 아니하고 인자의 피를 마시지 아니하면 너희 속에 생명이 없느니라 ⁵⁴ 내 살을 먹고 내 피를 마시는 자는 영생을 가졌고 마지막 날에 내가 그를 다시 살리리니 ⁵⁵ 내 살은 참된 양식이요 내 피는 참된 음료로다 ⁵⁶ 내 살을 먹고 내 피를 마시는 자는 내 안에 거하고 나도 그의 안에 거하나니 ⁵⁷ 살아 계신 아버지께서 나를 보내시매 내가 아버지로 말미암아 사는 것 같이 나를 먹는 그 사람도 나로 말미암아 살리라 ⁵⁸ 이것은 하늘에서 내려온 떡이니 조상들이 먹고도 죽은 그것과 같지 아니하여 이 떡을 먹는 자는 영원히 살리라 ⁵⁹ 이 말씀은 예수께서 가버나움 회당에서 가르치실 때에 하셨느니라

요 6:48-55 예수님께서 유대인들을 향하여 "나는 하늘에서 내려 온 생명의 밥이다"라고 말씀하시자 유대인들이 놀라서 "이 사람은 목수 요셉의 아들인데 어찌하여 하늘에서 내려왔다고 하는가?"(42절) 하면서 수군거린다. 이들을 향하여 "나를 이 세상에 보내신 아버지께서 이끌지 않으면 아무라도 나에게 올 수 없다. 나에게 오는 자는 마지막 날에 내가 다시 살려낸다"(44절) 하시며 "하나님에게서 온 자만이 하나님을 볼 수 있다"(46절) 하셨다. 하나님을 온전히 본 자는 하늘에서 하나님과 함께 계셨던 하나님의 외아들 예수님과 성령이시다.

내 아버지께서 모든 것을 내게 주셨으니 아버지 외에는 아들을 아는 자가 없고 아들과 또 아들의 소원대로 계시를 받는 자 외에는 아버지를 아는 자가 없느니라 마 11:27

이러한 영적인 원리를 알았던 바울이 예수 그리스도의 사역을 드러내시려고 예수님을 대신하여 성도와 함께하시는 성령은 하나님 아버지의 깊은 비밀까지 다 통달하신다고 하였다.

오직 하나님이 성령으로 이것을 우리에게 보이셨으니 성령은 모든 것
곧 하나님의 깊은 것까지도 통달하시느니라 고전 2:10

예수 그리스도는 언제나 하나님 앞에 계시고 성령은 하나님의
깊은 비밀을 정확하게 다 아시는 분이신데 하나님의 비밀을 성도
들에게 풀어주고 성도들의 삶의 현장에 예수 그리스도를 나타내
시려고 성도들 마음 안에 함께하신다. 하나님 앞에 계시면서 하나
님의 마음 전체를 아시는 예수님과 하나님의 모든 비밀을 아시며
하나님께서 계획하신 비밀한 은혜가 성도들에게 이루어지도록 성
도들의 마음 안에서 도와주시는 성령 때문에 성도들은 삶의 자리
에서 하나님 아버지의 마음을 알 수 있고, 하나님의 얼굴을 보며
하나님께서 약속하신 모든 은혜를 받아 누릴 수 있다. 구원받은
성도들이 아무것도 할 수 없는 연약한 자신을 내려놓고(갈 2:20. 사
단에게 끌려다니며 이용당할 '나'를 십자가에 못 박고) 매일 매 순간 예수님을
'생명의 밥'으로 먹어내며(영접) 마음 안에서 성령께서 들려주시는
하나님의 음성을 들으며, 성령님께서 손을 잡고 인도하실 때 감사
하면서 순종하면 삶의 모든 자리에서 하나님을 볼 수 있을 뿐 아
니라 하나님께서 약속하신 모든 신령한 은혜와 응답을 누리며 승
리하게 된다.

유대인의 조상들은 광야에서 하나님께서 하늘을 열고 내려주신
'만나'(생명의 밥)를 먹고도 죽었다. 하늘에서 내려온 생명의 밥을
먹고도 죽은 이유는 '하늘에서 내려주신 생명의 밥'을 생명의 능력

으로 먹은 것이 아니라 육체의 배만 채우는 세상 양식으로 먹었기 때문이다. 구원받은 성도들에게 하나님께서 주시는 말씀을 예수님께서는 "영이며 생명"이라고 하신다.

> 살리는 것은 영이니 육은 무익하나니 내가 너희에게 이른 말은 영이요 생명이라 요 6:63

유대인들의 조상들이 '하늘에서 내려온 영원한 생명의 밥'을 육신의 배고픔만 채우는 육체의 양식으로 먹었을 때 그들이 죽은 것처럼, '영원히 살아 낼 생명의 근원'으로 주신 말씀을 지식으로 머리에 채우다 보니 하늘의 신비한 은혜와 능력은 나타나지 않고 그냥 성경을 알고 연구하여 외운 것 외에는 아무런 것들이 나타나지 않는 것이다. 구원받은 성도들이 영적인 광야 '교회'에서(행 7:38. 스데반은 유대인들을 향하여 너희 조상들이 광야생활을 한 것은 구원받은 우리에게는 '교회생활'이라고 한다) 하늘에서 내려주신 '생명의 밥이 되시는 예수님'을 제대로 먹으면 사망의 세력을 잡은 마귀를 밟아 이기며 승리하는 삶을 살게 된다. 예수님은 '세상을 살리는 생명의 밥'으로 이 세상에 오셨다. 예수님의 살을 먹고(예수를 영접) 예수님께서 흘리신 피를 마시는 성도들의 마음 안에서는 '영원한 생명'이 계속 꿈틀대며 역사하고 있기 때문에 하나님께서 마지막에 그들을 살리신다. 오병이어의 기적 때문에 예수님 앞에 나와 육신의 떡만 요구하는 유대인들을 향하여 안타까운 마음으로 "하나님께서 나를 너희들을 영원히 살리는 생명의 밥으로 보내셨다. 나를 먹어

라. 이것이 하나님께서 원하시는 참믿음이다."라고 소리쳐 외치시는 것이다.

　구원받은 성도들이 '생명의 밥이 되시는 예수님'을 먹어낼 때 예수님과 한 몸으로 연합되는 은혜와 축복을 누린다. 예수님께서는 "하나님께서 너희를 살려 나와 한 몸 되게 하려고 '영원한 생명의 밥'으로 이 세상에 왔다. 사단에게 속고 있는 어리석은 마음을 버리고 나를 먹으라"하고 목이 터져라 외치시는데, 예수님께서 소리치실 당시에는 이 말씀의 열매가 없었다. 하지만 지금 이 시대에는 이 말씀의 비밀을 깨닫고 예수님을 '일용할 양식'(매일 먹어야하는 생명의 밥)으로 먹어서 예수님과 한 몸을 이루어가는 성도들이 있다. 예수님은 육체의 배를 채울 양식에만 욕심을 두고 예수님을 찾아온 유대인들을 향하여 "너희들의 조상들은 광야에서 만나를 먹고도 죽었다"(49절)라고 하셨다. 시 78:24-25은 '만나'에 대하여 '천사의 음식'이라고 기록되어 있다. "만나를 쏟아 하늘의 양식으로 그들을 먹이셨다. 그러므로 사람이 천사의 음식을 먹었으니 하나님이 그들에게 음식을 풍족하게 주셨음이라"(현대인의 성경 번역).

　　그들에게 만나를 비 같이 내려 먹이시며 하늘 양식을 그들에게 주셨나니 사람이 힘센 자의 떡을 먹었으며 그가 음식을 그들에게 충족히 주셨도다
　　시 78:24-25

　유대인들의 조상들이 광야에서 먹은 만나는 천사들이 영원한

존재로, 거룩한 능력으로 살아갈 '하늘의 양식'이었다. 이렇게 엄청난 것을 먹은 유대인의 조상들이 천사와 같이 영원한 존재로, 거룩한 능력을 소유한 자들로 회복되지 못하고 광야에서 비참하게 죽은 이유는 하나님께서 하늘을 열고 내려주신 '만나'의 가치를 육신의 배고픔만 채우는 무가치한 것으로 격하시켰기 때문이다. 하나님은 예수 그리스도를 영접하여 구원받은 하나님의 자녀들에게 하늘을 열고 천사들은 먹지도 못하는 '예수님의 몸'을 '영원한 생명의 밥'으로 내려주셨다. 예수님께서 왜 자신의 살을 먹고 자신이 흘려야 할 피를 마시라 외치시는지 영적인 비밀을 깨닫고, 문제 해결을 위해 예수님의 이름을 이용하는 것이 아니라 예수님과 한 몸을 이루고 예수님과 더불어 하나님의 신비한 은혜를 회복하여 당당하게 마귀를 밟으며 삶의 모든 형편을 하나님의 영광을 모두에게 드러낼 승리와 기적으로 바꾸기 위해 예수님께서 부탁하신 그대로 '영원한 생명의 밥' 되시는 예수님만 먹어내자. 하나님께서 주신 '영원한 생명의 밥' 되시는 예수님을 먹은 자들만이 '영원한 생명'을 소유하고, '거룩'으로 무장하여 마지막 날에 하나님 앞에 서게 된다.

요 6:55-59 예수님의 살을 먹고 피를 마시는 믿음이 '예수님 안에 거하는(예수와 한 몸이 된) 참된 믿음'이다. 예수님께서 친히 "내 살을 먹고 내 피를 마시는 사람은 내(예수님) 안에 거한다"(56절)라고 말씀하셨는데, 이것은 바울이 즐겨 사용한 '그리스도 안에 거하는 믿음'의 근본이 되는 말씀이다. 바울이 즐겨 사용한 '그리스도 안에 거하는 믿음'의 출발은 출애굽 당시 이스라엘 백성들이 하나님의 말씀에 순종하여 유월절 어린 양이 흘린 피 아래 들어갔을 때 사망이 떠나가고 400년 동안 종살이하던 애굽에서 해방된 것에서 시작된다. 하나님께서 400년 동안 애굽에서 종살이하던 이스라엘 백성들을 건져 내실 때, 하나님에게 능력을 받은 모세가 사람으로서는 흉내도 낼 수 없고 애굽 나라 전체가 흔들리는 크고 비밀한 기적을 9가지나 행하였지만 한 사람도 건져 낼 수 없었다. 왜냐하면 구원의 역사는 오직 예수 그리스도를 통해야만 가능하기 때문이다(행 4:12).

너희는 이스라엘 온 회중에게 말하여 이르라 이 달 열흘에 너희 각자가 어린 양을 잡을지니 각 가족대로 그 식구를 위하여 어린 양을 취하되 출 12:3

그들이 말씀에 순종하여 양을 준비하자 하나님께서 "각 집마다 준비한 양을 잡아 양의 고기를 불에 구워 먹고(하나님께서 주시는 말씀은 성령의 불로 구워서 먹어야 한다), 양을 잡을 때 나온 피를 버리지 말고 그릇에 보관했다가 너희의 출입문에 빈틈없이 바르고 피 아래 머물러 있으라"(출 12:6-9)라고 명령하셨다. 그 밤에 하나님께서 애굽에 내려오셨다. 말씀에 순종하여 양을 먹고(예수 그리스도를 영접) 양을 잡을 때 나온 피에 온전히 덮여져 있는 집(예수의 보혈로 덮여 있는 믿음)은 사망이 떠나가고 하늘의 생명이 역사하였다. 이 사건 때문에 모든 이스라엘 사람들이 애굽에서 해방되어 하나님께서 아브라함에게 약속하신 가나안을 향하여 발걸음을 옮길 수 있었다.

조상들의 출애굽을 상기시키면서 예수님께서는 "유월절 어린 양의 실체로 내가 왔다. 너희들 조상들이 유월절 어린 양을 먹은 것처럼 나를 먹고, 너희 조상들이 순종한 것처럼 내가 흘릴 피로 덮여 있는 믿음이 되어라" 말씀하시는데, 그들의 영이 혼미하여 예수님께서 주시는 말씀을 전혀 알아듣지 못한다. 예수 그리스도를 영접하여 구원받았을지라도 예수님 앞에 있던 유대인들과 같이 '영이 혼미'하면 아무리 설명해도 예수님을 어떻게 먹어야 하는지 알아듣지 못하고, 예수님의 보혈을 먹고 바르는 믿음의 기도를 하지 못한다. 성령께서 강력하게 나타나시는 불의 능력으로 우리의 영을 혼미하게 하는 어둠의 모든 권세는 소멸되고 하나님을 향하여 영이 열리고 믿음이 열려서 하나님께서 구원받은 성도들을 살려 세우시려고 주시는 모든 말씀이 들려지고 믿어지는 은혜 위에 바르게 서자.

하나님께서 애굽에 내려오셔서 사망으로 심판하실 때 이스라엘 백성들이 완전히 보호받으며 승리할 수 있었던 비밀이 하나님의 말씀에 순종하여 하나님께서 정하신 양을 잡아 그 고기를 불에 구워 먹고(예수 그리스도를 영접한 이후에 성령의 불로 요리가 되어 성령이 나타나는 말씀을 매일의 양식으로 먹고) 양을 잡을 때 나온 피 안에 들어가 있을 때였다. 예수 그리스도를 영접하여 구원받은 성도들이 사단이 왕 노릇하는 세상에 살지만 사단을 밟아 이기며 승리하는 비밀도 유월절 어린 양의 실체로 오신 예수님을 영접한 이후에 매일의 일용할 양식으로 예수님을 먹고(영접) 예수님께서 십자가에서 흘리신 피로 완전히 덮여져 있으면 된다. 이것이 바울이 매 순간마다 소리쳐 외친 '그리스도 안에'의 비밀이다.

이스라엘 백성들이 아무 힘이 없었지만 하나님께서 말씀하신 피 아래 머물러 있을 때 모든 재앙과 저주가 떠나가고 사망이 물러가며 그들이 안전하게 승리할 수 있었다. 예수님의 몸을 먹어(영접) 구원받은 성도들이 하나님께서 보배로 여기시는(벧전 1:18-19) 예수님께서 흘리신 피로 덮여져 있으면 사단이 가져다주고 세상으로부터 몰려오는 모든 재앙과 저주로부터 완전하게 보호되고, 모든 상황을 하나님의 영광을 위한 기적과 축복으로 바꾸게 된다. 구원받은 성도들이 예수님의 피 안에 머물러 있는 믿음을 예전 이스라엘 백성들의 유월절 어린 양의 피 아래서 보호받은 것에 비유하여 '그리스도 안에'라는 엄청난 비밀로 바울이 풀어낸 것이다. 예수님께서는 자기의 살(몸)을 먹고 피를 마시는 사람은 예수님 안에 거하게 된다고 분명하게 선포하셨다. 예수님께서 이렇게 말씀하신 것이 중요한 이유가 "예수님 안에 거하는 믿음은 무엇을 구하든지 다 얻는다"(요 15:7)라는 약속이 있기 때문이다.

너희가 내 안에 거하고 내 말이 너희 안에 거하면 무엇이든지 원하는 대로 구하라 그리하면 이루리라 요 15:7

'생명의 밥이 되시는 예수님'을 마음 가득히 먹어내고, 하나님께서 보배로 여기시는 예수님의 피에 덮여져 있는 믿음은 하늘에서 볼 때 '예수님 안에 들어와 예수님과 하나로 연합된 믿음'이기 때문에 이러한 믿음을 소유한 성도들이 예수님의 이름을 부르며 기도하면 하나님께서 무엇이든지 다 응답을 주신다. 그동안 많은 성도가 이러한 영적인 원리를 알지 못하여 힘들고 어려운 삶의 형편 가운데 최선을 다하여 기도해도 응답을 받지 못했던 이유가 바로 여기에 있다. '생명의 밥 되시는 예수님'을 '매일의 양식'으로 먹고, 예수님의 피에 덮여져 있는 믿음은 하나님의 독생자 예수 그리스도와 하나의 몸이 되어(요 15:1-8, 엡 5:30) 하나님께서 예수님에게 주시는 하늘의 열매들을 저절로 맺는 축복의 삶을 누리게 된다. 예수 그리스도를 생명의 밥으로 매일 먹어(영접하여) 마음 안에 가득 채워놓고, 십자가에서 흘려주신 하나님의 보배가 되는 피에 완전히 덮여져 있을 때 하늘의 열매를 저절로 맺어 누리며, 사망의 세력을 잡고 성도를 괴롭히고 저주하던 마귀를 밟아 승리하며, 평생의 짓눌림에서 해방되며 하나님께서 부어주시는 하늘의 신령한 은혜를 누리며 승리하게 된다.

너희도 떠나려느냐?(요 6:60-70)

⁶⁰ 〈영생의 말씀〉 제자 중 여럿이 듣고 말하되 이 말씀은 어렵도다 누가 들을 수 있느냐 한 대 ⁶¹ 예수께서 스스로 제자들이 이 말씀에 대하여 수군거리는 줄 아시고 이르시되 이 말이 너희에게 걸림이 되느냐 ⁶² 그러면 너희는 인자가 이전에 있던 곳으로 올라가는 것을 본다면 어떻게 하겠느냐 ⁶³ 살리는 것은 영이니 육은 무익하니라 내가 너희에게 이른 말은 영이요 생명이라 ⁶⁴ 그러나 너희 중에 믿지 아니하는 자들이 있느니라 하시니 이는 예수께서 믿지 아니하는 자들이 누구며 자기를 팔 자가 누구인지 처음부터 아심이러라 ⁶⁵ 또 이르시되 그러므로 전에 너희에게 말하기를 내 아버지께서 오게 하여 주지 아니하시면 누구든지 내게 올 수 없다 하였노라 하시니라 ⁶⁶ 그 때부터 그의 제자 중에서 많은 사람이 떠나가고 다시 그와 함께 다니지 아니하더라 ⁶⁷ 예수께서 열두 제자에게 이르시되 너희도 가려느냐 ⁶⁸ 시몬 베드로가 대답하되 주여 영생의 말씀이 주께 있사오니 우리가 누구에게로 가오리이까 ⁶⁹ 우리가 주는 하나님의 거룩하신 자이신 줄 믿고 알았사옵나이다 ⁷⁰ 예수께서 대답하시되 내가 너희 열둘을 택하지 아니하였느냐 그러나 너희 중의 한 사람은 마귀니라 하시니

요 6:60-65 '세상의 떡'(마 6:31-33. 하나님의 자녀들이 하나님의 얼굴을 구하지 않고, 주님의 은혜를 사모하지 않으며, 먹고 마시고 입는 것에만 마음을 두고 있는 상태)에만 관심을 가지고 예수님을 이용하려고 예수님을 찾아 왔던 무리를 향하여 "하나님께서 '하늘을 열고 내려 준 생명의 밥' 이 바로 나다. 나를 먹고(영접하여 구원받고) 내가 흘려야 할 피에 덮여(그리스도 안으로 들어와) 마귀를 밟아 이기는 승리자가 되고 마지막 날에 하나님 앞에 '영원한 생명'을 가지고 당당히 서자"라고 말씀 하셨다. 이 말씀을 들은 대부분의 무리는 예수님께서 주시는 생명의 말씀이 어렵다고 머리를 흔들며 수군거린다(60-61절). 예수님께서 주시는 말씀은 구원받은 영혼(예수의 살을 먹은 믿음)에게 '하늘의 생명'이 풍성해지게 하려고(요 10:10) 주시는 것인데, 아직 구원 안에도 들어오지 못한 무리였기 때문에 '하늘의 생명'을 소유한 자들에게 영으로 풀어지는 신령한 말씀이 어려울 수밖에 없다. 이러한 사람들은 교회에는 나올 수 있지만 예수님을 믿을 수 없고, 교회 생활을 하다가 자기의 삶에 조금만 어려움이 오면 예수님을 배반하고 교회를 깨뜨리며 떠난다. 교회는 누구나 올 수 있지만 예수님을 믿는 참된 믿음은 아무나 가질 수 없다. 그들은 예수님께서 더 이상 '오병이어 같은 기적'(자기들이 원하는 육체의 만족을 위한 기적)

을 일으키실 마음이 없는 것을 확인하고 예수님을 떠날 명분을 찾고 있었는데 그들이 찾아낸 명분은 "당신이 하는 말은 너무 어려워서 알아들을 수 없다"였다.

예수님께서 그들에게 주시는 말씀은 육체를 위한 것이 아니라 '영'을 위한 것이고 '영원한 생명'을 살리셔서 풍성하게 하시려는 것이다(63절, 요 10:10). 구원받은 성도들을 교회로 인도하셔서 말씀을 먹여주시는 것은 성령이 내주하는 성도(고전 3:16)들에게 성령이 나타나 일하시는 말씀을 먹이셔서 '성령의 기름'이 부어져서 당당하게 마귀를 밟아 이기며 삶의 현장에서 만난 모든 문제를 하나님의 영광을 주변 모든 사람에게 드러내는 완전한 승리자로 세우시려는 하나님의 계획이다. 그런데 이러한 하나님 아버지의 마음을 알지 못하여 계속 자신의 문제 해결에만 하나님을 이용하려 하는데 이러한 마음으로는 아무리 열심히 기도해도 응답을 받기 어렵다. 하지만 구원받은 성도들이 하나님 아버지의 마음을 알고 성령으로 온전히 덮여지는 것을 사모하는 마음을 가지면 하나님은 성령을 부어주실 뿐 아니라, 그들이 기도하지도 않은 문제까지 풀어지게 하시고 하늘에서 준비하신 신비한 기적과 축복을 부어주신다(마 6:31-33, 왕상 3:4-13).

예수님을 이용하려는 그들의 마음을 다 아시는 예수님께서 "사람의 아들(동정녀 마리아를 통하여 태어나신 예수)이 전에 있던 곳(하나님의 나라)으로 올라가는 기적을 여러분들이 본다면 어떻게 하겠는가?"(62절) 하고 예수님을 떠나려는 무리에게 더욱 이해할 수 없는 질문을 한다. 예수님께서 이 땅에 오시는 것을 멀리서 바라본 시편 기자는 "진리는 땅에서 솟아나고 의(하나님)가 하늘에서 굽어보았네. 하나님께서 좋은 것을 주시리니 진리를 받아낸 자들에게 하늘의 산물을 허락하시리라"(시 85:11-12)라고 하였다. 예수님께서 이 땅에 태어나시고 말씀을 이루시는 모든 사역을 하늘 하나님께서는 최고의 관심을 기울여 바라보고 계시고, 하나님께서 이 땅에 파송하신 진리의 실체가 되시는 예수님을 마음 안에 담아낸 성도들에게 하나님은 하늘의 열매들을 그들의 삶에 풀어주시려는 놀라운 비밀을 보았던 것이다. 예수님이 오시기 전인 구약시대에도 하나님을 사모하는 자들은 이렇게 예수님을 통하여 이루어질 비밀들을 다 보았는데, 하나님께서 약속하신 예수님께서 실제 하늘에서부터 오셨음에도 불구하고 유대인들은 진리로 오신 예수님을 마음을 열어 받아들이지 못하고 구경하면서 어떻게 하면 예수님을 이용할까 하고 궁리만 하고 있다.

예수님께서 "사람의 아들이(예수 그리스도 자신) 전에 있었던 곳으로 올라간다"라고 하신 것은 무슨 뜻일까? 예수님은 자신은 원래 하늘에 계셨던 것을 말씀하시는 것이다. 전에 니고데모가 찾아왔을 때 예수님은 자신은 '하늘에서 내려 온 자'이기 때문에 '하늘로 올라가는 자'라고 자신의 신분을 밝히셨다(요 3:13). 예수님께서는 하나님께서 약속하신 구원의 모든 일을 십자가에서 완성하시고(요 19:30. 다 이루었다) 무덤에 계시다가, 성경에서 약속하신 그대로 3일

만에 다시 살아나셔서(고전 15:3-4) 40일 동안 제자들과 함께하셨고 예루살렘 시민들이 보는 앞에서 열려진 하늘을 통하여 천사들과 함께 하늘로 올라가셨다(고전 15:5-6, 행 1:9-11). 예수님께서 말씀하신 그대로 하늘에서 오셨던 예수님께서는 하나님께서 맡기신 사역을 다 이루시고 열려진 하늘을 통하여 천사들과 함께 하늘로 올라가셨는데, 이러한 것을 보고도 예수님을 제대로 믿지 못하고 핍박하는 자들이 있었다. 예수님께서는 하늘에서 오셨고 하나님의 때가 되어 다시 하늘로 올라가셨는데, 혼자만 올라가신 것으로 끝나지 않고 예수님을 진실로 믿는 모든 성도가 예수님께서 승천하시며 열어 놓은 하늘을(행 1:8-11) 통하여 하나님의 품으로 올라가게 된다. 그래서 예수님은 하늘로 올라갈 영혼들에게 '하늘의 생명'을 담아 살리시려고 오셨다.

또 증거는 이것이니 하나님이 우리에게 영생을 주신 것과 이 생명이 그의 아들 안에 있는 그것이니라 아들이 있는 자에게는 생명이 있고 하나님의 아들이 없는 자에게는 생명이 없느니라 요일 5:11-12

예수님의 최고의 관심은 성도들의 마음 안에 사단이 몰래 담아 놓은 사망을 내어 쫓고, 열려진 하늘 아래로 들어가 예수님의 손을 잡고 당당하게 하나님께로 갈 수 있는 '하늘의 생명'을 성도들의 마음 안에 담아주시는 것이다. 아무리 교회를 다니며 성경을 안다고 자부하여도 마음 안에 있는 사망을 내어 쫓지 못하고 하나님의 나라에 들어갈 수 있는 '하늘의 생명'(오직 예수 안에만 숨겨져 있다. 요일 5:11-12)을 소유하지 못한 자들은 열린 하늘 아래에 들어갈 수 없고 하나님의 나라에 가지 못한다. 그래서 이 비밀을 가장 잘 알고 있는 바울은 "너희 안에 그리스도가 계신지 확인하여 보아라. 만약 그리스도가 없다면 너희는 하나님에게서 버려진 자들이다"(고후 13:5)라고 말씀한다. 예수님의 관심은 '하늘의 생명'이며 이 생명이 예수님을 믿는 성도들 마음 안에 풍성하게 채워지는 것인데, 사단에게 속은 사람들이 자꾸만 '영원한 하늘 생명'이 아닌 '먹고 마시고 입는 것'에 마음을 빼앗겨 살아간다. 하나님께서는 성도들이 예수 그리스도를 통하여 허락하신 '하늘의 영원한 생명'이 마음에 소유된 만큼 하늘로부터 부어지는 말할 수 없는 강력한 은혜와 기적과 축복을 풀어주신다. 이 비밀을 바르게 깨달은 성도들은 사단에게 속았던 기도(먹고 마시고 입는 것. 우리 삶에 일상적으로 필요한 것)를 내려놓고, 마음 안에 하나님의 나라(하나님의 영원한 생명)가 임하고(채워지고) 자신의 삶에 하나님의 뜻(성도들의 삶의 현장에 말씀이 이루어지는 응답과 축복)이 이루어지는 것을 사모하며 기도하게 된다(마 6:31-33). 이제부터 믿지 않는 사람들도 할 수 있는 세상적인 기도가 아니라 예수님께서 당부하신 하나님의 마음을 감격하게 할 믿음의 기도를 회복하자.

요 6:66-70 예수님께서 일으키신 오병이어의 기적 때문에 눈에 불을 켜고 예수님을 찾아온 무리가 예수님께서 더 이상 '세상의 떡'(먹고 마시고 입는 것)을 만들지 않을 것을 알고 예수님을 떠난다. 예수님을 찾아왔던 자들이 한순간에 사라지는 모습을 보면서 예수님께서 제자들에게 "너희도 떠나려느냐?"라고 하셨다. 예수님께서 안타까워하시는 모습을 본 베드로가 "예수님에게 영생의 말씀이 있는데 우리가 누구에게 가겠습니까?"라며 예수님 앞에 남았다. '진리'는 말하기도 어렵고 그 말을 듣고 깨닫기도 어렵다. 하나님께서 예수님의 핏값으로 세워주신 교회의 강단에 선 목사들은 생명 걸고 하나님 앞에 나아가 하늘에서부터 허락된 진리 말씀을 받아내야 하고, 예수 그리스도를 영접하여 구원받은 성도들은 교회에 나와 하나님께서 성령의 능력으로 풀어주시는 진리의 말씀만 받아먹어야 한다.

교회는 '성경 말씀'이 '진리'로 풀어지는 곳이고, 성도들은 내가 듣고 싶은 말을 듣는 곳이 아니라 하나님께서 먹여주시는 '진리의 말씀'을 먹고, 진리 안에 숨어있는 '하나님의 능력'으로 무장하여(엡 6:10-17. 하나님께서 입혀주시는 전신갑주) 마귀가 왕 노릇하는 세상에서 승리할 믿음으로 세움 받는 곳이다. 오병이어의 기적을 보고 몰려든 자들을 하늘의 사람으로 바르게 세우려고 예수님께서 '하늘의 진리'를 선포하시는데, 이것이 듣기 어렵다고(진리를 거부) 예수님을 떠나는 것이다. 예수님은 오병이어의 기적 때문에 장정만 5000명이 자기를 왕 세우려고 난리를 칠 때 그 자리를 피하셨고, 그래도 눈에 불을 켜고 자기를 찾아 나선 자들에게 자기의 살을 먹으며 자기가 흘릴 피를 마시라고 영적인 비밀을 알려 주셨는데 하늘에서부터 허락된 엄청난 말씀의 비밀을 알지 못하고 모두 예수님을 떠나고 12명의 제자만 예수님 앞에 남았다. 성도들은 강단에서 하늘의 진리만 선포되도록 진리를 향한 목마름으로 교회에 나와야 한다. 세상에서 들을 수 있는 말이 아니라 하늘의 진리가 선포될 때 어렵고 힘든 말씀이라고 외면하지 말고 우리의 모든 마음을 열고 세포까지 열어 사단을 밟으며 세상을 정복할 하늘 진리 말씀을 "아멘"하며 먹어야 하고, 진리 말씀을 먹은 것으로 끝나는 것이 아니라 그 말씀이 능력이 되어 삶의 현장에 나타나도록 '진리 말씀'이 소화되고 녹아지도록 성경적인 묵상을 해야 한다. 모든 무리가 떠나가고 12명의 제자만 남은 것을 확인하신 예수님께서 "내가 너희들 12명을 택하여 훈련을 시키고 있는데, 그러나 너희 중에 하나는 나를 떠나는 자들보다 더한 마귀의 짓을 할 것이다"라고 말씀하셨다.

이 때로부터 예수 그리스도께서 자기가 예루살렘에 올라가 장로들과 대제사장들과 서기관들에게 많은 고난을 받고 죽임을 당하고 제삼일에 살아나야 할 것을 제자들에게 비로소 나타내시니 마 16:21

예수님을 그리스도라고 처음으로 고백하며 가장 강력한 축복까지 선물로 받은 베드로가 그 말을 듣자마자 예수님을 위하여 "주님 그리하지 마옵소서 예수님께서 이러한 고통을 당하시면 안 됩니다"라고 하였다. 예수님을 위하는 마음으로 간절하게 예수님을 앞길을 막으려는 베드로를 향하여 예수님께서 말씀하신다. "사단아 물러가라 너는 나를 넘어지게 하는 자로다 네가 하나님의 일을 생각하지 않고 도리어 사람의 일을 생각 하는구나"(마 16:22-23)라며 야단을 치셨다. 예수님을 위한 사랑의 말을 한 베드로를 향하여 예수님은 어째서 사단이라 하셨을까? 인간의 사사로운 감정으로 예수님께서 하시는 일을 막는다면 그것은 사단이 하는 일이기 때문이다(롬 8:6-7. "육신의 생각은 사망이요 영의 생각은 생명과 평안이니라 육신의 생각은 하나님과 원수가 되나니 이는 하나님의 법에 굴복하지 아니할 뿐 아니라 할 수도 없음이라"). 예수님께서 십자가를 지시려고 하늘에서 이 땅에 오셨는데, 베드로는 사사로운 감정으로 하나님께서 예수님에게 맡기신 사명을 가로막으려 하는 것이다. 그래서 예수님은 "베드로야 네가 하는 그 말은 나를 위한 말이 아니라 하나님의 뜻을 훼방하는 사단이 하는 말이다"라고 하시며 베드로를 책망하셨던 것이다.

성도들이 삶의 현장에서 하나님의 일을 생각하지 못하고 인간적인 감정에 사로잡혀 베드로와 같이 하나님의 영광을 훼방하는 말과 행동을 너무 많이 한다. 이제는 성령에 사로잡혀 하나님께서 주신 지혜로 하나님께서 원하시는 말과 행동을 하는 참믿음의 삶을 살자. 베드로가 예수님을 위하는 말을 한 것도 인간의 감정에 따라 한 것일 때 예수님은 '사단의 일'이라며 책망하셨는데, 가룟 유다는 예수님의 모임에 돈궤(총무)를 맡고 있다가 예수님보다 돈에 대한 욕망 때문에 끝내는 예수님을 팔아먹는 일을 한다. 이것을 예수님께서 미리 보신 것이다. 베드로가 예수님의 말씀을 듣고 깨달아 자기의 생각을 거둔 것처럼, 만일 가룟 유다가 예수님께서 이렇게 말씀하실 때 '내가 마귀에게 속아 하나님의 영광을 저버리고 마귀의 일을 할 자가 아닌가?' 하면서 매일 자신을 돌아보고 더

욱 예수님께 친밀하였다면 예수님을 파는 자리까지 가지 않았을
것이다.

   하나님은 구원받은 성도들에게 말씀과 성령의 계시를 통하여
앞날을 계시하여 보여주신다. 사람의 감정에 치우쳐서 사단에게
끌려다니지 말고, 내 욕심 때문에 예수님을 다시 십자가에 못 박
는 어리석은 삶을 버리자. 언제나 '생명의 밥' 되시는 예수님을 마
음 안에 먹어내고, '진리 말씀'으로 우리의 배를 채우고, 보혈을 마
시는 믿음으로 '그리스도 안에 거하는 믿음'이 되어 하나님께서 허
락하신 '성령 충만의 옷'을 입고 하나님의 영광을 위한 승리의 삶
을 살아내자.

21

초막절의 비밀(요 7:1-18)

¹ <형제들까지도 예수를 믿지 아니하다> 그 후에 예수께서 갈릴리에서 다니시고 유대에서 다니려 아니하심은 유대인들이 죽이려 함이러라 ² 유대인의 명절인 초막절이 가까운지라 ³ 그 형제들이 예수께 이르되 당신이 행하는 일을 제자들도 보게 여기를 떠나 유대로 가소서 ⁴ 스스로 나타나기를 구하면서 묻혀서 일하는 사람이 없나니 이 일을 행하려 하거든 자신을 세상에 나타내소서 하니 ⁵ 이는 그 형제들까지도 예수를 믿지 아니함이러라 ⁶ 예수께서 이르시되 내 때는 아직 이르지 아니하였거니와 너희 때는 늘 준비되어 있느니라 ⁷ 세상이 너희를 미워하지 아니하되 나를 미워하나니 이는 내가 세상의 일들을 악하다고 증언함이라 ⁸ 너희는 명절에 올라가라 내 때가 아직 차지 못하였으니 나는 이 명절에 아직 올라가지 아니하노라 ⁹ 이 말씀을 하시고 갈릴리에 머물러 계시니라 ¹⁰ <명절을 지키러 올라가시다> 그 형제들이 명절에 올라간 후에 자기도 올라가시되 나타내지 않고 은밀히 가시니라 ¹¹ 명절중에 유대인들이 예수를 찾으면서 그가 어디 있느냐 하고 ¹² 예수에 대하여 무리 중에서 수군거림이 많아 어떤 사람은 좋은 사람이라 하며 어떤 사람은 아니라 무리를 미혹한다 하나 ¹³ 그러나 유대인들을 두려워하므로 드러나게 그에 대하여 말하는 자가 없더라 ¹⁴ 이미 명절의 중간이 되어 예수께서 성전에 올라가사 가르치시니 ¹⁵ 유대인들이 놀랍게 여겨 이르되 이 사람은 배우지 아니하였거늘 어떻게 글을 아느냐 하니 ¹⁶ 예수께서 대답하여 이르시되 내 교훈은 내 것이 아니요 나를 보내신 이의 것이니라 ¹⁷ 사람이 하나님의 뜻을 행하려 하면 이 교훈이 하나님께로부터 왔는지 내가 스스로 말함인지 알리라 ¹⁸ 스스로 말하는 자는 자기 영광만 구하되 보내신 이의 영광을 구하는 자는 참되니 그 속에 불의가 없느니라

요 7:1-2 6장의 '오병이어의 기적'이 있은 후 대략 5개월의 시간이 흘렀다. '오병이어의 기적'은 유월절을 앞두고(요 6:3-4) 일어난 사건이었고, 요한복음 7장의 배경이 되는 '초막절'과는 5개월여의 시간 차이가 난다. 예수님께서는 '오병이어의 기적'을 보고 자신을 이용하려고 달려들던 유대인들을 깨우치시려고 영적인 비밀을 풀어내셨다(만나의 실체가 되는 나의 살을 먹고 내 피를 마셔라). 하지만 '영적인 것'(하나님 아버지의 마음)에는 관심이 없고 오직 현실에만 관심이 가득한 유대인들은 예수님께서 자신들의 '영'을 깨우치려고 주시는 말씀을 알아듣지 못하고 오히려 예수님을 죽이려 하였고 이런 유대인들을 피하여 사역하셨다. 예수님께서 유대인들을 피하신 이유는 그들이 무서워서가 아니라 아직 '하나님의 시간'(십자가의 때)이 아니기 때문이다(6절).

하나님께서 일하시는 비밀은 하늘에서 모든 것을 계획하시고 이루어 가시는 하나님 아버지의 시간에 있다(전 3:1-11). 하나님께서 일하시는 시작과 끝을 사람으로서는 알 수 없지만 성령을 의지할 때 하나님께서 일하시는 시간의 비밀 안으로 성도들이 들어갈 수 있다. 그렇다면 요한복음 7장에서 소개되는 '초막절'의 비밀은 무엇일까? 이스라엘 백성들이 400년 동안 종살이하던 애굽에서 이 세상의 그 어떤 방법으로도 나올 수 없었다. 하나님께서 모세를 통하여 말씀하신 유월절 어린 양의 희생으로 애굽을 탈출하고 홍해를 건너 하나님께서 정하신 언약의 말씀과 성막(예수님의 예표)을 받으려고 광야에 들어왔다. 이들이 광야 40년을 헤맬 때 천막을 세우고 살았는데, '초막절'은 광야 40년 동안 하나님께서 보호하셨던 것을 기념하며 하나님께 감사를 올려드리는 절기이다. 모세의 율법을 보면 유대인들은 지방에 사는 사람까지도 초막절이 되면 성전에 모여서 하나님께 감사의 예배를 드려야 했다. 예수 그리스도를 영접하여 구원받은 성도들에게 '최종적인 초막절'은 승천하셨던 예수님께서 재림하시면서 하늘에서 지으신 '하늘의 영원한 장막'(요 14:1-3. 예수님께서는 자기를 영접하여 구원받은 성도들과 함께 거할 장막을 지으려고 하늘로 승천하셨다)을 가지고 이 땅에 오실 때 그 안에 들어가 예수님과 함께 하나님께 영광을 올려드릴 날을 예시하는 것이다.

400년 동안 애굽에 짓눌리며 살았던 이스라엘 백성들이 노예의 삶에서 해방되어 광야에 들어가 초막을 짓고 마음껏 자유를 누리고 살았는데, 이스라엘 백성들을 해방시킨 유월절 어린 양의 실체는 예수 그리스도시다. 이스라엘 백성들이 하나님께서 모세를 통하여 주신 말씀에 순종하여 유월절 양을 잡아 고기를 불에 구워 먹고 양을 잡을 때 나온 피를 자기의 출입문에 발랐을 때 사망의 세력이 떠나고 그들이 해방되었듯이, 하나님께서 생명의 근본으로 보내신 예수 그리스도를 영접하고, 우리의 죄를 담당하시고 흘려주신 피를 당당히 먹어낸 믿음 때문에 사망의 세력을 잡고 성도들을 괴롭히던 마귀는 떠나가고 하나님의 생명과 영광이 성도들을 덮어 하나님의 교회로 인도받았다. 십자가에 못 박혀 우리를 구원하신 예수님께서 하늘에 오르셨는데, 자신을 닮은 성도들과 함께 혼인 잔치를 할 '예수님의 왕국'을 가지고 이 땅에 내려오실 때 그 안에 들어가 예수님과 더불어 하나님께서 기뻐하시는 영광스러운 예배를 드리며 하나님 앞에 서는 것을 비밀스럽게 보여주는 것이 '초막절'을 지키라 하시는 하나님 아버지의 마음이다. 그런데 유대인들은 이러한 하나님 아버지의 마음을 모르고 그저 조상들이 텐트를 만들었던 것만 생각하고 자신들도 텐트를 만들어 그 안에서 일주일을 지내는 것이 초막절의 전부라고 생각했다.

요 7:14-18 아직 하나님의 때가 되지 않아 유대인들을 피하는 예수님을 향하여 형제들은 예수님에게 "당신이 행하는 일을 제자들도 볼 수 있게 여기를 떠나 유대로 가소서"(3절) 하고 권하는데, 예수님의 아우들이 좋은 의미로 예수님을 권하는 것이 아니다. 오히려 자기의 친형인 예수님을 이용하여 자기들의 이름을 높이고 권세를 얻고자 하는 마음이었다(4-5절). 예수님의 형제들은 예수께서 사람들 사이에서 눈에 뜨이지 않는 존재로 살지 말고 스스로의 이름을 높여 좀 더 영광을 얻는 삶을 살라고 한다. 하지만 예수님께서는 주변에서 어떠한 유혹이 와도 흔들리지 않고 오직 눈을 들어 하나님만 바라보며 하나님께서 인도하시는 십자가를 향하여 묵묵히 걸어가신다. 그리스도이신 예수님을 영접하여 구원받은 성도들은 세상에서 이름을 높이려고 예수님의 이름을 이용하는 자가 되어서는 안 된다. 오직 예수님을 본받아 자신 안에 함께하시는 성령을 의지하여 하나님께서 인도하시는 생명의 길, 하나님의 영광을 모두에게 보여 줄 참된 승리를 위한 십자가의 길을 가야 한다.

하나님은 성도들이 십자가의 길을 가게 하려고 예수님의 십자가 고난으로 구원하셨고, 성도들이 하나님께서 정하신 십자가의 길을 가려고 할 때 세상과 사단은 예수님과 동행하며 십자가를 짊어지는 성도들을 미워한다(7절). 마귀가 왕 노릇하는 이 세상은 죄를 사랑하기 때문에 죄를 깨뜨리고 하나님의 진리를 회복하려고 오신 예수님을 미워할 수밖에 없었고, 예수님을 통하여 구원받은 성도들이 예수님께서 살아내신 삶을 닮아갈 때 동일하게 미워하며 넘어뜨리려고 한다. 세상이 나를 사랑한다는 것을 말씀의 거울로 비추어보면 내가 예수님이 제시하시는 십자가의 길을 가지 못하고 죄를 사랑하며 마귀가 원하는 길을 가고 있다는 뜻이다. 성도들은 세상으로부터 미움받는 것을 두려워할 필요가 없다. 세상이 나를 미워할수록 하나님께서는 능력의 팔로 성도들을 잡아주셔서 죄와 사단을 이기며 승리하도록 강력한 은혜를 부어주시며 성령의 불로 사로잡아 주신다. 예수님을 믿지 않으면서도 어찌하든지 예수님을 이용하려는 형제들이 초막절을 지키려고 예루살렘으로 올라간 사이 예수님도 홀로 비밀스럽게 예루살렘에 올라가셨다.

예전 이스라엘 백성들이 애굽에서 바로에게 매여 고통스럽게 종노릇 한 것처럼 성도들이 구원받기 전 삶의 모습은 죄에 사로잡혀 마귀에게 종노릇하는 것이다(롬 5:17-21). 애굽에서 진흙으로 벽돌을 만들며 노예생활을 할 때 그들은 짐승만도 못한 처우를 받으며 고생하고 있었는데, 하나님은 유월절 어린 양을 통하여 그들을 고난과 저주에서 건져내셨다. 모든 인생이 사단이 만들어 놓은 세상의 쾌락에 허우적거리며 운명과 팔자에서 벗어나지 못하고 괴롭게 살다가 육체가 죽으면 영원한 지옥으로 달려가야 할 그때 하나님은 예수님의 십자가를 통하여 우리의 문제를 다 해결하시고 (롬 5:8) 우리들의 이름을 크게 부르며 죄의 저주와 마귀의 짓눌림과 영원한 멸망에서 건져주셨다.

수고하고 무거운 짐 진 자들아 다 내게로 오라 내가 너희를 쉬게 하리라
마 11:28

이스라엘 백성들이 유월절 어린 양을 의지하여 홍해 앞에 왔을 때 그들을 따라오던 애굽의 모든 군인을(구원받은 성도들을 따라 오던 더러운 귀신들) 홍해 바다에 수장하여 없애 주신 것처럼, 예수 그리스도를 영접하여 구원받은 성도들이(이스라엘 백성들이 홍해를 건넌 것처럼) 믿음의 침례/세례를 통과하니 우리를 따라오던 모든 마귀와 어둠의 세력들이 다 결박되고 성령 안에서 완전한 자유의 삶이 시작된다. 이렇게 이스라엘 백성들은 홍해를 건넜지만 아직 약속하신 땅에 이르지 못했고 그들은 광야에서 초막(천막)을 짓고 그 안에

서 생활하였다. 예수 그리스도를 영접하여 구원받은 성도들을 괴롭히던 마귀는 떠나가고 성령이 함께 하지만 아직 하나님의 영광의 나라에 가기 전이기 때문에 하나님께서는 성도들을 교회로 인도하셔서 육체의 눈으로는 보이지 않는 '예수의 막 안'에서 예수님과 함께 하나님의 은혜를 누리는 삶을 살게 하신 것이다. 스데반 집사는 구원받은 성도들이 하나님께 부름 받기 이전에 이 땅에서 믿음생활 하는 것을 이스라엘 백성들의 광야생활에 비유하였다(행 7:38). 하나님께서는 성도들이 교회생활하는 것을 이스라엘 백성들이 광야생활을 한 것과 똑같이 보신다는 뜻이다.

광야의 특징은 황량한 불모의 땅이기 때문에 항상 물과 식량이 부족하여 목마르고 배고픈 곳이다. 그래서 제대로 된 믿음을 소유한 성도라면 교회생활의 대부분을 마음이 가난해야 하고(마 5:3), 하나님께서 약속하신 의(진리 말씀과 하나님의 은혜)에 주리고 목마른 삶(마 5:6)으로 살아야 한다. 그런데 사단에게 속은 성도들이 '초막생활의 근본'을 잊어버리고 마음 안에 사단이 준 더러운 죄악과 상처를 비우지 못하고, 늘 하나님을 향하여 손을 벌려 기도하는 것이 사단이 주는 달콤한 것(먹고 마시고 입는 것)들이다. 성도들이 사단에게 속는 어리석은 삶을 사는 이유는 성도의 교회생활이 곧 광야생활인 것을 깨닫지 못하여 예수님과 함께하는 참된 초막을 세우지 못했기 때문이다. 애굽에서 나온 이스라엘 백성들을 홍해를 건너게 하고 광야에 두신 하나님의 마음을 제대로 깨닫고, 구원받은 성도들을 교회로 부르신 목적이 무엇인지 바르게 깨닫자. 예수님의 십자가만 붙들고 보혈을 사모하는 진실한 믿음으로 세워지면 반석 되시는 예수님께서 자기를 깨뜨리셔서 우리에게 영원한 생명수를 공급해 주시고(고전 10:4) 세상이 주지 못하고 사단이 빼앗을 수 없는 하늘에 속한 신령한 모든 것들을 풀어주신다.

예루살렘에 혼자서 몰래 올라가신 예수님께서 명절 중간쯤 되었을 때 성전에서 사람들을 모아놓고 가르치기 시작하셨다. 예수님께서는 이 세상에서의 배움이 없었는데 하나님께서 주신 지혜로 유대인들을 가르치신다. 이것을 본 사람들이 예수님에게 묻는다. "이 사람은 배움이 없는데 어떻게 글을 아느냐?"(15절) 하는 그들의 질문에 "나의 가르침은 내 것이 아니요 나를 보내신 이의 것이니라 사람이 하나님의 뜻을 행하려면 이 교훈이 하나님에게서 왔는지 내가 스스로 말함인지 알리라 스스로 말하는 사람은 자신의 영광을 구하지만 보내신 이의 영광을 구하는 그 사람은 참되며, 그 속에는 불의가 없다"(16-18절)라고 당당하게 대답하셨다. 예수님께서 성전에 올라가셔서 가르치신 내용이 무엇인지에 대한 기록은 없다. 그런데 예수님을 비난하려고 달려든 사람들이 놀라워하며 돌아서서 감탄했다는 것을 본다면 예수님의 가르침은 상상을 초월할 놀라운 가르침이었을 것이다. 예수님의 가르침에 감탄한 그들이 "저 사람은 배우지도 않았는데 어떻게 성경을 저리도 잘 알까?"(15절)라고 말하였다. 그들은 예수님이 글을 배우지 않았다는 것을 누구보다 잘 안다. 그런데 글을 배우지 않은 예수님에게서 자기들은 상상하지 못할 말씀이 풀어져 나온다. 그렇다면 이 말씀이 예수님 스스로 만들어 낸 것이 아니라 말씀의 주인 되시는 하나님에게서 풀어져 나오는 것임을 빨리 알아차려야 했다.

예수님은 그렇게 의아해하며 자기를 바라보는 이들을 향하여 "나의 가르침은 내 것이 아니라 나를 보내신 이(하나님)의 것이다"(16절)라고 당당하게 대답하셨다. 세상의 가르침은 하나님에게서 나온 가르침이 있고, 사람을 통하여 나온 가르침이 있다. 예수님은 배운 적도 없는 분이신데 사람들은 도저히 생각하지 못할 가르침을 주셨다. 예수님은 사람의 방법이나 지식으로 말씀을 풀어낸 것이 아니라 하나님으로서 말씀을 풀어내셨던 것이다. 예수님의 근본은 하나님이셨는데 죄인들을 구하려고 인간의 몸을 입고 오셨을 뿐이다. 갓난아이(자녀)는 엄마의 젖을 통하여 양분을 공급받는다. 하나님께서 예수 그리스도를 십자가에 못 박으시며 우리를 구원하시고 '하나님의 자녀'라는 존귀한 신분을 주신 이유는 하나님께서 사랑하는 자녀들에게 직접 말씀을 풀어서 먹여주시려는 의도이다. 그런데 이러한 하나님의 의도를 모르고 많은 목사가 인간의 짧은 지식으로 하나님의 말씀을 풀든지, 아니면 사람들이 만든 책에 의존하여 성도들을 먹이려 한다. 그 말씀은 잠시 듣기는 좋겠지만, 하나님에게서 풀어지는 하늘의 말씀이 아니기 때문에 하나님의 자녀로서 누려야 할 권세를 회복하지 못하고 세상에서 승리할 수 없다. 구원받은 성도들이 교회는 다니지만 여전히 사단에게 눌려 사는 이유가 여기에 있다. 성도들은 하나님의 말씀을 성령을 통하여 풀어서 하늘 생명이 풍성하며 성령이 나타나 일하시는 말씀을 먹어야 할 권리가 있다. 구원받은 성도들이 하나님께서 주신 의도대로 하늘 생명의 말씀을 먹어낼 때 마귀를 당당하게 밟아 승리하며 삶의 모든 조건을 하나님의 영광으로 바꾸는 승리자가 된다.

구원받은 성도들이 세상을 살아가면서 하나님의 뜻을 이루고자한다면 사람의 의도대로 풀어진 말씀이 아니라 성령을 통하여 풀어져서 성령의 일하심이 나타나는 말씀을 먹어야 한다. 성령을 통하여 풀어진 하늘 생명의 말씀, 성령이 삶의 현장에 그대로 나타나는 말씀을 먹은 성도들의 믿음은 사람의 영광을 요구하지 않고 삶의 현장 모든 자리에서 하나님의 영광을 구하며 당당히 승리를 선포하는 믿음이다. 똑같은 성경을 가지고 설교를 하고 성경 말씀을 연구하여도 사람의 의도로 풀어낸 말씀이라면 이 말씀을 붙들고 아무리 기도하며 선포하여도 마귀는 절대 두려워하지 않는다. 그러나 예수님의 말씀처럼 성령을 통하여 풀어진 말씀이라면 이 말씀을 마음에 먹어내는 순간부터 하늘의 불이 그 성도를 사로잡고, 이 말씀을 입에 올려 찬양하며 선포하여 기도할 때 놀랍고 신비한 기적들이 풀어지게 된다. 하나님께서는 이러한 말씀을 먹여주시려고 예수님을 십자가에 못 박으시며 성도들을 구원하시고 교회로 인도하여 말씀을 먹으라 하시는 것이다. 오늘 내가 받아먹는 말씀은 사람의 의지와 방법으로 풀어낸 말씀인가, 아니면 하나님 앞에 나가서 성령을 의지하여 풀어낸 하늘의 불이 역사하는 말씀인가? 모든 성도는 하나님의 불이 역사하는 말씀을 먹어야 할 권리가 있다.

22

예수님 목마릅니다(요 7:26-39)

²⁶ 보라 드러나게 말하되 그들이 아무 말도 아니하는도다 당국자들은 이 사람을 참으로 그리스도인 줄 알았는가 ²⁷ 그러나 우리는 이 사람이 어디서 왔는지 아노라 그리스도께서 오실 때에는 어디서 오시는지 아는 자가 없으리라 하는지라 ²⁸ 예수께서 성전에서 가르치시며 외쳐 이르시되 너희가 나를 알고 내가 어디서 온 것도 알거니와 내가 스스로 온 것이 아니니라 나를 보내신 이는 참되시니 너희는 그를 알지 못하나 ²⁹ 나는 아노니 이는 내가 그에게서 났고 그가 나를 보내셨음이라 하시니 ³⁰ 그들이 예수를 잡고자 하나 손을 대는 자가 없으니 이는 그의 때가 아직 이르지 아니하였음이러라 ³¹ 무리 중의 많은 사람이 예수를 믿고 말하되 그리스도께서 오실지라도 그 행하실 표적이 이 사람이 행한 것보다 더 많으랴 하니 ³² 예수에 대하여 무리가 수군거리는 것이 바리새인들에게 들린지라 대제사장들과 바리새인들이 그를 잡으려고 아랫사람들을 보내니 ³³ 예수께서 이르시되 내가 너희와 함께 조금 더 있다가 나를 보내신 이에게로 돌아가겠노라 ³⁴ 너희가 나를 찾아도 만나지 못할 터이요 나 있는 곳에 오지도 못하리라 하시니 ³⁵ 이에 유대인들이 서로 묻되 이 사람이 어디로 가기에 우리가 그를 만나지 못하리요 헬라인 중에 흩어져 사는 자들에게로 가서 헬라인을 가르칠 터인가 ³⁶ 나를 찾아도 만나지 못할 터이요 나 있는 곳에 오지도 못하리라 한 이 말이 무슨 말이냐 하니라 ³⁷ 〈배에서 생수의 강이 흘러나오리라〉 명절 끝날 곧 큰 날에 예수께서 서서 외쳐 이르시되 누구든지 목마르거든 내게로 와서 마시라 ³⁸ 나를 믿는 자는 성경에 이름과 같이 그 배에서 생수의 강이 흘러나오리라 하시니 ³⁹ 이는 그를 믿는 자들이 받을 성령을 가리켜 말씀하신 것이라 (예수께서 아직 영광을 받지 않으셨으므로 성령이 아직 그들에게 계시지 아니하시더라)

요 7:26-36 '초막절'에 성전에서 예수님께서 가르치신 말씀 때문에 다시 예수님을 죽이려는 음모들이 고개를 든다. 사단에게 끌려다니는 인생들은 사람으로서는 감히 풀지 못할 하늘의 비밀을 풀어내시는 예수님의 말씀에 은혜를 회복하고 감사해야 하는데 오히려 예수님을 죽이려고 한다. 하나님께서 기뻐하시며 찾으시는 믿음은 하늘 은혜의 말씀이 선포될 때 그 말씀 때문에 마음이 찔려서 "우리가 어찌해야 할까요?"(행 2:37) 하며 말씀대로 살지 못한 것을 회개하며 하나님 안으로 더 깊이 들어오는 믿음이다. 하지만 교회에 나왔을지라도 하늘 사람으로 변화시키려고 풀어주시는 하늘의 신령한 말씀 앞에서 돌을 들고 대적하는 자들은 사단에게 잡혀 있는 인생들이다(행 7:51-54).

나는 지금 하나님께서 풀어주시는 말씀 앞에서 어떠한 자세를 가지고 있는가? 말씀으로 그들을 변화시키려는 예수님을 오히려 죽이려는 마음을 강하게 품은 유대인들을 향하여 예수님께서 "나는 스스로 세상에 오지 않았다. 나를 세상에 보내신 이는 참(하나님)이시니 너희는 그를 알지 못하나 나는 안다. 왜냐하면 그분이 나를 보내셨기 때문이다"(28-29)라고 말씀하셨다. 유대인들이 예수님에 대하여 아는 것은 마리아와 요셉의 아들이라는 겉으로 드러난 사실뿐이고, 예수님에 대하여 모르는 것은 예수님은 하나님이시며 하늘에서부터 왔다는 신비한 비밀이다. 예수님은 하나님에게서 오신 분이시기 때문에 하나님께서 주신 지혜로 하나님 아버지의 마음과 영원한 하늘 생명의 말씀을 풀어주셨다. 하지만 예수님을 죽이려 하는 유대인들은 온 인류를 죄와 마귀에게서 건지고 영원한 멸망에서 꺼내주려고 예수님을 보내주신 하나님의 마음을 전혀 모르고, 구원자로 오신 예수님을 모든 방법을 동원하여 죽이려는 마음밖에는 없다.

예수님의 신비한 말을 들은 유대인들이 예수님을 잡으려 하지만 예수님에게 손을 대는 자가 아무도 없었다(30절). 왜냐하면 예수님께서 십자가에 달려야 할 하나님의 시간이 아직 멀었기 때문에 사람의 눈에 보이지 않는 하나님의 강력한 힘이 예수님을 잡으려는 유대인들을 막고 있기 때문이다. 예수님의 입에서 풀어지는 신비한 생명의 말씀과 예수님을 통하여 나타나는 강력한 기적을 보면서 대제사장과 바리새인들은 예수님을 죽이려 하였다. 하지만 갈급한 마음으로 하나님께서 약속하신 '그리스도'(메시아)를 기다리던 많은 대중들은 예수님을 믿으면서 "그리스도께서 오실지라도 그가 행하실 표적이 이 사람의 행한 것보다 더 많을 수 있을까?"(31절)라고 하였다. 이 땅에 오시는 '그리스도'(메시아, 구원자)가 둘이 아닌 이상 이들은 예수님을 하나님께서 보낸 '그리스도'로 믿고 있었던 것이다. 이것 때문에 대제사장들과 바리새인들이 더욱 예수님을 잡으려 하지만 예수님께서는 "너희들이 나를 찾아도 만나지 못할 것이요 나 있는 곳에 오지도 못하리라"(34절)라고 말씀하셨다. 하나님께서 하늘에 계셨던 예수님을 이 땅에 보내신 목적은 죄 문제를 해결하고, 사단의 머리를 짓밟아 깨뜨리고, 죄 때문에 사단에게 잡혀 어둠에 잡혀 있는 불쌍한 영혼들에게 영원한 생명의 빛을 비추고, 가난한 마음으로 하나님을 간절히 기다리던 자들에게 하나님께서 이 땅에 오셨다는 기쁜 소식을 전하여 주고, 눈이 멀어서 하나님을 보지 못하는 자들에게는 영적인 눈을 열어 하나님을 보게 하며, 마귀에게 잡혀서 영원한 지옥으로 달려갈 자들에게 완전한 해방을 선포하고 예수님을 통하여 풀어지는 하늘의 완전한 은혜를 선포하게 하시는 것이다(눅 4:18-19).

> 주 여호와의 영이 내게 내리셨으니 이는 여호와께서 내게 기름을 부으사 가난한 자에게 아름다운 소식을 전하게 하려 하심이라 나를 보내사 마음이 상한 자를 고치시며 포로된 자에게 자유를, 갇힌 자에게 놓임을 선포하며 여호와의 은혜의 해와 우리 하나님의 보복의 날을 선포하여 모든 슬픈 자를 위로하되 사 61:1-2

유대 사람들은 하나님께서 약속하신 구원자 '그리스도'(메시아)를 간절히 기다리며 마음이 갈급한 상태였기 때문에 대부분 예수님을 '그리스도'(메시아)로 받아드리려 하였다. 하지만 유대의 종교지도자들인 제사상들과 바리새인들은 구약 성경의 약속대로 오셔서 '그리스도'의 사역을 풀어내시는 예수님을 오히려 죽이려 한다.

예수님께서는 하나님께서 약속하신 '그리스도의 사역'(십자가)을 완성하시면 곧 하늘로 올라가실 것이다. 그때 그들이 예수님을 찾아도 예수님을 만나지 못할 것이며 그들은 예수님께서 올라가신 하늘에 올라갈 수 없다고 말씀하시는 것이다. "내가 그리스도의 사역을 마치고 하늘로 올라가면 나를 믿은 자들에게는 하늘을 열고 하나님께서 나에게 주신 것들을 그들의 삶에 풀어 줄 것인데, 너희는 이것을 받아 낼 수 없고, 내가 있는 곳 하늘에 올 수 없다." 어쨌든 유대 종교지도자들이 예수님을 잡아 죽이려 하지만 하나님의 시간이 되지 않았기 때문에 하나님은 그들이 예수님을 잡지 못하게 완전하게 보호하신다. 이스라엘 백성들이 유월절 어린 양의 희생으로 출애굽을 한 이후에 모세를 따라 하나님께서 인도하시는 길을 갈 때 애굽의 군사들이 이스라엘 백성을 잡으려고 따라올 때 애굽의 군대에게는 흑암을 내리고 이스라엘 백성에게는 밤일지라도 광명한 빛으로 감싸셔서 애굽의 군대가 절대 하나님의 백성에게 손을 대지 못하게 막아주셨다.

> 이스라엘 진 앞에 가던 하나님의 사자가 그들의 뒤로 옮겨 가매 구름 기둥도 앞에서 그 뒤로 옮겨 애굽 진과 이스라엘 진 사이에 이르러 서니 저쪽에는 구름과 흑암이 있고 이쪽에는 밤이 밝으므로 밤새도록 저쪽이 이쪽에 가까이 못하였더라 출 14:19-20

이처럼 예수 그리스도를 영접하여 하나님의 자녀가 된 성도들이 어디를 가서 무엇을 하든지 하나님은 항상 함께하시며 능력의 오른손으로 붙잡고 도와주시기 때문에 하나님만 신뢰하는 성도들은 모든 상황에서 반드시 승리할 수밖에 없다.

요 7:37-39 자기를 해하려던 사람들을 피하셨던 예수님께서 '초막절' 축제가 끝나갈 즈음 집으로 돌아가려는 사람들을 향하여 "누구든지 목마르거든 나에게로 와서 마셔라. 나를 믿으면 성경에서 이미 약속하신 대로 그 사람의 가장 깊은 곳에서 생수의 강이 흘러나오리라"고 큰소리로 외치신다. 이 땅에 오신 예수님의 처음 설교의 첫 마디는 "마음이 가난한 자는 복이 있다. 왜냐하면 천국이 저희의 것이기 때문이다" 하셨고 마 5:6에서는 "의(하나님의 뜻, 하나님의 생명의 말씀)에 주리고 목마른 자는 복이 있다. 왜냐하면 그가 목말라하는 만큼 하나님께서 채워주시기 때문이다"라고 하셨다. '초막절' 절기에는 예루살렘에 모인 무리가 매일 시 113편과 118편을 부르며 특별히 시 118:29 "여호와께 감사하라"라는 구절이 나올 때에는 종려나무 가지를 흔들며 하나님의 구원을 사모하였다. 특히 '초막절' 첫날에 나팔 소리와 함께 제사장 무리가 실로암 연못에서 물을 길어와 제단 앞에 쏟으면서 절기를 지키려고 예루살렘에 올라 온 순례자들과 함께 손에 종려나무 가지와 버드나무 가지를 흔들면서 "여호와여 우리를 구원하소서"(시 118:25)라고 외쳤다.

이렇게 실로암 연못에서 길어 온 물을 제단에 바치는 의식은 '초막절' 절기 내내 매일 반복되었는데 그들은 왜 이렇게 해야 하는지 의미를 모르면서 물을 길어 제단에 쏟는 행사를 하고 있다.

왜 실로암 연못의 물을 길어와 제단에 부어야 하는지 의미도 모르면서 실로암 연못의 물을 성전 제단에 붓는 무리에게 예수님께서 말씀하셨다. 하나님께서는 첫 조상 아담이 마귀에게 빼앗긴 하늘의 생수(창 2:10-14, 계 22:1-4)를 예수 그리스도를 영접하여 구원받은 성도들의 마음 안에서 터뜨려 주기 원하신다. 이것을 위해 사단에게 속았던 마음을 비우고 하나님께서 약속하신 성령의 강이 흘러나올 길(보혈로 씻어서 정결해진 마음)을 하나님께 올려드려야 한다. 사단은 하나님의 보좌에서부터 흘러나와 세상을 향하여 흘러갈 '생명(성령)의 생수'가 성도들을 통하여 흘러나오지 못하게 하려고 성도들의 마음을 세상의 죄악과 욕심과 더러운 상처로 가득 채워놓았다. 사단이 성도들 마음 안에 담아놓은 더러운 것들을 예수님의 보혈을 의지하여 녹여내고 씻어버린 성도들은 하나님께서 예수님을 통하여 흘려보내주시는 '성령(생명)의 강물'을 간절하게 소망하는 기도를 하게 된다.

하나님께서 찾으시는 참된 믿음의 성도들은 하나님의 보좌에서부터 흘러나와 세상을 살리는 '생명의 생수'를 예수님을 통하여 마음껏 받아먹는 '신령한 믿음'의 소유자들이다. '초막절'만 되면 제사장들과 바리새인들은 하나님 아버지의 마음을 몰라 형식적으로 실로암 연못의 물을 퍼 날랐다. 구원받은 성도들이 하나님 아버지의 마음을 바르게 알고 하나님께서 예수님을 통하여 흘려주시는 '생명의 생수'를 사모하면, 세상의 물동이가 없어도 예수님께서 친히 그들의 마음 깊은 곳에서부터 하나님 보좌에 가득한(계 22:1-2)

생수를 솟아나게 하는 영적인 물동이가 되셔서 '성령의 생수'를 마음껏 마시며 주변 갈급한 영혼들에게까지 흘려보낼 수 있게 해주신다. 그런데 예수님을 통하여 하나님의 보좌에서 흘려보내지는 생수는 보혈의 능력으로 마음을 정결하게 씻어내고 하나님을 향한 목마름이 강력한 믿음의 성도들만 마실 수 있다.

 심령이 가난한 자는 복이 있나니 천국이 그들의 것임이요 마 5:3

그런데 하나님께서 일하시는 비밀을 아는 사단은 성도들이 하나님을 향한 목마름으로 기도를 하지 못하게 속이고, 세상의 목적에 대한 목마름으로만 기도하게 한다(마 6:31-33). 예수님은 '초막절 절기'에서 가장 중요한 날에 소리쳐 외치신다. 내 살을 먹어낸 믿음(예수 그리스도를 영접하여 구원받은 성도)이라면 누구라도 상관없다. 사단에게 속았던 것을 보혈을 의지하여 버리고 마음을 열고 나에게 기도하여라. 내가 너희의 마음 가장 깊은 곳에서 '성령의 강물'(하나님의 보좌 앞에 가득한 성령의 강물)이 터져 나오게 해 주리라. 에스겔 선지자는 환상을 통하여 '성소'(하나님 계신 곳)에서부터 흘러나오는 생수로 가득 채워지면 성도들 인생 앞길에 하나님께서 주시는 하늘의 열매를 맺게 될 나무들이 가득한 것을 보게 된다(겔 47:5-7). 믿음 안에서 감사하면서 이 나무들을 더 성장시키면 성도들의 삶의 현장에는 하나님으로부터 오는 하늘의 열매들이 저절로 풀어지게 된다. 하늘의 열매를 하나만 받아도 말할 수 없는 감격일 텐데, 하나님의 보좌에서부터 흘러나오는 '성령의 생수'를 마음껏 받아낸 성도들은 달마다 하늘의 열매들을 거두는 축복을 누리게 된다. 이것은 성도의 노력의 결과가 아니라 '성소'(하나님의 보좌)에서부터 흘러나오는 '성령의 생수'에 가득 덮여져 있는 믿음을 하나님께서 인정하셨기 때문이다(겔 47:1-12).

> 강 좌우 가에는 각종 먹을 과실나무가 자라서 그 잎이 시들지 아니하며 열매가 끊이지 아니하고 달마다 새 열매를 맺으리니 그 물이 성소를 통하여 나옴이라 그 열매는 먹을 만하고 그 잎사귀는 약 재료가 되리라 겔 47:12

하나님께서 구원받은 성도에게 주시기 원하시는 '하늘의 생수'(성령의 생수)는 조금만 받아도 감격이고, 사단은 놀라고 두려워한다. 하나님은 구원받은 성도들이 예수 그리스도를 통하여 부어주시는 '하늘의 생수'로 완전하게 채워져 넘쳐흘러 주변까지 살려내기를 원하신다. 예수 그리스도를 통하여 구원받은 성도들은 매 주일 예배를 드리며 하나님께서 예수 그리스도를 통하여 부어주시는 '하늘의 생수'가 얼마나 채워져 있는지 스스로를 돌아보아야 한다. 그런데 영적으로 갈급하여 '하나님의 생수'를 사모하던 성도들이 '하나님의 생수'(성령)가 자기에게 조금 부어졌을 때 갑자기 교만해져서 모든 것을 빼앗기고 사단에게 이용당하는 모습을 주변에서 너무 많이 본다(잠 16:18. 교만은 멸망의 선봉). '영'이 열려져서 하나님께서 부어주시는 '하늘의 생수'를 맛보았다면 교만하지 말고 더욱 겸손하여 하나님의 기쁨이 되어 '성령의 생수'에 완전하게 덮여지는 참믿음이 되자.

23

내 마음에 하늘의 글을 새기시는 예수님

(요 7:45-52; 8:2-11)

⁴⁵ ⟨대제사장들과 바리새인들은 믿지 않다⟩ 아랫사람들이 대제사장들과 바리새인들에게로 오니 그들이 묻되 어찌하여 잡아오지 아니하였느냐 ⁴⁶ 아랫사람들이 대답하되 그 사람이 말하는 것처럼 말한 사람은 이 때까지 없었나이다 하니 ⁴⁷ 바리새인들이 대답하되 너희도 미혹되었느냐 ⁴⁸ 당국자들이나 바리새인 중에 그를 믿는 자가 있느냐 ⁴⁹ 율법을 알지 못하는 이 무리는 저주를 받은 자로다 ⁵⁰ 그 중의 한 사람 곧 전에 예수께 왔던 니고데모가 그들에게 말하되 ⁵¹ 우리 율법은 사람의 말을 듣고 그 행한 것을 알기 전에 심판하느냐 ⁵² 그들이 대답하여 이르되 너도 갈릴리에서 왔느냐 찾아보라 갈릴리에서는 선지자가 나지 못하느니라 하였더라 ⁵³ ⟨음행중에 잡혀온 여자가 용서 받다⟩ [다 각각 집으로 돌아가고 ⁸²아침에 다시 성전으로 들어오시니 백성이 다 나아오는지라 앉으사 그들을 가르치시더니 ³ 서기관들과 바리새인들이 음행 중에 잡힌 여자를 끌고 와서 가운데 세우고 ⁴ 예수께 말하되 선생이여 이 여자가 간음하다가 현장에서 잡혔나이다 ⁵ 모세는 율법에 이러한 여자를 돌로 치라 명하였거니와 선생은 어떻게 말하겠나이까 ⁶ 그들이 이렇게 말함은 고발할 조건을 얻고자 하여 예수를 시험함이러라 예수께서 몸을 굽히사 손가락으로 땅에 쓰시니 ⁷ 그들이 묻기를 마지아니하는지라 이에 일어나 이르시되 너희 중에 죄 없는 자가 먼저 돌로 치라 하시고 ⁸ 다시 몸을 굽혀 손가락으로 땅에 쓰시니 ⁹ 그들이 이 말씀을 듣고 양심에 가책을 느껴 어른으로 시작하여 젊은이까지 하나씩 하나씩 나가고 오직 예수와 그 가운데 섰는 여자만 남았더라 ¹⁰ 예수께서 일어나사 여자 외에 아무도 없는 것을 보시고 이르시되 여자여 너를 고발하던 그들이 어디 있느냐 너를 정죄한 자가 없느냐 ¹¹ 대답하되 주여 없나이다 예수께서 이르시되 나도 너를 정죄하지 아니하노니 가서 다시는 죄를 범하지 말라 하시니라

요 7:45-52 예수님의 권세 있는 가르침에 사람들이 예수님에게
로 넘어갈까 두려워하던 대제사장들과 바리새인들이 예수님을 잡
아 오라고 성전에서 일하는 하인들을 보냈지만 그들이 빈손으로
돌아왔다. 그리고는 "그분은 아무런 잘못을 하지 않았고 그동안
하나님의 말씀을 이렇게 권세 있게 풀어낸 사람은 없었습니다. 그
분은 사람의 입장에서 말하지 않고 하나님의 마음으로 말씀을 풀
어냈습니다. 이렇게 존귀한 분을 어찌 결박하여 끌고 올 수 있나
요?"(46절)라고 말하였다. 이 말을 들은 바리새인들이 "너희도 미
혹되었느냐?"라며 야단친다. 유대 백성들의 마음이 자기들(그 당
시 종교지도자로 기득권을 가진 자들)에게서 멀어질까 두려워서 예수님을
잡아 가두려고 성전의 하인들을 보냈던 것인데, 그들이 걱정하던
일이 예수님을 잡으러 갔던 성전의 하인들에게서 일어났다.

그런데 그보다 더 놀랄 일은 예수님을 잡으러 갔던 하인들이 돌
아와서 하는 말이 "그분처럼 하나님의 말씀을 풀어낸 사람은 지금
까지 아무도 없었다."라는 것이다. 하나님의 말씀을 자기들 마음
대로 풀어 말장난하지 않고 말씀의 능력이 그대로 흘러나오도록
풀어내는 하나님께서 보내신 사람을 만났다는 고백이었다. 예수

님을 잡으러 갔던 성전의 하인들은 예수님을 결박하여 잡아오기는커녕 예수님은 하나님께서 성경을 통하여 약속하신 '생명의 물'을 주러 오신 분(사 61:1-2, 겔 47:1-12)이라는 것을 깨달았다. 예수님을 잡으러 갔던 성전의 하인들이 순수한 마음으로 예수님의 입에서 나오는 말씀을 받았기 때문에 예수님께서 "사단에게 속아서 마음이 썩은 물로 가득 차 신음하며 고통스러운 삶을 살고 있는 너희들아 내가 흘릴 피로 너희 마음에 가득한 썩은 물을 비워내고 가난한 마음이 되어 내가 너희에게 옮겨줄 하늘의 생수를 사모하여라 그러한 마음이 있으면 내가 누구든지 '하늘의 생명 생수'로 너희를 채워 줄 것이다"(37-39절) 하는 말씀을 알아들을 수 있었던 것이다.

예수님께서 하신 이 말씀은 사람으로서는 감히 할 수 없는 말이었다. 예수님께서 이렇게 말씀하실 수 있는 비밀은 그분이 하늘로부터 오신 분이었고, 죄 때문에 마귀에 눌려 신음하는 불쌍한 인생들을 죄와 사망에서 건져 구원하고, 구원받은 성도들의 마음 안에 '하늘의 생수'를 가득 담아주어서 이 땅을 살아가는 동안 하늘의 축복을 누리게 해주며, 죽음 이후에 하나님께로 올려보내는 일을 하시는 분이기 때문에 가능한 것이었다. 율법으로 마음이 굳어 있는 바리새인들과 제사장들은 예수님의 입에서 풀어지는 '하늘 생명의 말씀'을 믿을 수 없었다. 하지만 율법으로 마음이 굳어지지 않고 오히려 율법 때문에 자신이 어찌할 수 없는 죄인이라는 것을 깨닫고 하나님을 향하여 마음을 열고 구원의 은혜를 사모하는 사람들은 예수님께서 선포하시는 하늘의 비밀한 말씀을 듣고 예수님을 믿었다. 지금도 성경을 조금 아는 척하는 사람들은 성령을 통하여 풀어지는 하나님의 비밀스러운 말씀과 성령께서 일하시는 능력들을 자기가 아는 지식수준으로 판단하며 받아들이려 하지 않는다. 하지만 아무것도 모른다 하며 오직 하나님의 은혜만 갈급한 마음으로 간절히 사모하는 영혼들에게는 하나님께서 그리스도 안에 감추어져 있는 신령한 은혜와 성령께서 나타나시는 능력들을 강력하게 부어주신다. 이제부터 말씀을 아는 척하지 말고 철저히 낮아진 마음으로 하나님의 은혜와 성령께서 나타나 일하시는 비밀만을 사모하는 갈급한 심령이 되자.

요 8:2-11 예수님은 자신을 핍박하려는 자들을 피하여 감람산에 가셨다가 다음 날 다시 성전에 들어가셨다. 이때 율법 학자와 바리새인들이 간음하다 현장에서 잡힌 여인을 끌고 와서 "모세는 율법에서 간음한 여인을 돌로 치라 명령하였는데, 선생님은 뭐라고 말씀하실 것입니까?"(5절) 하며 예수님을 시험한다. 시험하려는 그들의 마음을 아신 예수님은 땅에 글을 쓰셨고, 그래도 줄기차게 질문하는 자들을 향하여 "너희 중에 죄 없는 자가 먼저 돌로 치라"(7절) 하시고는 다시 땅에 글을 쓰셨다. 예수님께서 땅에 글을 쓰시면서 "너희가 죄 없다면 이 여인을 돌로 쳐도 된다"라고 하시는 말을 듣고는 돌을 들고 있던 자들이 모두 자리에서 떠났다. 예수님을 시험하며 여인을 돌로 치려고 왔던 사람들이 모두 떠난 후에 "너를 고소하던 자들이 어디 있느냐? 너를 정죄하던 자들이 없느냐?"(10절) 하고 여인에게 물으셨다. 여인이 아무도 없다고 답을 하자 예수님께서 "나도 너를 정죄(죄가 있다고 판단)하지 아니하노니 가서 다시는 죄를 범하지 말라"(11절)고 하셨다. 그렇다면 예수님께서 정죄 받아 돌로 맞아 죽을 여인을 앞에 두고 땅바닥에 글자를 쓰신 비밀이 무엇이고, 왜 여인을 돌로 치려던 자들이 아무 말 없이 모두 떠났는지 하나님의 마음으로 이 말씀의 비밀을 풀어 보자.

유월절 어린 양의 희생으로 400년 동안 애굽에서 종살이하던 이스라엘 백성들을 해방해 주신 하나님께서 홍해에서 믿음의 침례/세례(고전 10:1-2, 롬 6:1-11)를 받게 하신 이후 백성들을 광야 시내산 밑으로 인도하셨다. 그리고는 모세를 시내산 정상으로 부르셔서 언약의 말씀을 돌 판에 새겨주셨다(출 31:18). 모세가 하나님께서 주신 언약의 돌 판을 가지고 백성에게 내려올 때 모세를 기다리다 지친 백성들은 금송아지를 만들어 놓고 "이것이 우리를 애굽에서 건져 낸 신이다"하며 하나님을 배신하고 우상숭배의 수렁에 빠져 있었다(출 32:4). 우상숭배에 빠져 하나님을 배신하는 백성들을 하늘에서 내려다보신 하나님께서 모세에게 "이 백성을 보니 목이 곧은(교만한) 백성이로다 내가 그들에게 진노하여 그들을 진멸하고(완전히 멸망시켜 씨를 없애고) 너로 큰 나라가 되게 하리라"(출 32:9-10)고 말씀하셨다. 하나님께서 진노하신 음성을 듣고 급히 산을 내려오던 모세가 백성들이 금송아지 앞에서 뛰노는 모습을 보고는 크게 화가 나서 두려운 마음으로 하나님께서 친히 새겨주신 언약의 돌 판을 내던져 깨뜨렸다(출 32:19). 하나님께서 주신 거룩한 언약의 말씀을 백성 앞에 들이대면 하나님의 거룩 때문에 모든 백성이 하나님께서 말씀하신 대로 진멸하여 죽게 된다. 이러한 비밀을 알았던 모세가 언약의 돌 판을 던져 깨뜨려버린 후 백성들이 만들었던 금송아지를 불살라 가루를 만들어 물에 뿌려 그들이 마시게 하였고(출 32:20), 하나님 편에 서 있는 레위 자손들을 세워서 아직도 우상에 취하여 하나님께 돌아오지 못한 자들을 칼로 도륙하여 3000명가량을 죽였다(출 32:25-29).

그리고 모세는 다시 하나님 앞에 나가서 자신의 이름이 생명책에서 지워져도 좋으니 백성들의 죄를 용서해 달라고 하나님께 간절히 중보하며 기도하였다(출 32:30-35). 모세의 간절한 중보기도를 받으신 하나님께서는 백성들의 죄를 용서하고 진멸은 하지 않겠다고 하시지만 더 이상 이스라엘 백성들과 함께하시지 않겠다고 하신다. 그때 이스라엘 백성들이 정신 차리고 그들이 가지고 있던 모든 단장품을 버리고 하나님만 사랑한다는 진실한 믿음을 보였다(출 33:4-6). 모세의 간절한 중보와 백성들의 진실한 회개를 받으신 하나님께서는 그들을 떠나지 않고 함께하시겠다고 약속하셨고 모세에게 하나님의 영광을 정확하게 보여주신 이후에 "너는 돌 판들을 처음 것과 같이 깎아 만들어라 네가 깨뜨렸던 처음 판에 새겼던 언약을 네가 만든 판에 다시 새겨 줄 것이다"(출 34:1)라고 말씀하신다. 하나님의 말씀을 듣고 모세가 돌 판을 새롭게 만들어 시내산에 올라갔을 때 하나님께서는 처음 판에 새겨주셨던 언약의 말씀을 모세가 다듬어 만든 돌 판에 다시 새겨주셨다.

하나님께서 처음 세상을 만드시고 에덴동산에 아담을 두시고 아담이 세상을 정복하고 다스릴 수 있는 하늘 말씀을 아담의 마음에 완전하게 새겨주셨다(창1:28). 하늘 말씀이 아담의 마음 안에 살아 있을 때 에덴은 완전한 천국이었고, 하나님께서 약속하신 모든 것들이 아담을 통하여 에덴에서 이루어지고 있었다. 그런데 아담과 하와가 사단에게 속아서 하나님께 불순종하였을 때 아담의 마음 안에 새겨졌던 하나님의 말씀이 깨져버렸다. 마음이 깨져 하나님의 말씀을 잃어버린 아담은 더 이상 하나님의 동산에 머물 수 없었다. 하나님께서 예수 그리스도를 십자가에 못 박으시며 성도들을 구원하신 목적은 '하늘의 말씀'을 새겨 넣을 '정결하고 신실한 마음'을 찾으시는 것이다. 구원의 비밀을 알고 있던 바울이 "너희가 우리의 편지라 우리 마음에 썼고 뭇 사람이 알고 읽는 바라 너희는 우리로 말미암아 나타난 그리스도의 편지니 이는 먹으로 쓴 것이 아니요 오직 살아계신 하나님의 영으로 한 것이며 또한 돌비석에 쓴 것이 아니요 오직 마음 판에 쓴 것이라"(고후 3:2-3)라고 성도들이 구원받은 이유를 설명한다. 구원받은 성도들에게 성경 말씀을 주시고, 교회로 인도하여 설교 말씀을 들려주시는 것은 성도들의 마음 안에 아담에게 주셨던 하나님의 말씀을 성령으로 새겨주시려는 것이다. 그런데 이러한 하나님의 마음을 몰라서 하나님의 말씀을 지식으로 알고 머리에 가두는 것으로 만족한다.

간음하다 현장에서 들킨 여인을 율법 학자와 바리새인들이 예수님 앞에 데려와서 모세의 율법으로 정죄하며 돌로 쳐 죽이라 한다. 이것은 구원받은 성도들이 하나님의 말씀을 어기고 죄를 지으면 마귀가 찾아와 "너 하나님께서 금하신 죄를 지었구나. 그렇다면 네가 지은 죄에 합당한 저주를 받아야지" 하면서 율법을 앞세워 성도들을 저주하려고 달려드는 모습이다 마귀는 정죄 받아 움츠러든 성도들의 머리를 휘어잡고 하나님 앞에 달려가 "죄를 지었으니 저주를 받아야 한다"라고 율법을 앞세워 하나님께 상소한다. 이때 십자가에 못 박히면서 성도들을 구원하신 예수님께서 성도들의 마음에 숨어있는 더러운 죄를 자신이 흘려서 모든 죄를 해결했던 피, 성도들이 믿음으로 받아먹은 피로 마귀가 상소하는 죄를 다 씻어내신다. 그리고는 성도들의 마음 한복판에 새겨져 있는 하늘 언약의 말씀을 당당하게 드러내신다. 예수님의 피로 씻어져 있는 성도들의 마음, 그 위에 성령을 통하여 완전하게 새겨져 있는 하늘 언약의 말씀을 보고는 성도들을 정죄하며 저주하라 외치던 마귀가 소리 지르며 도망할 수밖에 없다.

예수님께서 간음하다 현장에서 잡혀 돌에 맞아 죽어야 할 여인을 살리기 위해 땅에 글을 쓰셨듯이 끊임없이 성도들을 정죄하는 마귀의 공격을 끊기 위해 예수님께서는 구원받은 성도들을 교회로 인도하여 성도들의 마음에 하늘의 말씀을 새겨주기 원하신다. 구원 안에 들어와 마음속에 마귀가 몰래 심어 놓은 더러운 죄들을 예수님의 피로 씻어내고 오직 예수님만 기뻐하며 예수님의 입에서 나온 생명의 말씀을 마음 안에 가득 담아놓은 성도들을 보면 하나님께서 "내가 너를 보니 마귀에게 공격받을 죄와 불법이 하나도 없고, 하늘의 축복이 네 삶에 옮겨지게 할 약속의 말씀이 마음에 가득 심어져 있구나"(히 10:17) 하며 감격하시고 마귀의 정죄 때문에 오히려 하늘의 축복을 받아내는 하나님의 친자녀들의 삶이 회복되게 하신다.

예수님께서 흙에 글자를 쓰셨는데 많은 성도가 도대체 어떤 글씨를 쓰셨을까하고 궁금해 한다. 그것은 비밀이다. 하나님께서 각자 성도들을 통하여 이루어내실 하늘의 계획이 각각 다르기 때문에 성도들 각자의 마음에 새겨주시는 말씀도 모두 다르다. 어떤 글자인지가 중요한 것이 아니라 하나님께서 예수 그리스도를 십자가에 못 박으시며 성도들을 구원하시고 구원받은 성도들 각자의 마음 안에 새겨주실 말씀이 있는데, 하나님께서 새기시기 원하시는 말씀을 새기기 위한 마음이 준비가 되어 있는지가 더 중요하다. 하나님께서 구원받은 성도들에게 하늘의 말씀을 새겨주기 원하셔도 성도들이 말씀을 새겨 넣을 마음이 준비되지 않으면 '하늘의 씨앗'(하늘에서는 이미 이루어졌고 이 땅에서 성도들을 통하여 이루어질 하늘의 축복) 은 믿지 않는 사람들도 모두 아는 한낱 지식으로만 남기 때문이다.

비와 눈이 하늘로부터 내려서 그리로 되돌아가지 아니하고 땅을 적셔서 소출이 나게 하며 싹이 나게 하여 파종하는 자에게는 종자를 주며 먹는 자에는 양식을 줌과 같이 내 입에서 나가는 말도 이와 같이 헛되이 내게로 되돌아오지 아니하고 나의 기뻐하는 뜻을 이루며 내가 보낸 일에 형통함이니라 사 55:10-11

하나님께서는 하늘을 열고 주신 하늘의 말씀을 그냥 지식으로만 알고 있는 이스라엘을 향하여 주신 말씀이다. 오늘날 이 말씀의 비밀을 깨달은 성도들이 마음에 하나님의 말씀을 새기며, 마음에 새겨진 말씀대로의 열매를 거두며 하나님께 영광을 올려드린다. '비와 눈'(하늘을 열고 내려주신 말씀, 하늘의 씨)이 하늘에서 내려오면 그대로 다시 하늘로 돌아가는 법이 없고, 비가 땅을 적시듯이 하늘의 말씀이 성도들 마음 안에 녹아들어서(뿌리 내리고 심어져서, 예수님 표현대로는 마음에 새겨지면) 자라게 되고, 마음에 녹아들어 온 말씀의 열매를 곧 거두게 된다. 이렇게 하나님께서 주시는 하늘의 열매를 누리는 삶을 하나님께서 가장 기뻐하신다. 하나님께서 하늘로부터 주시는 말씀을 마음에 새기고 말씀의 열매를 거두게 될 때 이러한 믿음을 소유한 성도들의 삶은 하나님의 영광을 모두에게 드러내는 형통의 삶이 된다.

24

생명의 빛 되시는 예수님(요 8:12-20)

¹² 〈나는 세상의 빛〉 예수께서 또 말씀하여 이르시되 나는 세상의 빛이니 나를 따르는 자는 어둠에 다니지 아니하고 생명의 빛을 얻으리라 ¹³ 바리새인들이 이르되 네가 너를 위하여 증언하니 네 증언은 참되지 아니하도다 ¹⁴ 예수께서 대답하여 이르시되 내가 나를 위하여 증언하여도 내 증언이 참되니 나는 내가 어디서 오며 어디로 가는 것을 알거니와 너희는 내가 어디서 오며 어디로 가는 것을 알지 못하느니라 ¹⁵ 너희는 육체를 따라 판단하나 나는 아무도 판단하지 아니하노라 ¹⁶ 만일 내가 판단하여도 내 판단이 참되니 이는 내가 혼자 있는 것이 아니요 나를 보내신 이가 나와 함께 계심이라 ¹⁷ 너희 율법에도 두 사람의 증언이 참되다 기록되었으니 ¹⁸ 내가 나를 위하여 증언하는 자가 되고 나를 보내신 아버지도 나를 위하여 증언하시느니라 ¹⁹ 이에 그들이 묻되 네 아버지가 어디 있느냐 예수께서 대답하시되 너희는 나를 알지 못하고 내 아버지도 알지 못하는도다 나를 알았더라면 내 아버지도 알았으리라 ²⁰ 이 말씀은 성전에서 가르치실 때에 헌금함 앞에서 하셨으나 잡는 사람이 없으니 이는 그의 때가 아직 이르지 아니하였음이러라

요 8:12　예수님께서 간음하다 잡혀 온 여인을 살려 보내신 다음에 자기 앞에 있는 사람들에게 "나는 세상의 빛이다"라고 당당하게 선포하신다. 매년 초막절이 되면 실로암 연못의 물을 제단 앞에 가져다 부으면서도 왜 이러한 일을 해야 하는지 이유를 모르는 유대인들을 향하여 예수님은 "누구든지 목마르거든 나에게로 와서 마셔라 나를 믿으면 성경에 이미 약속한 대로 그 사람의 마음 깊은 곳에서 '생수의 강'(성령의 강물)이 흘러나온다"(계 22:1-2. 예수님은 하나님 보좌에서 흐르는 '생명의 강물'을 예수님을 믿는 자들에게 옮겨주려고 왔다)는 하늘의 비밀, 생명의 비밀을 선포하셨다. 이러한 말씀은 그동안 제사장들이나 바리새인들에게서는 한 번도 듣지 못한 엄청난 말씀이었다. '영원한 생명의 강물'을 주신다는 예수님의 말씀을 받은 사람들 사이에서 예수님이 '선지자'라는 논쟁이 일어났다(요 7:40). 하나님께서 구약 성경을 통하여 약속하신 '그리스도'(구원자)로 예수님을 받아들이지 못하고 어떻게 해서라도 깎아내리고 비방하려는 사람들 앞에서 "나는 세상의 빛이다"라고 당당하게 선포하시는 것은 "나는 당신들이 말하는 갈릴리의 선지자 정도가 아니다(요 7:52). 사단에게 속아서 어둠에 억눌린 이 세상을 비추는 참 빛으로 하나님으로부터 보냄 받았으니(요 1:4-9) 제발 나를 믿으라"라고 하시는 것이다.

그렇다면 하나님으로부터 빛이 나오면 어떠한 일이 일어났을까? 하나님께서 세상을 창조하실 때 아무런 빛이 없었기 때문에 모든 것들은 흑암으로 완전히 덮여 있었다. 이러한 세상을 향하여 하나님께서 "빛이 있으라"(창 1:2-3)고 선포하셨다. 그 순간 모든 흑암이 떠나고 하나님의 빛 안에서 생명의 창조역사가 시작되었다. 하나님께서는 죄악이 가득하여 사단이 왕 노릇하는 세상에 죄 때문에 가득한 흑암을 거두어내고 하나님의 새로운 창조 역사를 이루시기 위해 예수님을 어둠으로 가득한 세상을 비추게 하는 '참빛'으로 보내신 것이다(요 1:4-9). 다윗은 가장 어려운 시기에 하나님께서 내리시는 빛을 받으면 어떻게 되는지를 경험하였다.

내가 여호와께 구하매 내게 응답하시고 내 모든 두려움에서 나를 건지셨도다 그들이 주를 앙망하고 광채를 내었으니 그들의 얼굴은 부끄럽지 아니하리로다 이 곤고한 자가 부르짖으매 여호와께서 들으시고 그 모든 환난에서 구원하셨도다 시 34:4-6

다윗이 이스라엘의 왕이 되기 위해 사무엘 선지자를 통하여 기름 부음을 받았지만 아직 왕 위에 오르기 전, 장인이자 이스라엘의 왕이었던 사울이 자신을 죽이려 하자 더 이상 피할 곳이 없어 이스라엘의 적국 블레셋으로 망명하였다. 그런데 죽지 않으려 망명한 블레셋에서 너무나 힘든 상황을 맞았다. 시 34편의 제목을

요한복음 1 나를 향해 열린 하늘

보면 "다윗이 아비멜렉 앞에서 미친 척하다가 쫓겨나서 지은 시"라고 되어 있다. 다윗이 생명을 건지려고 망명한 블레셋에서 말로 표현하지 못할 수치를 당하지만, 그 모든 과정에서 자기를 구원하여 주시는 하나님을 경험하였다.

너희는 여호와의 선하심을 맛보아 알지어다 그에게 피하는 자는 복이 있도다 시 34:8

다윗은 너무 억울한 고난을 당하고 있다. 자기의 목숨을 부지하려고 이방인들 앞에서 침을 질질 흘리며 문을 박박 긁으며 미친 척하는 신세가 되었다(삼상 21:10-15). 그럼에도 불구하고 다윗의 마음은 하나님만을 신뢰하는 분명한 믿음이었다.

의인은 고난이 많으나 여호와께서 그의 모든 고난에서 건지시는도다 시 34:19

이러한 믿음을 보신 하나님께서 다윗에게 하늘에서 내리는 강력한 빛을 주셨다. 다윗의 신실한 기도를 받으신 하나님께서 다윗에게 '하늘의 빛'을 내려주신 결과 다윗은 모든 두려움과 부끄러운 상황에서 건짐을 받았고, 모든 환난에서 구원을 누리게 된다. 구원받은 성도들은 우리 안에 함께하시는 예수님께서 어떠한 분이신지를 정확하게 알고 믿음의 고백을 바르게 해야 한다. 성도들이 하나님을 향하여 믿음의 고백을 한 만큼 하나님을 경험할 수 있기 때문이다. "나를 구원하신 예수님은 그리스도 되셔서 나의 모든 문제를 해결하셨습니다(보혈의 능력으로 죄를 씻어 주셨고, 죽으심과 부활의 능력으로 내 안에서 왕 노릇하던 마귀를 저주하여 내몰아 주셨고, 예수님 안에만 들어 있는 '영원한 하늘 생명'을 먹여주셔서 우리가 하나님의 자녀가 되었다). 그리고 사단이 가져왔던 모든 흑암을 깨뜨리고 하나님의 새로운 창조 역사를 일으키시는 '참 빛'으로 내 안에 함께 하십니다."하는 진실한 믿음의 고백을 하나님 앞에 올려드리며 감사해야 한다. 이러한 믿음의 고백을 하나님께서 받으시면 성도들이 삶의 현장에서 사단에게 속았던 모든 어둠의 흔적들은 떠나고 빛의 열매들로 가득 채워지게 된다.

예수님은 자신을 믿고 따르는 자들은 "생명의 빛을 얻으리라"(12절)라고 말씀하신다. 영적인 세계에서 요 7:37-39에서 말씀하신 "생수의 강"(성령의 생수)과 "어둠을 거두어내는 하나님의 참 빛"은 표현만 다르지 같은 맥락이다. 구원받은 성도들은 영적인 눈이 열려서 하나님께서 주셔서 모든 흑암을 거두어내는 '참 빛'을 사모해야 하고, 마음을 열고 입을 열어서 하나님의 보좌에서부터 흘러나오는 '생명의 생수'를 마셔야 한다. "나를 따르는 이는(믿는 사람은) 어둠 속을 걷지 않고 '생명의 빛'을 얻을 것이다." 하는 말씀에서의 '생명의 빛'은 육체의 눈으로 볼 수 있는 것이 아니다. 하나님께서 예수님을 통하여 주시는 '생명의 참 빛'은 성도들에게 '믿음의 눈'(엡 1:18. 마음의 눈)이 열려질 때 볼 수 있는 것이다. 그런데 하나님께서 일하시는 비밀을 제대로 알지 못하여 육적인 눈으로 모든 것을 보려는 성도들은 아무리 노력해도 '생명의 빛'을 보지 못하고 매 순간마다 사단에게 걸려 넘어진다. 하나님께서 일하시는 영역은 사람의 육체로는 느끼거나 볼 수 있는 것이 아니다. 하나님께서는 출애굽하고 약속의 땅을 향해 발걸음을 옮기며 광야 생활을 하는 이스라엘 백성들을 낮에는 구름 기둥으로 밤에는 불 기둥으로 인도하셨다. 한 번도 가 보지 않은 광야생활을 할 때 그들이 하나님께서 준비하신 길을 잃어버리지 않고 갈 수 있었던 비밀이 불 기둥과 구름 기둥 아래에 있었기 때문이었듯이, 성도들이 예수님을 따라갈 때(말씀에 순종하는 삶일 때) 사단이 왕 노릇하는 세상에서도 하나님의 손을 잡고 완전한 승리를 누릴 수 있다.

요 8:15-20 대부분의 사람은 매 순간 육체가 지시하는 대로 판단하는데 이것을 영적인 눈으로 보면 사단에게 속아서 여전히 '선악과'를 따 먹는 모습이다. '선'과 '악'은 오직 하나님만 나누는 것인데, 사단에게 속은 사람들이 하나님의 위치에 서서 '선'과 '악'을 나누어 판단하려 한다. 그러나 하나님으로부터 이 세상에 보냄 받으신 예수님은 아무도 판단하지 않으신다. 예수님께서 무엇인가 판단할 일이 있다면 예수님은 스스로 판단하시지 않고 예수님을 이 땅에 보내신 하나님과 더불어 판단하시기 때문에 예수님께서 하시는 판단은 항상 옳다. 이 말씀은 간음하다 현장에서 잡힌 여인을 '하나님의 말씀을 어긴 죄인'이라고 판단하며 바리새인들처럼 돌을 들지 않으시고, 오히려 간음한 여인을 괴롭히며 죽이려 하였던 율법을 깨뜨리고, 죽어야 할 여인의 마음에 하나님의 새

계명을 새겨서 살려준 것에 대하여 말씀하시는 것이다.

예수님은 그 누구도 판단하거나 심판하는 분이 아니시다. 하나님께서 예수님을 이 땅에 보내신 목적을 "하나님께서 아들을 세상에 보내신 것은 세상을 심판하려는 것이 아니라 세상이 아들을 통하여 구원을 받게 하시려는 것이다"(요 3:17)라고 예수님 스스로 말씀하셨다. 십자가에 못 박히며 구원을 완성하신 예수님께서 자기를 대신하여 성령을 보내셔서 모든 사람을 구원 안으로 초청하시고, 구원 안에서 하나님의 은혜를 누리라 하는데도 사단에게 속아서 끝까지 구원을 거부할 때 그들은 어쩔 수 없이 심판을 받게 된다. 예수님을 믿는다고 하는 것은 교회를 다니는 종교적인 삶이 전부가 아니라 예수님께서 살았던 삶을 그대로 살아내는 것이다.

> 내가 진실로 진실로 너희에게 이르노니 나를 믿는 자는 내가 하는 일을 그도 할 것이요 또한 그보다 큰 일도 하리니 이는 내가 아버지께로 감이라
> 요 14:12

구원받은 성도들은 예수님처럼 누구를 만나든지, 어떠한 상황과 형편에 처하든지 그것을 판단하려는 자세를 버리고 그 일을 주관하시는 하나님만 바라보고 하나님께서 일하시는 비밀을 받아내야 한다. 구원받은 성도들이 어떤 상황이나 사람을 만났을 때 스스로 판단하는 것은 사단에게 속아서 하나님의 영역을 침범하는 것이다. 오직 하나님만을 바라보며 하나님의 마음으로 그들이 만

난 모든 형편을 하나님의 영광으로 바꾸어야 한다. 성도들에게 가장 좋은 삶의 모습은 성도들 안에 함께하시는 성령을 의지하여 하나님께서 바라보시는 마음과 눈으로 그 일들을 판단하여 하나님께서 원하시는 하늘의 승리로 삶의 형편을 바꾸는 것이다. 이렇게 성령을 의지하여 하나님의 눈으로 모든 것을 바라보는 것이 성경에서 말하는 '지혜'이며, 하나님께서 주신 '지혜'로 모든 일을 하나님의 영광으로 변화시키는 것이 하나님께서 찾으시는 '참믿음'이다. 예수님을 경험하면 눈에 보이지 않는 하나님을 경험하게 된다. 반대로 예수님을 경험하지 못하면 하나님을 경험할 수 없다. 예수님은 스스로 하나님을 잘 믿는다고 착각하는 바리새인들을 향하여 "너희들은 나를 알지 못할 뿐 아니라 나를 보내신 하나님을 알지 못한다"라고 하신다. 어찌하든지 예수님에게 트집 잡으려고 달려드는 유대인들은 예수님이 목수 요셉의 아들이라는 생각이 전부다. 말씀이셨던 하나님께서 육체를 입고 오신 분이 예수님이라는 영적인 진실을 전혀 알지 못하고 있다. 이들이 성경을 제대로 알았다면 하나님의 때가 되어서 온 인류를 죄와 마귀의 눌림에서 구원하려고 하늘에서부터 말씀이셨던 분이 육체를 입고 오신 것을 알아차리고 예수님 앞에 무릎 꿇었을 것이다. "너희가 나를 알았다면 나의 아버지도 알았을 것이다." 하는 예수님께서 하신 말씀 그대로를 풀면 "너희들이 나를 모르기 때문에 하나님을 알지 못하고 경험할 수 없다"라고 하시는 것이다. 예수님은 "나와 아버지는 하나다"(요 10:30)라고 강력하게 말씀하신다. 하지만 영적으로 무지한 바리새인들은 예수님께서 "내가 하늘에서부터 왔다. 하나님께서 나를 보내셨다. 나와 하나님은 하나다. 이제부터 하나님께서 나를 이 세상에 보내신 목적대로 구원의 놀랍고 신비한 일을 이룰 것이다"라고 외쳐도 예수님의 입에서 나오는 말씀이 영적인 말씀이기 때문에 전혀 알아듣지 못한다.

　하나님을 잘 믿는 것은 하나님을 잘 아는 것이다. 여기에서 '안다'라는 말은 '지식'이 아니라 '경험하는 것'이다. 지금 우리는 삶의 자리에서 얼마나 많이 하나님을 경험하고 있는가? 마지막 심판 때 하나님은 성도들이 성경 말씀을 얼마나 많이 알고 있는지를 따지지 않고, '내가 너희에게 준 성경 말씀에 순종하여 얼마나 나를 경험하였고, 세상에 하나님을 얼마나 많이 드러냈느냐'를 심판의 기준으로 삼으신다. 예수님을 경험하고 하나님을 경험하는 비밀은 성경에 주신 말씀 그대로 순종하는 삶이다.

25

나는 하늘 사람이다 (요 8:23-29)

²³ 예수께서 이르시되 너희는 아래에서 났고 나는 위에서 났으며 너희는 이 세상에 속하였고 나는 이 세상에 속하지 아니하였느니라 ²⁴ 그러므로 내가 너희에게 말하기를 너희가 너희 죄 가운데서 죽으리라 하였노라 너희가 만일 내가 그인 줄 믿지 아니하면 너희 죄 가운데서 죽으리라 ²⁵ 그들이 말하되 네가 누구냐 예수께서 이르시되 나는 처음부터 너희에게 말하여 온 자니라 ²⁶ 내가 너희에게 대하여 말하고 판단할 것이 많으나 나를 보내신 이가 참되시매 내가 그에게 들은 그것을 세상에 말하노라 하시되 ²⁷ 그들은 아버지를 가리켜 말씀하신 줄을 깨닫지 못하더라 ²⁸ 이에 예수께서 이르시되 너희가 인자를 든 후에 내가 그인 줄을 알고 또 내가 스스로 아무것도 하지 아니하고 오직 아버지께서 가르치신 대로 이런 것을 말하는 줄도 알리라 ²⁹ 나를 보내신 이가 나와 함께 하시도다 나는 항상 그가 기뻐하시는 일을 행하므로 나를 혼자 두지 아니하셨느니라

요 8:23-24 생명의 말씀을 주어도 도저히 깨닫지 못하는 자들을 향하여 예수님께서 "너희는 땅에서 태어났지만 나는 하늘로부터 왔다. 너희는 이 세상에 속한 삶을 산다(이 세상의 주인은 마귀이기 때문에 마귀에게 사로잡혀 산다는 의미). 하지만 나는 이 세상에 발을 딛고 있지만 하늘에 속한 삶을 산다"라고 말씀하셨다. 예수님께서 하늘에서부터 보냄 받으신 이유는 땅에서 태어난 후 눈에 보이지 않는 마귀에게 잡혀서(요 8:44. 하나님에게서 특별하게 선택받았다는 자부심을 가진 유대인들을 향하여 예수님께서 "너희의 아비는 마귀다"라고 하셨다. 이 말씀은 육체의 아비를 말하는 것이 아니라 눈에 보이지 않지만, 사람들의 삶에 강력한 영향을 끼치는 영적인 아비를 말씀하신 것이다) 짓눌려 신음하는 삶을 살다가(행 10:38. 하나님을 만나지 못한 인생은 모두 마귀에게 짓눌려 신음하는 인생을 사는데 예수님은 성령을 힘입어 마귀에게 눌린 모든 인생을 해방하려고 오셨다) 죽으면 마귀를 가두어야 하는 '감옥'(지옥)에 들어가야 하는 모든 사람들을 하늘의 사람으로 변화시키기 위함이다.

육신의 부모를 통하여 태어난 사람들이 예수 그리스도를 영접할 때 '하늘 사람'으로 신분이 변화된다(요 1:12, 빌 3:20. 우리의 '시민권'은 하늘에 있다). 이렇게 구원받은 성도들은 성령을 의지하여 하늘의 것만 사모해야 한다(골 3:1-4. 너희가 구원받은 '하늘의 사람'이라면 너희를 구원하신 하나님이 계신 하늘을 바라보아라). 하나님께서 이사야 선지자를 통하여 놀랍고 신비한 말씀을 하신다. "하나님께서 말씀하시기를 내 생각은 너희 생각과 다르고 내 길은 너희 길과 다르다 하늘이 땅보다 높은 것처럼 내 길은 너희 길보다 높고 내 생각은 너희 생각보다 높다"(사 55:8-9)라고 하시며 '하늘'과 '땅'을 비교하신다. 하나님께서 이 말씀을 주신 비밀은 이 세상에는 '하늘에 속한' 길과 생각이 있고, '땅에 속한' 길과 생각이 있다는 것이다. 구원받은 성도들이 하늘의 것을 사모하면 마음에 '하늘의 생각'을 소유하고 그들의 발걸음은 '하늘의 길'을 걷게 된다. 하지만 구원받았을지라도 땅의 것에 목적을 둔다면 하늘의 신비한 것을 누리지 못하고 땅(지옥)의 것에 사로잡혀 늘 사단에게 끌려다니는 삶을 살 수밖에 없다는 것을 말씀하신 것이다. '하늘의 시민권'을 소유한 하나님의 자녀들이 예수님의 보혈을 의지하여 하늘의 것을 사모하면 천국의 은혜와 축복이 부어지고(고전 2:13-15. '육에 속한 믿음'과 '신령한 믿음'의 비교) 그 위에 그들이 구하지 않은 땅의 기름진 것까지 따라오는 것을 경험하며 승리하게 된다.

사무엘 선지자를 통하여 하나님으로부터 기름부음 받아 이스라엘의 첫 번째 왕이 된 사울이 하나님께서 주신 말씀에 순종하지 못하고 자기의 길을 고집하고 회개하지 않았을 때 하나님은 사울을 버리셨다(삼상 15:10-11, 34-35). 하나님께 버림받은 사울 왕이 블레셋의 침공을 받아 절체절명의 순간이 찾아왔을 때 밤중에 몰래 신접한 여인(무당)을 찾아가 죽은 사무엘 선지자를 불러 달라하였다. 점쟁이의 주술이 시작될 때 죽은 사무엘이 땅에서 올라왔다 (삼상 28:13-19). 땅에서 올라온 사무엘을 만나고 전쟁터에 나간 사울은 완벽하게 패하여 너무 비참한 최후를 맞았다. 사울 왕이 블레셋의 침략을 받고 더 이상 어찌할 수 없는 문제 앞에서 신접한 여인을 찾아가는 것이 아니라 그동안 하나님을 대적하며 자기 마음대로 살았던 죄악을 회개하고 하늘의 하나님을 찾았더라면 하나님은 사울의 죄를 용서하고 사울의 손을 잡아 승리하게 하였을 것이다. 하나님께서 사랑하는 자녀들에게 문제를 주시는 것은 '너는 하늘에 속한 나의 사람인데 나를 바라보지 못하고 사단에게 속고 있구나. 네가 만난 문제를 원망하지 말고 속히 회개하고 나에게로 돌아와 하늘의 은혜를 회복하고 누려라.' 하는 아버지 하나님의 말로 표현할 수 없는 사랑이다.

예수 그리스도를 영접하여 하늘 사람으로 신분을 바꾼 하나님의 자녀들은 무슨 일을 만나든지 그동안 사단에게 속았던 것들을 돌이켜 회개하고 열린 하늘을 찾아 하나님께서 부어주시는 은혜만 사모하면 된다. 이것이 하나님께서 찾으시는 믿음이다. 교회를 아무리 다니고 성경을 안다 할지라도 예수님을 믿지 않으면 죄 속에서 죽어 하나님의 나라에 함께 할 수 없다(24절). 예수 그리스도를 영접하여 구원받은 성도들이 '하늘 시민의 권세'(빌 3:20)를 당당하게 누릴 때 사단은 그 믿음 아래 밟히게 되고, 이러한 믿음을 소유한 성도들에게 하나님께서는 각양 좋은 은사와 온전한 선물들을 하늘을 열고 부어주신다(약 1:17). 예수님께서는 이 땅에 발을 딛고 사시지만 하나님께로부터 보냄 받은 것을 한순간도 잊지 않고 항상 하늘을 우러러 바라보며 하나님께서 하늘을 열고 부어주시는 것을 누렸기 때문에 당당하게 마귀를 밟아 이기며 하나님께서 맡기신 모든 일을 이루며, 목마르고 갈급한 영혼들에게 하나님께서 주시는 것들을 나누어 주실 수 있었다.

그렇다면 내가 땅에 속한 믿음인지 아니면 하늘에 속한 믿음인지를 진단할 방법은 무엇일까? 예수님께서 진단 방법을 친히 말씀하셨다. "너희를 위하여 보물을 땅에 쌓아 두지 말라 거기는 좀이 먹고 녹이 슬고 도적이 구멍을 뚫고 도적질하느니라 그러므로 너희 자신을 위하여 보물을 하늘에 쌓아 두라 거기는 좀이 먹거나 녹이 슬지 않으며 도적이 구멍을 뚫지도 못하고 도적질도 못한다. 네 보물이 있는 그곳에 너의 마음도 있느니라"(마 6:19-21). 사람들이 아끼는 보물은 자기의 마음이 있는 곳에 두기 때문에, 어떤 사람이 땅에(이 세상에) 보물을 쌓는다면 그것은 '내 믿음은 땅에 있다'라고 하는 믿음의 행위 고백이다. 하지만 어떤 사람이 자신이 가장 아끼는 귀한 보물을 하늘에 쌓는다면 '나는 하늘에 속한 하늘 사람이다'라는 믿음의 행위 고백이다. 열심을 다하여 '하나님을 사랑합니다'라고 고백하며 찬양해도 그가 가장 아끼는 것을 숨기고 하나님께 드릴 수 없다면 그것은 진정한 믿음이 아니라 입술의 장난일 뿐이다. 아브라함에게 하나님이 나타나셔서 "네가 가장 아끼고 사랑하는 독자 이삭을 나에게 번제로 바치라"(창 22:2)라는 말씀을 주셨을 때 아브라함이 하나님께서 주신 말씀에 전적으로 순종하는 모습을 보셨다. 하나님은 감격하셔서 "네가 네 아들 독자라도 나에게 아끼지 아니하였으니 내가 이제야 네가 하나님을 사랑하는 줄을 알았노라"(창 22:12) 하시면서 아브라함을 처음 부르셨을 때 약속하셨던 모든 축복을 완전하게 부어주셨다(창 22:15-18).

구원받은 성도들이 가장 기초적으로 보물을 하늘에 쌓는 것은 '십일조 믿음'이다. 아브라함이 하나님께 부름 받았지만 아직 '하늘 사람의 신분'을 소유하지 못했다(창 12:1-3). 조카 롯이 그돌라오멜의 연합군들에게 사로잡혔음을 듣고는 자기가 집에서 키운 318명의 군사를 데리고 가서 전쟁하여 승리하고 돌아올 때 아브라함 앞에 멜기세덱이 등장하여 떡과 포도주를 주었다(창 14:17-20). 히 7:1-3을 보면 전쟁에서 승리하고 돌아오는 아브라함에게 갑자기 등장하여 떡과 포도주를 주고 축복한 이는 '하나님의 아들' 즉 예수 그리스도이시다. 훗날 자신이 십자가에 못 박혀 찢길 몸(생명의 떡)과 흘려야 할 피(포도주)를 하나님께 부름은 받았지만 아직 '하늘 생명'을 소유하지 못한 아브라함에게 주어 아브라함을 구원하고 '하늘 생명'을 주었다. '멜기세덱'이 주는 떡과 포도주를 받아먹은 아브라함이 하나님의 구원 안으로 들어왔을 때 '멜기세덱'(구약의 예수님)은 아브라함을 하나님께 올려드리며 간절히 축복한다. 이렇게 '하늘 사람'으로 변화되고 하나님께서 주시는 축복을 받을 자격을 가진 아브라함이 하나님을 향하여 '십일조'를 드렸다. 아브라함이 하나님께 드린 십일조는 "나는 하나님으로부터 태어난 하늘의 사람이다" 하는 믿음 고백이며, "이제 하나님을 향하여 나의 가장 귀한 보물을 심습니다" 하는 믿음의 행위 고백이다.

요 8:29 하나님과 예수님은 하늘에 함께 계셨었는데, 하나님께서 약속하신 구원을 완성하시려고(창 3:15) 예수님을 하늘에서 보내셨고, 예수님은 하나님을 통하여 이 땅에 파송 받으셨다. 하늘에서 예수님을 보내신 하나님과 하나님에게서 하늘로부터 파송 받으신 예수님은 언제나 하나이시다. 그래서 예수님은 항상 하나님을 말씀하실 때 "나를 보내신 분"이라는 말을 당당하게 하시는 것이다. 하나님께서 창조하신 이 세상은 온통 하나님으로만 가득 채워져 있다(렘 23:24. 나 여호와는 세상에 충만하니라). 하나님께서 창조하신 세상이 하나님으로 가득 채워져 있다면 하나님으로부터 직접 파송 받은 예수님은 얼마나 많이 하나님으로 채워져 있을까? 사람으로서는 상상하지 못할 만큼 예수님에게는 하나님의 생명과 영광이 넘치도록 가득 채워져 있다. 예수 그리스도를 영접하여 구원받은 성도들에게도 하나님께서는 하늘의 생명과 영광으로 가득 채워주기 원하신다.

예수님께서는 하나님께서 왜 예수님을 버리지 않고 항상 함께 하시는지 그 비밀을 말씀하신다. 그것은 "내가 항상 하나님을 기쁘시게 하는 일을 하기 때문이다"(29절)라고 하셨다. 예수님을 이 땅에 보내신 하나님께서 예수님과 항상 함께하신 것처럼, 예수 그리스도를 영접하여 구원받은 성도들에게도 하나님께서는 떠나지 않으시고 버리지도 않으시며 반드시 모든 순간 함께하시며 도와주신다(히 13:5-6). 이것을 위해 예수님을 통하여 구원받은 성도들은 예수님처럼 항상 나의 기쁨을 찾는 것이 아니라 나를 구원하신 하나님의 기쁨이 어디 있는지를 찾아야 한다. 하나님께서 함께하시는 성도의 특징은 항상 하나님께서 기뻐하시는 일을 찾는 것이다.

예수님께서 이러한 말씀을 하실 때 바리새인들과 율법사들은 "어찌하면 예수를 죽일까?" 하며 서로 모여 온갖 방법들을 찾지만 대부분 많은 유대인은 예수님을 하나님께서 보내신 구원자로 믿었다(30절). 예수님은 요한에게 침례/세례를 받으신 이후 성령에 완전하게 사로잡히셔서(마 3:16-17) 하나님께서 맡기신 그리스도 사역을 시작하신 이후에 항상 하나님만 바라보며 하나님께서 말씀하신 것을 이루시는 길 위에 서 계셨다. 예수 그리스도를 영접하여 구원받은 성도들도 항상 하나님만 신뢰하고 예수님께서 주신 십자가 멍에를 짊어지고(마 11:28-30. 사단이 짓눌렀던 고통과 저주의 짐을 버리고 하나님의 영광을 모두에게 드러낼 승리의 십자가를 짊어지는 것이 참된 믿음이다) 예수님이 가신 십자가 승리의 길을 걸어야 한다. 그런데 십자가의 길은 사람을 의식하면 절대 걸어갈 수 없는 길이다. 십자가의 길은 예수님처럼 오직 하나님만을 신뢰하고 하나님께서 주신 말씀을 기뻐하며 말씀에 순종할 때 갈 수 있는 길이다. 구원받은 성도들이 사람을 의식하여 사람을 기쁘게 하는 것은 참믿음이 아니다(갈 1:10). 사람을 두려워하면 사단이 만들어 놓은 올무(잠

29:25. 함정, 시험)에 빠진다. 하지만 아버지 하나님만 기뻐하며 감사하면 반드시 하나님의 영광을 모두에게 나누어 줄 엄청난 은혜와 승리의 열매들을 거두게 된다.

나의 아비는 누구인가?(요 8:31-41)

³¹ 〈진리가 너희를 자유롭게 하리라〉 그러므로 예수께서 자기를 믿은 유대인들에게 이르시되 너희가 내 말에 거하면 참으로 내 제자가 되고 ³² 진리를 알지니 진리가 너희를 자유롭게 하리라 ³³ 그들이 대답하되 우리가 아브라함의 자손이라 남의 종이 된 적이 없거늘 어찌하여 우리가 자유롭게 되리라 하느냐 ³⁴ 예수께서 대답하시되 진실로 진실로 너희에게 이르노니 죄를 범하는 자마다 죄의 종이라 ³⁵ 종은 영원히 집에 거하지 못하되 아들은 영원히 거하나 ³⁶ 그러므로 아들이 너희를 자유롭게 하면 너희가 참으로 자유로우리라 ³⁷ 나도 너희가 아브라함의 자손인 줄 아노라 그러나 내 말이 너희 안에 있을 곳이 없으므로 나를 죽이려 하는도다 ³⁸ 나는 내 아버지에게서 본 것을 말하고 너희는 너희 아비에게서 들은 것을 행하느니라 ³⁹ 대답하여 이르되 우리 아버지는 아브라함이라 하니 예수께서 이르시되 너희가 아브라함의 자손이면 아브라함이 행한 일들을 할 것이거늘 ⁴⁰ 지금 하나님께 들은 진리를 너희에게 말한 사람인 나를 죽이려 하는도다 아브라함은 이렇게 하지 아니하였느니라 ⁴¹ 너희는 너희 아비가 행한 일들을 하는도다 대답하되 우리가 음란한 데서 나지 아니하였고 아버지는 한 분뿐이시니 곧 하나님이시로다

요 8:31-38 간음한 여인을 돌로 치려던 자들이 모두 떠나고 예수님께서는 자신은 흑암에 덮여 있는 세상을 비추라고 하나님에게서 보냄 받은 '생명의 빛'(요 8:12-20)이라고 당당하게 선포하셨다. 여기에 더하여 이 세상에 태어난 사람들이 마귀가 왕 노릇하는 땅에 발을 딛고 살지만, 예수님을 믿음으로 '하늘의 시민권'을 회복하여(요 8:23, 빌 3:20) 하나님께서 주시는 은혜를 누리며 살게 하려고 하나님으로부터 보냄 받았다고 선포하셨다. 이러한 예수님의 말씀을 듣고 대부분의 사람들이 조롱하며 트집 잡는데 예수님께서 하신 말씀을 믿는 소수의 유대인이 있었다. 이들을 향하여 "너희가 내 말에 거하면(하나님께서 예수님을 통하여 주시는 말씀을 믿으면) 너희가 내 제자가 되고 진리(예수 그리스도)를 알지니 진리가 너희를 자유케 하리라"(31-32절)는 말씀을 하셨다.

예수님을 믿겠다고 교회에 오는 것보다 더 큰 일은 예수님 안으로 들어와 예수님과 함께 살면서 예수님의 제자가 되는 것이다. 예수님을 믿겠다고 달려드는 사람들을 향하여, "너희가 나에게 온다면"이라는 말을 하시지 않고, "너희가 내 말에 거하면"(내 안에 머무르면, 내 입에서 나오는 하나님의 말씀을 그대로 믿으면)이라고 하셨다. 성도들이 예수님의 입술을 통하여 선포되는 하나님의 말씀을 마음에 담고 순종하는 삶을 살게 될 때 마귀의 짓눌림에서 완전히 해방되어 자유를 누리며 하나님께서 약속하신 모든 은혜를 누리게 된다. 죄의 속박과 마귀의 짓눌림에서 완전히 해방되어 자유롭게 하나님께서 부어주시는 은혜를 누리며 승리하려면 성경 말씀이 글자와 지식으로 머리에만 담겨 있으면 안 된다. 예수님의 십자가와 부활을 믿음으로 구원받은 성도들이 보혈을 통하여 하나님의 생명과 은혜가 넘쳐흐르는 말씀을 마음에 심고, 마음에 심겨진 말씀 그대로 순종할 때 마귀를 밟아 이기며 승리하는 삶을 누리게 된다.

그런데 사단에게 속아서 하나님께서 주시는 말씀을 지식으로 머리에 담아놓고 그것이 믿음인 줄 착각하며 살아가는 사람들이 많고, 또는 말씀을 받으면 그것이 자신을 간섭하고 압박하는 것으로 오해하여 말씀을 대적하며 어리석게 믿는 사람들이 너무 많다. 참된 믿음은 하나님께서 주신 말씀을 예수님의 피에 적시어 마음에 담아놓고, 마음에서 살아서 움직이는 말씀대로 순종하여 그동안 고통스러웠던 마귀의 짓눌림에서 완전히 자유하며 하나님께서 부어주시는 은혜 안으로 깊이 들어가는 것이다. 종교적인 생활만 하지 말고 하나님의 말씀을 마음에 담고 순종하여 참된 자유를 누리라는 말씀을 들은 많은 유대인이 자신들은 아브라함의 자손이며 누구에게도 종이 된 적이 없는데 무슨 자유를 주느냐고 예수님께 따지며 달려든다. 그때 예수님은 "죄를 범하는 자는 죄의 종이 된다"(34절, 롬 3:23)라고 하시며 "나는 너희들이 마귀에게 속아서 지은 죄 때문에 마귀에게 짓눌리며 끌려다니다가 이 땅에서의 삶을 마치면 지옥에 가는 삶으로부터 꺼내주어 자유를 주려고 왔다"라고 하신다. 이 말씀을 알아듣지 못하는 유대인들을 향하여 "나는 내 아버지(하나님)에게서 들은 것을 말하고 너희는 너희 아비(마귀)에게서 들은 것을 행하느니라"(38절)라고 말씀하셨다.

예수님의 말씀을 전혀 알아듣지 못하고 엉뚱한 소리만 하는 유대인들의 모습이 오늘날 우리들의 모습이다. 우리 주위에는 교회에 등록하여 주일 예배만 참석하면 그것이 믿음이 좋은 것인 줄 착각하며 눈에 보이지 않는 마귀에게 사로잡혀 살며 영적인 삶을 부정하는 사람들이 얼마나 많은가? 예수 그리스도를 영접한 것은 죽어서 천국만 가는 것이 아니라 죄에서 해방되고, 마귀를 밟아 이기는 승리자로 신분이 변화된 것이다.

🔵 평강의 하나님께서 속히 사탄을 너희 발 아래에서 상하게 하시리라 우리 주 예수의 은혜가 너희에게 있을지어다 롬 16:20

그런데 마귀는 이러한 하나님의 자녀들을 다시 짓누르며 저주하려고 어찌하든지 성도들에게 죄를 짓게 한다. 죄가 넘치는 이 세상을 살기 때문에 사람은 누구도 죄를 짓지 않을 수 없다. 하나님은 예수님의 십자가와 부활을 믿는 믿음으로 구원받은 성도들이 다시는 마귀에게 끌려다니는 삶을 살지 않게 하시려고 잠시 마귀에게 속아서 죄를 지었다면 회개할 수 있는 특권을 주셨다(요일 1:7-2:2). 그런데 대부분의 성도가 자기들이 하나님을 대적하여 범하는 죄를 알지도 못하고 말씀으로 깨닫게 해 주셔도 인정하지 않으려 하고 혹여 죄를 깨닫더라도 더러운 죄를 숨기려고만 하지 회개하려는 마음들이 없다. 이러한 모습을 보면 마귀가 얼마나 좋아할까? 마귀는 성도들이 죄를 짓도록 유혹하고 죄가 성도 안에 들어온 순간부터 이리저리 끌고 다니며 짓눌러 이것 때문에 성도의 삶의 현장에 말할 수 없는 고통과 재앙이 가득하여, 성도들의 영적인 눈이 열리지 않아 마귀가 짓누르는 것을 알지 못하고 눈앞에 있는 형편과 사람 때문이라 핑계만 댄다. 예수님께서 자유를 주려고 왔다는 말에 마귀에게 짓눌려 "자신들은 아브라함의 후손이기 때문에 종의 삶을 산 적이 없다"라고 말하는 유대인들과 영적인 눈이 열리지 않은 오늘날의 성도들의 삶이 너무 완벽하게 닮아 있다.

예수님은 자기들의 믿음이 좋은 척하지만 실상은 좋은 믿음이 아니라서 마귀가 주는 열매를 맺고 있는 바리새인들을 향하여 나무를 빗대어 말씀하신다. 나무가 좋은지 나쁜지는 열매를 보면 알 수 있듯이, 믿음이 좋은지 나쁜지는 그들의 겉으로 나타나는 종교적인 열심보다는 삶의 열매를 보면 답이 나온다. 성도의 삶에 하나님이 주시는 열매가 있다면 믿음이 좋은 것이고, 마귀가 주는 열매가 있다면 아무리 열심히 기도하고 성경을 안다 할지라도 그의 믿음은 좋은 것이 아니다(마 7:16-20). 유대인들은 자기들이 매사에 하나님을 떠나 죄를 짓고 살면서도 육신적으로 아브라함의 후손이기 때문에 자기들에게는 마귀가 절대로 올 수 없다는 그릇된 신념을 가지고 산다. 오늘날도 교회와 성도에게는 사단이 들어올 수 없다고 착각하는 사람들과 똑같다. 사단은 하나님께서 창조하신 에덴에도 찾아왔고, 마지막이 가까우면 심지어 교회 안에까지 들어와 온갖 훼방을 한다(딤후 3:1-5)고 성경은 분명히 말씀하신다. 성경을 자기 멋대로 해석해서 사단이 마음 놓고 교회와 성도들을 훼방하게 해서는 안 된다. 진정한 하나님의 자녀들은 예수님처럼 하나님에게 들은 하늘의 비밀을 당당히 선포하여 마귀를 밟아 이기는 승리의 삶을 산다. 하지만 교회는 다닐지라도 마귀에게 영향받는 사람들은 마귀가 그들의 마음에 속삭이는 대로 하나님의 영광을 훼방하는 일을 하지만 자기들의 본 모습을 알지 못한다.

요 8:39-41 아브라함의 자손이라 우기는 유대인들을 향하여 "너희가 아브라함의 자손이라면 아브라함이 한 일을 해야 한다"고 하시며, "너희는 너희 아비(눈에 보이지 않는 마귀)가 원하는 일을 하고 있다. 이것이 너희 아비가 마귀라는 증거다"라고 말씀하신다. 예수님을 믿는다 하면서 "주여!"외치며 달려드는 사람들을 향하여 예수님께서 동일한 말씀을 하신다. "나를 믿는 것은 교회만 다니는 것이 아니라 내가(예수 그리스도) 한 일을 그대로 하는 것인데(요 14:12) 너희들은 내가 한 일을 얼마나 했느냐?"라고 물으실 것이다. 예수님의 물음에 제대로 된 답을 내놓지 못하면 "나는 너를 알지 못한다. 불법을 행하는 자들아 너는 나에게서 떠나라"(마 7:21-23)라고 하실 것이다.

교회를 다닌다고 말만 하지 말고 나는 삶의 현장에서 누가 원하는 일을 하고 있으며 내 삶의 현장에서 내가 받아내는 열매는 과연 누가 가져다주는 열매들인지 돌아보자. 내 삶의 열매가 하나님으로부터 온 하늘의 열매인지, 아니면 마귀가 주는 열매들인지 말씀의 거울에 비추어서 마귀가 주는 열매가 내 삶의 자리에 있다면 믿음이 좋은 척 자랑하던 것을 버리고 빨리 회개의 자리를 찾아야 한다(마 4:17. 마귀에게 속아서 죄 아래 머물러 있는 것을 회개하고 보혈을 의지하여 하나님 앞에 나가면 천국의 열매들이 다시 시작된다). 구원받은 성도들에게 성경을 주신 목적은 예수님께서 하신 일을 성경을 통하여 보여주시고, "너희도 이와 같이 살아내라"라고 하시며 성도들에게 삶의 모본으로 주신 것이다. 성경은 알지만, 성경이 원하는 대로 예수님께서 보여주신 삶을 살지 못하고 마귀가 원하는 삶을 살아가는 자들을 향하여 예수님은 "네 아비는 마귀다. 왜냐하면 너는 마귀에게만 영향받고 마귀가 원하는 일을 하기 때문이다"라고 소리치신다. 성도들이 마지막 예수님 앞에 서면 예수님은 그동안 우리의 삶에 영향을 미치며 우리를 이끌었던 영적인 아비가 누구인지 판단해 주신다. 이때 숨겨진 모든 것이 드러나 슬피 울면서 예수님의 나라에서 쫓겨나는 자가 아니라, 예수님을 통하여 "참되고 좋은 믿음의 소유자"라고 칭찬받으며 하늘의 상급을 누리는 믿음을 소유하자.

자신이 아브라함의 후손이라고 당당하게 말하는 유대인들을 향하여 예수님은 "너희가 아브라함의 자손이라면 아브라함이 했던 일을 본받아서 해야 한다"(39절)라고 하셨다. 그렇다면 성경에서 아브라함이 어떠한 일을 하였는지 보자. "아브라함이 하나님을 믿으니 하나님께서 이것을 그의 '의로움'으로 받으셨다"(롬 4:3)라고 했다. 그렇다면 아브라함은 하나님을 얼마나, 어떻게 믿어드렸을까? "아브라함은 하나님을 죽은 자를 살리시며 없는 것을 있는 것처럼 부르시는 하나님으로 믿었는데 그가 100세나 되어 자기 몸의 죽은 것 같음과 사라의 태가 죽은 것 같음을 알고도 믿음이 약하여지지 아니하고 믿음이 없어 하나님의 약속을 의심하지 않았으며 오히려 믿음이 견고해져서 하나님께 영광 돌리며 약속하신 것을 능히 이루어주실 줄 확신하였다(롬 4:17-21). 이렇게 하나님을 믿어드림으로 하나님으로부터 의롭다고 인정받았다. 아브라함의 후손이라 말하려면 아브라함과 같은 믿음으로 하나님 앞에 서야 하는데, 오히려 마귀에게 사로잡혀서 하나님께서 보내신 예수님을 부정하며 죽이려고 달려들면서 아브라함의 이름을 들먹이는 유대인들을 보면서 예수님은 얼마나 안타까우셨을까?

구원받은 이후 교회는 나오지만 마음은 여전히 죄에 사로잡혀서 하나님께서 원하시는 삶이 아닌 마귀의 유혹 때문에 죄짓는 자리에 서 있기 때문에 삶의 영역에서는 하나님께서 약속하신 하늘의 열매 대신 마귀가 주는 고통과 재앙의 열매를 받아내며 한숨 쉬는 사람들이 얼마나 많은가? 이러한 종교인들을 향하여서 예수님은 동일하게 말씀하신다. "네 마음 안에 무엇이 심어져 있느냐? 지금 네 삶에 영향력을 행사하면서 너를 주장하는 주인이 과연 하나님 맞느냐? 입술로는 예수님을 부르지만 실상은 마귀가 너를 죄 가운데로 이끌며 네 삶의 현장에 어둠의 열매들을 주고 있지 않은 지 자세하게 살펴보라"라고 하신다. 종교적인 껍질을 벗어 버리고 내 마음 안에는 무엇이 심어져 있는지 돌아보자. 내 마음을 주장 하는 것은 과연 무엇인가? 내 삶의 현장에 열매를 주는 것은 과연 하나님이 맞는지 돌아보자.

27

아브라함을 구원하신 예수님(요 8:46-58)

[46] 너희 중에 누가 나를 죄로 책잡겠느냐 내가 진리를 말하는데도 어찌하여 나를 믿지 아니하느냐 [47] 하나님께 속한 자는 하나님의 말씀을 듣나니 너희가 듣지 아니함은 하나님께 속하지 아니하였음이로다 [48] 유대인들이 대답하여 이르되 우리가 너를 사마리아 사람이라 또는 귀신이 들렸다 하는 말이 옳지 아니하냐 [49] 예수께서 대답하시되 나는 귀신 들린 것이 아니라 오직 내 아버지를 공경함이거늘 너희가 나를 무시하는도다 [50] 나는 내 영광을 구하지 아니하나 구하고 판단하시는 이가 계시니라 [51] 진실로 진실로 너희에게 이르노니 사람이 내 말을 지키면 영원히 죽음을 보지 아니하리라 [52] 유대인들이 이르되 지금 네가 귀신 들린 줄을 아노라 아브라함과 선지자들도 죽었거늘 네 말은 사람이 내 말을 지키면 영원히 죽음을 맛보지 아니하리라 하니 [53] 너는 이미 죽은 우리 조상 아브라함보다 크냐 또 선지자들도 죽었거늘 너는 너를 누구라 하느냐 [54] 예수께서 대답하시되 내가 내게 영광을 돌리면 내 영광이 아무 것도 아니거니와 내게 영광을 돌리시는 이는 내 아버지시니 곧 너희가 너희 하나님이라 칭하는 그이시라 [55] 너희는 그를 알지 못하되 나는 아노니 만일 내가 알지 못한다 하면 나도 너희 같이 거짓말쟁이가 되리라 나는 그를 알고 또 그의 말씀을 지키노라 [56] 너희 조상 아브라함은 나의 때 볼 것을 즐거워하다가 보고 기뻐하였느니라 [57] 유대인들이 이르되 네가 아직 오십 세도 못되었는데 아브라함을 보았느냐 [58] 예수께서 이르시되 진실로 진실로 너희에게 이르노니 아브라함이 나기 전부터 내가 있느니라 하시니

요 8:46-47 예수님은 자기를 반대하고 말씀을 거부하는 유대인들을 향하여 "너희들이 스스로 하나님으로부터 선택받은 하나님의 사람이라고 입술로 말하는데, 하나님의 사람들은 반드시 하나님께서 원하시는 일을 한다. 너희들이 아무리 하나님의 자녀라고 외쳐도 하나님께서 원하시는 일을 하지 못하고 마귀가 원하는 일을 한다면 너희들의 아비는 마귀다"(44절)라고 못 박아 말씀하셨다. 하나님의 자녀들은 예수님처럼 하나님만을 바라보고 하나님께서 하신 일을 따라 해야 한다. 그런데 예수님을 핍박하는 유대인들은 입술로는 하나님의 자녀라고 스스로 말하는데, 하나님을 바라보지 않고 하나님께서 하신 일을 하지 못하고 마귀가 원하는 행동을 한다.

예수님은 자신을 반대하며 핍박하고자 달려드는 유대인들을 향하여 "너희들 가운데 누가 나를 죄 있다고 입증할 수 있느냐?" 물으셨다. 예수님과 함께 3년 반 동안 사역의 현장에 있었던 베드로는 예수님을 향하여 "그분(예수님)은 죄를 짓지 않았다"(벧전 2:22)라고 하였고 히브리서에서는 "예수님은 모든 면에서 우리와 똑같이 시험을 받으셨다. 하지만 예수님은 죄를 짓지 않으셨다"(히 4:15)

라고 하였다. 단지 하나님께서 예수님을 이 땅에 보내신 목적대로 '죄' 때문에 마귀에게 사로잡혀 죽으면 지옥으로 가야 하는 모든 사람을 구원하시려고 모든 사람이 지은 '죄'를 스스로 담당하셨을 뿐이다.

우리는 다 양 같아서 그릇 행하여 각기 제 길로 갔거늘 여호와께서는 우리 모두의 죄악을 그에게 담당시키셨도다 사 53:6

유대인들은 이러한 예수님을 향하여 "너는 마귀에게서 왔다," "네가 죄인이다"라고 말하며 핍박하고 있다. 이렇게 예수님을 믿지 않고 대적하는 유대인들을 향하여 "내가 하나님으로부터 와서 하나님의 진리 말씀을 풀어내는데 왜 믿지 못하느냐? 하나님께서 주시는 말씀을 받지 못하는 자들은 아직 하나님에게서 난 자들이 아니기 때문이다"(45-47절)라고 하셨다. 하나님에게서 태어난 성도들이 하나님께서 주시는 말씀을 믿음으로 받아 순종하면 사망을 이기며 승리한다. 이것을 위해 예수님께서 십자가에 못 박히면서 성도들을 구원하시고 교회로 인도하셔서 하나님의 말씀을 먹여 주시는 것이다. 바울의 고백처럼 우리 마음 안에 예수 그리스도가 온전한 주인이신지 정확히 확인하며(고후 13:5) 예수님께서 피로 값 주고 사신 하늘의 신비한 말씀을 마음을 열고 먹고 있는 믿음인지 우리 자신을 돌아보자.

유대인들은 예수님을 향하여 "너는 사마리아 사람이며 귀신들

렸다"(48절) 말한다. 예수님의 고향은 갈릴리 나사렛인데 왜 유대
인들은 예수님을 향하여 '사마리아 사람'이라고 말했을까? 이전
에 율법사가 예수님을 시험하려고 "선생님 어떻게 하면 영생을 얻
을 수 있습니까?"(눅 10:25) 하고 질문하였다. 율법사의 질문을 받
으신 예수님은 "율법(구약 성경)에 어떻게 기록되어 있으며 너는 어
떻게 읽었느냐?"(그 말씀의 뜻을 바르게 아느냐?) 하고 역으로 질문하셨
다. 예수님의 질문을 받은 율법사가 당황하며 "예 하나님께서 모
세를 통하여 마음을 다하며 목숨을 다하며 힘을 다하며 뜻을 다
하여 주 너의 하나님을 사랑하고 또한 네 이웃을 네 몸과 같이 사
랑하라 하였습니다"(눅 10:27)라고 대답한다. 율법사의 대답을 들
으신 예수님께서 "네 대답이 맞다. 이 말씀대로 살면 영원한 생명
을 얻을 것이다"라고 하셨는데, 율법사가 자기의 의를 나타내려고
"그렇다면 내 이웃이 누구입니까?" 하면서 질문하였다.

　율법사의 질문을 받으신 예수님께서 선한 사마리아인의 비
유 말씀을 주셨다. 어떤 사람이 예루살렘에서 여리고로 내려가다
가 강도를 만나 가진 것을 모두 빼앗기고 거의 죽게 되었을 때 그
의 곁을 지나간 세 사람이 있었다. 레위 인과 제사장은 강도를 만
나 모든 것을 빼앗기고 죽어가는 사람을 피하여 갔지만 유대인들
이 사람 취급도 하지 않았던 사마리아 사람이 그를 불쌍히 여겨서
가까이 다가가 기름과 포도주로 상처를 소독하고 치유해주고, 주
막에 데려가 돌보아 주고 떠나면서 주막 주인에게 돈을 주면서 이
사람을 돌보아 달라고 당부하였다. 이런 비유의 말씀을 주시고는

"누가 강도 만난 사람의 이웃이 되겠느냐?"(눅 10:36)라고 물으셨다. 그때 율법사가 "강도에게 자비를 베푼 자입니다"라고 하였고, 율법사의 말을 들으신 예수님은 "가서 너도 이와 같이 살아라"라고 하셨다.

예수님 당시 유대인들은 사마리아 사람들을 짐승 취급하였었다. 그런데 유대인들은 예수님께서 예전에 율법사와 나눈 대화를 빌미로 예수님을 격하시키려고 '사마리아 사람'이라고 거짓말을 하며 한 걸음 더 깊이 들어가 "너는 귀신 들렸다"라고 하는 것이다. 오히려 자기들이 마귀에게 사로잡혀 마귀가 시키는 일을 하면서 하나님의 일을 하시는 예수님을 향하여 귀신들렸다고 말하는 것이다. 무례하게 행동하는 유대인들을 향하여 예수님께서는 "나는 귀신 들린 것이 아니라 오직 내 아버지 하나님을 공경하는 것인데, 너희들이 나를 모욕한다"(49절)라고 말씀하신다. 유대인들은 마귀에게 잡혀 무례하게 예수님을 공격하면서도 자기들의 잘못을 모르고 있다. 예수님은 마귀에게 잡혀 저주받으며 지옥에 갈 인생들을 구원하려고 하나님으로부터 보냄 받았는데 예수님을 귀신들렸다고 하면서 하나님으로부터 보냄 받은 것과 그리스도의 사역을 부인하고 있는 것이다. 이러한 자들을 향하여 "나는 내 영광을 위한 삶을 살지 않지만 나를 위하여 하늘의 영광이 드러나도록 기도로 도와주시고 판단하시는 분이 계시다"(50절)라고 하였다.

요 8:55-58   유대인들은 어찌하든지 예수님을 비난하기 위해

"네가 귀신들린 사람이다"(52절)라고 말한다. 이렇게 말하는 이유는 믿음의 조상 아브라함도 죽었고, 하나님으로부터 하늘의 비밀을 받아 이스라엘에 전달했던 모든 선지자도 죽었는데 예수님께서 자신이 하는 말을 듣고 믿으면 영원히 죽지 않을 것이라고 사람으로서는 도저히 할 수 없는 말씀을 하시기 때문이었다. 예수님의 말을 듣고 "네가 우리의 조상 아브라함보다 큰 자냐? 너는 도대체 누구냐?"(53절) 하며 질문한다. 유대인들의 질문을 받으신 예수님께서 "내가 내 자신의 영광을 위해 일한다면 내가 말하는 영광은 아무것도 아니겠지만 나에게 영광이 드러나도록 도와주시는 분이 나의 아버지이시다. 그분은 당신들이 하나님이라 말하는 분이시다. 당신들은 입술로는 하나님을 말하지만 실상은 하나님을 알지 못하며 나는 아버지 하나님을 안다"(경험하였다)라고 말씀하시면서 "여러분들의 조상 아브라함도 나 때문에 구원받고 뛸 듯이 기뻐하였다"(54-56절)라고 하셨다. 예수님의 입술을 통하여 풀어지는 말씀 때문에 많은 사람의 굳었던 마음이 녹아져 감격하고, 예수님께서 행하시는 사역을 통하여 귀신들이 떠나고 사망에 잡혀 있던 사람들이 치유되며 살아났다. 이러한 엄청난 사역의 현장에서 얼마나 많은 사람이 예수님을 주목하고 있었는가? 그들 앞에서 스스로의 영광을 취하실 만도 하셨는데 예수님은 오직 자기를 이 땅에 보내시고 함께하시며 그 일을 이루도록 하늘에서 힘을 주시는 하나님에게만 영광을 돌리신다.

만약 예수님께서 자신을 이 땅에 파송하신 하나님의 영광을 높이지 않고 자기의 영광을 취하였다면 성령께서 강력하게 예수님 위에 머물러 있을 수 있었을까? 또한 온 인류의 구원을 완전하게 다 이루시고 하늘을 열고 하나님 앞에 당당하게 가실 수 있었을까? 예수님은 한마디 말씀도, 또한 어떠한 사역을 하시든지 오직 하늘 하나님만 바라보았고 하나님께서 원하시는 말씀과 사역을 풀어내셨고 그 말씀과 사역을 통하여 오직 하나님께만 영광이 드려지기를 원하셨다. 예수님을 믿는 것은 예수님께서 하신 일을 그대로 따라 행하는 것이다(요 14:12). 우리를 구원하신 예수 그리스도를 닮아서 무슨 말을 하든지 어떠한 행동을 하든지 오직 하나님만 주목하고 예수님께서 보여주신 그대로 하나님께 순종하여 하나님의 뜻을 이루어내며 그 승리의 현장에서 하나님께만 영광 올려드리는 순수한 믿음을 회복하자.

예수님은 자신을 비난하며 무너뜨리려고 달려드는 유대인들을 향하여 "너희가 그렇게 자랑스러워하는 조상 아브라함도 나(예수 그리스도) 때문에 구원받았다"라고 하신다. 아브라함이 하나님의 부르심을 받고 순종하여 하나님께서 인도하시는 가나안에 들어왔지만 아직 정확한 구원 안으로 들어오지 못한 상태로 있었다(창 12:1-9). 이러한 아브라함을 안타깝게 바라보신 하나님은 조카 롯이 그돌라오멜의 연군에게 사로잡힌 사건을 통하여 '멜기세덱'(구약의 예수님. 히 7:1-4)을 보내셨다. 어린 양 되시는 예수님께서 찢겨야 할 몸을 미리 주셨고(아브라함에게 건넨 떡), 하나님께서 보배로 여기시며 죄를 씻어 정결하게 하고 영원한 생명이 흘러 역사하는 예수님께서 십자가에 못 박히셔서 흘리셔야 할 피(포도주)를 미리 건 넸다(요 6:53-58). 아브라함이 멜기세덱이 준 떡과 포도주를 받아먹 자 하나님의 구원 안에 정확하게 들어왔고, 이것을 확인한 멜기세 덱은 아브라함을 지극히 높으신 하나님께 올려드리며 완전한 축 복기도를 하였다.

말씀을 통하여 나의 모습을 돌아보아야 한다. 교회는 다니지만 아직 정확한 구원을 받지 못하여 마귀에게 눌려 마음이 힘들고 하 나님이 부어주시는 은혜 안으로 들어오지 못한다면 아브라함처럼 십자가에 못 박혀 온몸이 찢기시고, 마지막 피 한 방울까지 아낌 없이 흘려주셔서 구원을 완성하신 예수 그리스도를 영접하여 정 확한 구원 안에 들어와야 한다. 이렇게 우리를 구원하신 예수님 은 자신의 몸과 피를 받아먹어 완전한 구원 안에 들어 온 성도들 을 하나님의 손에 올려드리며 세상이 감당하지 못할 하늘의 축복 이 부어지도록 축복해 주신다. 예수 그리스도를 마음 안에 영접하 여 구원받은 성도들이 하나님의 구원 안에 바르게 들어가 하나님 을 경험하며 하나님을 비난하는 세상 모든 사람에게 하나님을 나 타내는 것이 예수님께서 십자가에 못 박히시며 우리를 구원하시 고 교회로 인도하셔서 말씀을 주시는 목적이다.

예수님께서 하시는 엄청난 영적인 말씀을 알아듣지 못하는 유 대인들이 "당신이 나이가 50도 되지 못했는데 어떻게 아브라함을 보았고, 어떻게 당신 때문에 아브라함이 구원받았다고 말 할 수 있느냐?"(57절)고 따진다. 그들이 따지는 말을 듣고 "나는 아브라함이 있기 전부터 나는 스스로 있는 자다"(출 3:14. 시내산에 불 가운데 나타나신 하나님께 이스라엘을 구원할 사명을 받은 모세가 '바로가 나를 보낸 자가 누구냐고 물으면 뭐라 대답해야 할까요?' 하고 하나님께 물었을 때 '나는 스스로 있는 자다') 말씀하신다. 하나님께서 모세에게 하셨던 "스스로 존재하는 모든 것의 실제"라고 하시는 말씀을 유대인들에게 하시는데 그들은 영이 죽어있기 때문에 알아듣지를 못한다. 그들은 아브라함을 불러 구원하시고, 모세를 통하여 애굽에서 400년 동안 종살이하던 이스라엘 백성들을 건져 구원하신 분께서 육체를 입고 오셔서 사람들 스스로는 전혀 해결하지 못할 죄와 마귀의 눌림을 해결해 주시고, 영원한 사망에서 생명으로 신분을 옮겨 하나님의 나라에 인도하여 주실 예수님을 향하여 돌을 들고 있는 것이다.

28

소경을 고치신 예수님(요 9:1-11)

¹ 〈날 때부터 맹인 된 사람을 고치시다〉 예수께서 길을 가실 때에 날 때부터 맹인 된 사람을 보신지라 ² 제자들이 물어 이르되 랍비여 이 사람이 맹인으로 난 것이 누구의 죄로 인함이니이까 자기니이까 그의 부모니이까 ³ 예수께서 대답하시되 이 사람이나 그 부모의 죄로 인한 것이 아니라 그에게서 하나님이 하시는 일을 나타내고자 하심이라 ⁴ 때가 아직 낮이매 나를 보내신 이의 일을 우리가 하여야 하리라 밤이 오리니 그 때는 아무도 일할 수 없느니라 ⁵ 내가 세상에 있는 동안에는 세상의 빛이로라 ⁶ 이 말씀을 하시고 땅에 침을 뱉어 진흙을 이겨 그의 눈에 바르시고 ⁷ 이르시되 실로암 못에 가서 씻으라 하시니 (실로암은 번역하면 보냄을 받았다는 뜻이라) 이에 가서 씻고 밝은 눈으로 왔더라 ⁸ 이웃 사람들과 전에 그가 걸인인 것을 보았던 사람들이 이르되 이는 앉아서 구걸하던 자가 아니냐 ⁹ 어떤 사람은 그 사람이라 하며 어떤 사람은 아니라 그와 비슷하다 하거늘 자기 말은 내가 그라 하니 ¹⁰ 그들이 묻되 그러면 네 눈이 어떻게 떠졌느냐 ¹¹ 대답하되 예수라 하는 그 사람이 진흙을 이겨 내 눈에 바르고 나더러 실로암에 가서 씻으라 하기에 가서 씻었더니 보게 되었노라

요 9:1-3 예수님께서 길을 가시다가 날 때부터 눈먼 소경을 보셨다. 예수님께서 길을 지나가시다가 길에 있는 수많은 사람 중에서 날 때부터 눈이 멀어 보지 못하는 소경을 먼저 보셨듯이 예수님은 항상 성도들의 연약함을 먼저 돌아보시고, 본 것으로 끝나지 않고 예수님께서 바라보신 것을 반드시 하나님의 영광으로 바꾸어주신다.

우리가 알거니와 하나님을 사랑하는 자 곧 그의 뜻대로 부르심을 입은 자들에게는 모든 것이 합력하여 선을 이루느니라 **롬 8:28**

사단에게 속아서 삶의 자리에서 원망하고 불평하여 하나님을 경험할 수 없었던 우리의 불신앙을 십자가에 못 박아 끊고, 내가 예수님을 바라보는 것보다 더 자세하게 나의 연약함을 돌아보시고 내 삶의 모든 형편을 하나님의 영광으로 바꾸어주실 예수님께서 모든 일 가운데 함께하시며 나를 도와주시는 것만 확신하며 감사하는 믿음을 회복하자. 예수님께서 길을 가시다가 많은 사람 중에서 눈 먼 소경을 먼저 보신 것 같은 사건이 또 있다. 예수님께서 여리고성에 이르렀을 때 키가 작은 '삭개오'가 예수님이 어떠한 분이신지 보기 원했지만 그는 키가 작아서 많은 무리에 둘러싸여 이동하시는 예수님을 볼 수 없었다. 예수님을 보려는 간절한 마음으로 '삭개오'가 주변에 있는 뽕나무(돌 무화과나무)에 올라갔고, 마침 그곳을 지나가시던 예수님께서 '삭개오'가 올라간 나무 위를 보시고 '삭개오'와 눈을 마주치는 순간 그의 이름을 불러 내려오라 하시며 그의 집에 가신다고 하셨다. '삭개오'의 집에 들어가신 예수님께서 하나님의 구원의 축복이 예수님을 사모한 '삭개오'의 집에 임하게 하셨다(눅 19:1-10).

예수님은 성도들의 모든 것을 다 보고 계시며 성도들의 형편과 사정을 성도들 자신보다 더 잘 아신다. 예전에 엘리 제사장과 그의 아들들이 너무 부패하여 이스라엘이 블레셋과의 전쟁에서 패하고 하나님께서 이스라엘과 함께하신다는 상징인 법궤를 블레셋에 빼앗겼다. 빼앗긴 법궤를 아무도 찾아올 생각을 하지 못할 때에 하나님의 법궤 스스로가 블레셋의 모든 이방 신들을 깨뜨리고 이스라엘로 찾아오셨다(삼상 6장). 죄인 된 우리들이 도저히 하나님의 이름을 부르지도 못하고 하나님의 영광 앞에 나가지 못할 처지에 있을 그때 하나님께서 먼저 우리 가운데 찾아오셔서 우리의 죄악 문제를 해결하시고 사단의 머리를 깨뜨리셨다. 그리고 사단에게 잡혀 모든 괴로움 가운데 지옥으로 갈 수밖에 없던 우리를 향하여 "내가 너희를 이렇게 사랑한다"(롬 5:8)라고 외치며 다가오셨다.

구원받은 성도들이 삶의 현장에서 만난 일들은 모두가 하나님의 영광을 드러낼 엄청난 기적과 축복의 근원들이다(롬 8:28. 하나님께서는 성도들이 만난 모든 일을 반드시 도와주시기 때문에 그 일들은 모두가 하나님의 영광이 된다). 그런데 사단은 어찌하든지 성도들이 만난 일들을 통하여 하나님의 영광이 드러나지 못하게 하려고 '그 문제는 네가 지은 죄 때문이다'라고 속여서 성도들이 죄책감에 사로잡혀(롬 8:1. 구원받은 이후에 예수님의 피에 덮여 있는 믿음은 마귀에게 '정죄'를 받지 않는데, 구원받았을지라도 피에 덮여 있지 않은 믿음은 매 순간 마귀에게 '정죄' 받아 넘어진다) 하나님의 영광을 누리지 못하게 막고 있다. 아직 믿음 안으로 깊이 들어오지 못한 예수님의 제자들은 나면서부터 눈이 먼 사람을 정죄하기 바쁘다. "선생님 이 사람이 눈이 먼 것이 자기 자신의 죄입니까? 아니면 부모가 지은 죄 때문입니까?" 이렇게 제자들이 예수님께 말하는 것은 예수님께서 예전에 중풍병자를 고쳐주시면서 "너의 죄가 용서되었다. 이제 너의 침상을 들고 걸어가라"(마 9:2, 6)라고 하셨을 때에 중풍으로 죽어가던 사람이 완전하게 치유되어 그가 들려왔던 침상을 번쩍 들고 가는 것을 보았었고. 예수님께서 베데스다 연못에서 38년 된 병자를 고치시고 난 다음에 치유된 병자를 성전에서 다시 만났을 때 "너의 모든 병이 다 나았으니 더 심한 병이 찾아오지 않게 다시는 죄를 짓지 말라"(요 5:14)고 하신 것을 보았기 때문이다.

그런데 예수님께서는 예전 중풍병자를 고치던 상황과도 다르고 베데스다 연못의 38년 된 병자를 고치시고 난 다음에 하신 말씀과도 다르게 "지금 이 사람이 나면서 눈이 먼 것은 이 사람이나 이 사람의 부모가 죄를 지어서 생긴 것이 아니라, 이 병을 통하여 하나님의 영광을 모두에게 드러나게 하시려는 하나님의 계획이다." 라고 말씀하셨다. 성도들이 삶의 현장에서 무슨 일을 만날 때 사단에게 속아서 미리 편견을 가지고 판단하지 말고, 그 일을 허락하시고 그 일을 통하여 하나님의 영광을 주변 모든 사람에게 나타내기 원하시는 하나님의 마음을 알아야 한다. 삶의 자리에서 만난 일이 하나님께서 원하시지 않는 죄를 수술하기 위한 것이라면 철저하게 엎드려 회개해야 하고, 회개할 일이 없는데 아픔과 고통스러운 일이 찾아왔다면 그 일을 어떻게 풀어내시려는지 하나님의 마음을 알고 일하시는 방법을 찾아내어 하나님께서 그 일 가운데 일하시도록 당당하게 믿음의 선포를 해야 한다.

그렇다면 나면서부터 눈이 먼 이 소경에게나 그 부모에게는 정말 '죄'가 없을까? 예수님께서 말씀하신 의도는 그들이 죄가 없다는 의미가 아니라 소경이 눈이 멀게 된 원인이 죄가 아니라는 뜻이다. 예수님 앞에 있는 소경이 눈이 멀게 된 이유는 이 사람을 통하여 하나님의 영광을 주변에 나타내시기 위함이다. 그렇다면 이 소경이 눈이 멀지 않았다면 하나님의 영광을 드러낼 수 없었다는 말일까? 이 사람이 눈이 멀지 않았을지라도 하나님은 얼마든지 영광을 나타내실 수 있으시다. 그렇다면 또 다른 질문이 있는데 하나님의 영광을 위해 이 소경이 억울하게 말할 수 없는 고통을 겪은 것일까? 여기에 대해서는 인간의 좁은 소견으로 건방진 답을 할 수 없다. 하지만 중요한 것은 이 소경은 눈이 먼 상황에서도 하나님께서 부어주시는 은혜를 누리고 있었다. 그가 육신의 눈이 멀었지만 마음의 눈과 영적인 눈이 열려서 예수님이 계신 곳을 스스로 찾아올 수 있었기 때문이다.

소경은 육신의 눈이 멀었을지라도 마음의 눈으로 예수님이 계신 곳 가까이 찾아왔지만, 육신의 눈이 완전한 유대인들은 그들의 눈을 똑바르게 뜨고도 오히려 예수님을 대적하며 죽이려 하는 엄청난 죄악을 짓고 있다. 유대인들이 눈을 똑바르게 뜨고 얻은 유익이 과연 무엇이었을까? 소경은 육신의 눈이 어두운 것을 통하여 세상의 죄악을 보지 않고 오히려 하나님을 가까이하며 하나님께서 보내신 예수님을 스스로의 힘으로 찾아 가까이 왔던 것이다. 구원받은 성도들이 삶의 현장에서 누리는 아픔과 고통이 '악'이 아닌 것처럼, 성도들이 육체로 누리는 좋은 일들 또한 절대로 '선'이 아니다. 지금 우리가 만난 일들이 내가 좋고 나쁨의 기준이 아니라, 마지막 심판하시는 예수님께서 보실 때 '선'으로 판단해 주실 일인지 하나님의 마음과 눈으로 돌아보자.

요 9:4-7 예수님께서 자신을 이 땅에 보내신 하나님의 일을 하셨듯이(4절) 예수 그리스도를 영접하여 구원받은 성도들도 나의 목적을 이루기 위해 하나님을 이용하는 것이 아니라 하나님께서 원하시는 일을 해야 한다. 예수님께서 어둠에 눌려 아무것도 보지 못하는 사람에게 하늘의 빛을 선물하였듯이 구원받은 성도들은 죄와 사망에 눌려 운명과 팔자 아래서 한숨지으며 눈물골짜기를 걸어가는 사람들을 예수 그리스도의 복음의 능력으로 살려내어 하나님께 올려드리는 생명의 일을 해야 한다(마 4:16). 세상의 빛으로 오신 예수님께서 땅에 침을 뱉어 진흙을 만드시어 소경의 눈에 바르시고 '실로암' 연못에 가서 씻으라 하셨다. 소경이 예수님의 말씀대로 순종하였을 때 나면서부터 소경이라서 전혀 볼 수 없었던 그의 눈이 열렸다. 예수님은 왜 '실로암' 연못에 가서 씻으라고 명령하셨을까?

예루살렘에는 성전을 중심으로 '실로암'과 '베데스다'라는 두 연못이 있었다. 이 연못들의 기능은 이스라엘 백성들이 성전에 올라가 하나님께 예배드리기 위해 정결 의식을 행하는 장소였다. 이 연못에서 자신을 씻어 정결하게 된 사람만이 하나님께 제사(예배) 드리러 성전에 들어갈 수 있었다. 예수님께서 병자들을 치유하실 때는 거의 대부분 말씀을 선포하셔서 치유하셨는데 나면서부터 소경이 된 사람을 치유하실 때는 뭔가 특별한 방법을 사용하셨다. 이것은 태초에 하나님께서 세상을 지으시고 마지막에 아담을 만드실 때 땅의 먼지를 모은 다음에 빚어서 사람을 지으셨다(창 2:7)고 하셨는데, 예수님께서 흙을 모은 다음에 침으로 빚어서 소경의 눈에 바르시면서 예전에 하나님께서 어떻게 사람을 창조하셨는지 보여주신 것이다. '흙으로 사람을 빚어 만드신 하나님의 일하심이 이러하다'라는 것을 친히 보여주신 예수님의 사역이다.

예수님께서 다가와 흙에 침을 뱉어 자신의 눈에 바르고 '실로암' 연못에 가서 씻으라고 하는 모든 과정에서 소경의 태도를 보자. 소경은 예수님께서 침으로 반죽한 흙을 자신의 눈에 바를 때 거부하지 않고 가만히 있었고, '실로암' 연못에 가서 씻으라고 할 때도 왜 그러냐고 전혀 묻지 않았으며, 예수님께서 주신 말씀 그대로 순종하였다. 소경을 치유하신 예수님 자신도 하나님께서 주신 말씀에 자기의 모든 것을 내려놓고 십자가에 못 박히기까지 순종하셨다(막 14:32-42). 이것이 삶의 현장에서 하나님을 경험할 성도들의 믿음 자세다. 우리를 구원하신 예수님께서 우리 삶에 들어와 무슨 일을 하시든지 우리의 삶을 그대로 맡겨 드리는 것(전적인 신뢰)이고, 예수님께서 말씀하시면 왜냐고 따지거나 묻지 않고 "예", "아멘" 하면서 즉시 기쁨으로 순종하는 것이다(고후 1:19-20). 이때 사람으로서는 전혀 생각할 수 없는 하늘의 기적이 성도들의 삶의 현장에 풀어지게 된다.

예수님께서 흙을 자신의 침으로 혼합하여 소경의 눈에 바르셨는데, 만약에 예수님의 침이 혼합되지 않았다면 이 흙은 아무 힘이 없다. 성도들이 말씀을 지식으로 많이 알고 있을지라도 여기에 예수님을 통하여 부어지는 성령의 은혜가 부어지지 않으면 그 말씀은 아무런 힘을 낼 수 없다. 지식으로 아는 말씀에 예수님의 은혜가 부어지지 않으면 유대인들이 성경을 이용하여 판단하고 예수님을 죽이려 했던 것처럼, 말씀을 이용하여 주변 사람들의 죄와 연약함을 드러내 판단할 뿐 주변 사람이 눌려 신음하는 죄를 없앨

수 없다. 예수님의 침이 마른 흙에 스며들어 흙을 모아 눈 먼 소경의 눈을 뜨게 하는 역할을 하였듯이, 보혈의 능력으로 하나님 아버지의 사랑과 생명의 은혜가 지식으로 알고 있던 말씀 안에 스며들면 지식으로 저장되었던 말씀들이 능력으로 살아나서 스스로 당당하게 하나님의 은혜를 회복하여 누리고, 주변에서 죄 때문에 사단에게 눌려 신음하는 영혼들을 치유하며 살려내는 기적이 회복된다.

> ⚓ 말씀이 육신이 되어 우리 가운데 거하시매 우리가 그의 영광을 보니 아버지의 독생자의 영광이요 은혜와 진리가 충만하더라 요 1:14

예수님은 유대인들에게는 아무 능력이 없고 지식수준에만 머물던 말씀에 자신이 스스로 녹아 들어오셨다. 그때 하나님의 은혜와 영광이 풀어져 나타났다. 구원받은 성도들의 머리에 지식으로만 머물러 있는 말씀에 예수님께서 보혈의 능력으로 들어오시는 순간부터 말씀이 마음 안에 녹아지고 하나님의 영광과 은혜가 풀어지게 된다.

예수님께서는 소경을 그 자리에서 치유하여 눈을 뜨게 하실 수 있으셨다. 하지만 마른 흙을 모아 침을 뱉어 진흙으로 만들어 그 눈을 덮고는 '실로암' 연못에 가서 씻으라고 명령하셨다. 나면서 한 번도 보지 못한 소경이 간절한 마음으로 눈을 열어 보기를 원했지만, 사람의 방법과 힘으로는 아무것도 할 수 없었다. 하지만 예수님의 말씀에 순종하는 순간 평생 열리지 않던 그의 눈이 열렸다. 성도들이 사람의 힘과 방법으로 전혀 할 수 없는 문제들을 가지고 사단에게 속아서 아무것도 할 수 없는 사람의 방법을 미친듯이 찾아 헤매던 이전의 미련함을 내려놓고 이제는 예수님의 말씀과 방법에 순종하자.

'실로암'은 '파견하다, 보내어졌다'라는 뜻이다. 성도들은 삶의 현장에서 만난 문제를 통하여 예수님 때문에 기적을 경험하고 세상에 파송되어서 나와 함께하신 예수님을 증거 해야 하는 사명이 있다. 예수님은 하나님과 함께 흙으로 사람을 지으신 분이시며 우리의 육체는 흙이다. 세상의 죄악 때문에 사단에 의해 고장 난 우리의 인생과 육체를 만져 고치실 분은 오직 예수님 한 분 밖에는 없다. 예수님께서 십자가에 못 박히시며 성도들을 구원하시고, 고장 난 인생과 육체를 고치시는 목적은 성도들 주변의 하나님을 부정하는 사람들에게 파송되어, 하나님께서 우리와 함께하심을 나타내기 위해, 우리를 구원하시고, 우리 인생 안에 찾아오셔서 고장난 모든 것들을 고치시며 회복시켜 주시는 것을 나타내기 위함이다. 성도들은 교회 안에만 머물러 있을 자들이 아니다. 삶의 현장에서 하나님께서 부어주시는 은혜를 누리며 세상을 향하여 파송되어 당당히 세상을 향하여 나가는 자들이다.